Sissy – Aus dem Tagebuch einer Kaiserin

MARIELUISE VON INGENHEIM

Sissy

Aus dem Tagebuch einer Kaiserin

Im Auftrag hergestellte Sonderausgabe.
Alle Rechte vorbehalten.
© Copyright 1993 by hpt-Verlagsgesellschaft mbH & Co. KG, Wien
© Copyright dieser Ausgabe 1994 by Tosa Verlag, Wien
Gesamtherstellung: G+G Buchproduktion, Hollabrunn

Erster Teil

1. Die fremde Dame

Schwere Gewitterwolken hingen tief über dem Hafen von Triest, und Blitze umzuckten das weiße Schloß Miramar. Es fielen die ersten großen Tropfen. Der Wind heulte in kurzen, heftigen Stößen um die zinnenbewehrten Türme. Das Schäumen der heftigen Brandung mischte sich mit dem dumpfen Grollen des Donners, das nur vom lauten Prasseln des Regens gegen die Fensterscheiben übertönt wurde.

Erst vor wenigen Stunden war die kaiserliche Jacht „Miramar" mit Elisabeth von Österreich und ihrem kleinen Gefolge von einer Kreuzfahrt im Privathafen des Schlosses eingelaufen. Während sich die Hofdamen Marie von Festetics, Ida von Ferenczy, die Landgräfin von Fürstenberg sowie der von ewiger Geschäftigkeit geplagte Baron Nopsca erschöpft von der Reise in ihre Zimmer zurückzogen, war Sissy ohne etwas zu essen zu einem ihrer weiten Spaziergänge aufgebrochen. Und obwohl sich schon drohende Gewitterwolken zusammenbrauten, ging sie allein.

„Nun fange ich aber an, mir ernstlich Sorgen zu machen", meinte der Baron zu Frau von Ferenczy und trat an eines der hohen Fenster, von dem man über Zaun und Einfriedung bis auf die menschenleere Uferstraße nach Triest hinausblicken konnte. „Kein Mensch weit und breit! Ich hoffe, sie ist vernünftig genug, irgendwo einzukehren. Was würde der Kaiser sagen, wenn ihr irgendetwas zustößt…"

„Entsetzlich Baron! Wenn sie womöglich mutterseelenallein in irgend so einer italienischen Kneipe vor dem Wetter Schutz sucht, und man sie erkennt... Denken Sie nur an den Attentatversuch vor drei Jahren... Noch heute kann man es lesen: Evviva Guglielmo! haben sie uns auf den Sockel der Schloßeinfriedung geschmiert, nachdem Oberdank verhaftet wurde..."

„Diesmal hat die Polizei gut gearbeitet; ich habe auch sofort nach der Landung den Polizeipräfekten verständigt! Man wird ein wachsames Auge auf die Umgebung des Schlosses haben..."

„Das ist auch bitter nötig, Baron. Wegen dieser Nationalisten ist man ja seines Lebens nicht mehr sicher. Doch ihre Majestät scheint dies nicht zu kümmern – sie tut, als ob sie das alles nichts anginge."

„Wem sagen Sie das! Sie macht es mir wahrhaftig nicht leicht", stöhnte der Baron. „Ich dachte, im Laufe der Jahre würde sie sich ändern. Aber ich habe mich offenbar getäuscht. Sie sieht nicht nur aus, als ob die Jahre spurlos an ihr vorübergegangen wären, sie benimmt sich auch so. ‚Müdigkeit' ist für sie anscheinend ein Fremdwort. Sie reitet wie der Teufel, und ihre Wanderlust ist geradezu unheimlich. Natur, Natur und immerzu Natur! Und dazu ihre Liebe zu den Gedichten von Heinrich Heine..."

Er sandte einen hilfesuchenden Blick gegen die holzgetäfelte Decke, während Ida im grellen Schein eines Blitzes, dem gleich darauf ein schreckliches Donnergrollen folgte, zusammenzuckte.

„Heilige Jungfrau, grundgütiger Himmel..." ließ sich da von der Tür zum Korridor her eine weibliche Stimme vernehmen. „Wie wird sie wieder aussehen, wenn sie heimkommt... Und dabei habe ich sie doch noch an Bord durchgekämmt und frisiert."

Frau Feifal, die Friseuse der Kaiserin, trat ein und ließ sich händeringend in einen Fauteuil fallen.

„Sie haben auch nichts als die Frisur im Kopf", ärgerte sich der Obersthofmeister. „Und die Frage, wie sie aussieht, wenn sie bei so einem Regenguß heimkommt. Mich beunruhigt eher, ob sie überhaupt heimkommt!"

„Sie ist schließlich für die Frisur Ihrer Majestät verantwortlich", nahm Ida sie in Schutz. „Dafür wird sie bezahlt..."

„Nicht nur", spöttelte die Feifal, „gelegentlich muß ich sie vertreten... Wie neulich in Smyrna zum Beispiel."

In Smyrna war ein ganzes Garderegiment zu Sissys Empfang aufmarschiert, und eine riesige Menschenmenge erwartete mit dem Bürgermeister der Stadt die Ankunft der Kaiserin. Die aber hatte sich schon vorher in einem Beiboot an Land bringen lassen, um, wie sie sagte, „den Leuten eine lange Nase zu drehen". Und mit den anderen Menschen beobachtete sie, wie das Paradeboot der „Miramar" Frau Feifal an Land brachte. Die arme Friseuse mußte die ganze Begrüßungszeremonie über sich ergehen lassen, während sich Sissy ins Fäustchen lachte.

Solche „Vertretungen" kamen öfters vor, und Frau Feifal empfand diese aber gar nicht lustig. Sie sah sich als Zielscheibe von Terroristen und anderen gefährlichen Elementen, die auf die Kaiserin eventuell einen Anschlag planten. Daß sie damit nicht Unrecht hatte, bewies der Fall des Terroristen Guglielmo Oberdank, dessen Name auf den Sockel der schmiedeeisernen Umzäunung vom Schloß Miramar geschmiert wurde: Ein Protest gegen die rechtzeitige Verhaftung des Terroristen, der Kaiser Franz Joseph und Sissy bei einem Aufenthalt in Triest vor drei Jahren ans Leben wollte.

Monarchen leben gefährlich. Und deshalb war Baron Nopcsa am Ende seiner Nervenkraft. Doch nicht nur das Unwetter machte ihm Sorgen. Allen Ermahnungen und Ratschlägen zum Trotz hatte sich Sissy, der die Strapaz der Seefahrt offenbar nichts ausmachte, gleich wieder zu einem ihrer gefürchteten Spaziergänge aufgemacht. Bloß dem Gejammer der fürsorglichen Frau von Fürstenberg war es zu verdanken, daß sie wenigstens einen Umhang und einen Regenschirm mitgenommen hatte.

„Sie ist eben ein Naturkind, das läßt sich nicht leugnen", erklärte in einem solchen Fall Marie von Festetics, Elisabeths Hofdame und Vertraute, entschuldigend.

„Ein Naturkind?! Sie ist ein bayrischer Wildfang; unmöglich ist sie! Eine unmögliche Kaiserin..." erregte sich stets Sissys Schwiegermama darüber, die Erzherzogin Sophie.

Die „unmögliche Kaiserin" war in diesen Minuten bei strömendem Gewitterregen zu Fuß auf der Triester Landstraße unterwegs und noch eine gute Viertelstunde von Schloß Miramar entfernt. Sie schritt leichtfüßig aus. Der Schirm schützte sie, und der Umhang, den ihr die gute Landgräfin aufgedrängt hatte, wärmte. Aber ihre Schnürschuhe waren bereits durch und durch naß. Doch Sissy kümmerte das wenig.

Sie fand es herrlich so dahinzuwandern. Oft lugte sie unter dem Schirm hervor, um die dahinjagenden, tief hängenden Wolken zu beobachten, und das Zucken der Blitze und Donnergrollen bereitete ihr keine Angst. Das großartige Naturschauspiel erfüllte sie vielmehr mit tiefer Ehrfurcht vor dem Schöpfer, in dessen Obhut sie sich sicher wußte. Die würzige, vom Salzgeruch des Meeres erfüllte Luft atmete sie mit tiefem Behagen. Und daß weit und breit keine Menschenseele zu sehen war, besserte nur noch ihre gute Laune.

Baron Nopcsa hatte recht. Sie war schlank wie eine Gerte und, wie sie so im Regen dahinmarschierte, in ihren Bewegungen von unbeschreiblicher Anmut. Niemand glaubte ihr die achtundvierzig Lenze, die der „bayrische Wildfang" von einst nun schon zählte, und den Kaiser versetzte dieser Umstand immer wieder in Staunen.

Franzl! Gerade jetzt dachte sie an ihn, und das dumpfe Donnerrollen wurde in ihren Gedanken zum Dröhnen des Ehrensaluts, der sie erschauern ließ, als sie aus dem Dampfschiff stieg, das sie donauabwärts nach Wien zu ihrem Franzl brachte!

Das lag schon lange zurück und war ihr doch noch gegenwärtig... Das erstemal waren sie und Franzl einander in Ischl begegnet: Es war Liebe auf den ersten Blick. Denn eigentlich war der dreiundzwanzigjährige Franz Joseph nach Ischl gekommen, um Sissys ältere Schwester Néné kennenzulernen, die seine Frau werden sollte. Erzherzogin Sophie, die Mutter des jungen Kaisers, und Ludovika, Herzogin in Bayern und Sissys Mama, waren Schwestern und hatten dies untereinander so ausgemacht. Doch dieser Plan scheiterte. Franzl und Sissy hatten nur Augen füreinander. So wurden sie gegen den mütterlichen Ratschluß ein Paar und schlossen bald darauf den Bund fürs Leben.

Das geschah am 24. April 1854, um halb sieben Uhr abends, in der Augustinerkirche in Wien. Sissy sah es so deutlich vor sich, als ob es erst gestern gewesen wäre! Franzl erschien ihr ganz fremd in der Uniform eines Feldmarschalls; vor lauter Orden konnte man fast den Stoff nicht sehen, so glänzte und glitzerte es. Und auch sie, in ihrem Brautkleid in Gold, Silber und Weiß, geschmückt mit Myrten! Das schimmernde Brautdiadem im Haar und einen Strauß weißer Rosen in den Händen... Wie schwer doch die endlos lange Schleppe war! Und dazu das Brausen der Orgel, die Salven der Garde auf dem Michaelerplatz, das Donnern der Salutschüsse, die von den Kanonen auf den Wällen rings um die Stadt abgefeuert wurden. Und der Jubel der Menge....

Ja, es war ein unvergeßlicher Tag. Als sie noch durch die Gärten des elterlichen, am Starnberger See gelegenen Schlosses tollte, hatte sie es sich nie träumen lassen, einst eine Kaiserkrone zu tragen – und noch dazu an der Seite eines Mannes wie Franzl!

Ihr Vater, Herzog Max in Bayern, war ein urwüchsiger Geselle, der sich so wenig wie möglich bei Hof in München blicken ließ. Er liebte Pferde, den Zirkus, die Jagd und Gottes freien Himmel. Sissys Mutter Ludovika hingegen besaß Ehrgeiz, was ihn störte. Da ihr Neffe Franz Joseph durch die Ereignisse des unruhigen Jahres 1848 zum Kaiser von Österreich, König von Ungarn, Böhmen, Mähren etc. geworden war, verstärkte sie noch ihre Anstrengungen, die Welt außerhalb von Possenhofen in ihre Zukunftspläne einzubeziehen.

Sissys Schwester Nené und ihre anderen sechs Geschwister erlebten bis dahin eine ungezwungene, fröhliche Jugend. Nené, um drei Jahre älter als Sissy, war zum Unterschied von dieser sanft und sittsam. Auch besaß sie einen gewissen Stolz, und Sissy sagte sich in der Folge noch oft, daß Nené eine bessere Figur als Kaiserin gemacht hätte. Mama Ludovica und Tante Sophie hatten sich offenbar die Wahl gut überlegt.

Doch das Schicksal hatte es eben anders gewollt, das Herz hatte gesprochen, bei ihr gleichermaßen wie bei Franzl. Und als der würdige Kardinal Rauscher ihren Bund fürs Leben gesegnet hatte, wie glücklich waren sie da gewesen, Franzl und sie!

Doch dann waren schwere Zeiten gekommen. Tante Sophie hatte alles unternommen, um den Wildfang Sissy zu zähmen — vergebens. Es war zu ernsten Zerwürfnissen zwischen ihr und ihrer Schwiegermutter gekommen. Erst am Totenbett der Erzherzogin schlossen die beiden Frauen Frieden. Zwar hatte Sissy im Grunde erkannt, daß Tante Sophie es nur gut mit ihr gemeint hatte. Doch konnte es auch Sissy ihrer Tante kaum verzeihen, daß ihr Sohn Rudolf nach seiner Geburt sofort einer Aja — einer Amme — und später seinen strengen Erziehern anvertraut wurde. Rudolf war nun schon selbst erwachsen und hatte eine Tochter. Er war ihr im Grunde fremd; Sissys Herzen am nächsten standen ihre beiden Töchter Valerie und Gisela.

Wieder zuckte ein greller Blitz vom Himmel, und in seinem Schein gewahrte Sissy eine kleine Gestalt, die sich mühsam gegen den Sturm im Regen vorwärtskämpfte.

„Ein Kind bei diesem Wetter und ganz allein noch dazu!" stieß Sissy erschrocken hervor. Mit Mühe erreichte sie das kleine Mädchen, das noch dazu unter der Last eines mit Edelkastanien gefüllten Korbes keuchte.

„Um Himmels Willen, Kind, wohin willst du denn?" fragte Sissy und hielt rasch den Schirm über die Kleine, wobei er ihr fast aus der Hand gerissen und umgedreht wurde.

„Ich will heim", klagte das Mädchen, das vielleicht elf oder zwölf Jahre alt sein mochte. Das Haar klebte ihm auf Stirn und Wange, das kleine Gesicht war über und über naß vom Regen und wohl auch von Tränen, und das Kleid hing ihm schwer von Wasser am Leib. Beinahe so, als hätte man das ganze Mädchen eben erst aus einem Bach gefischt!

„Hast du es noch weit?" fragte Sissy besorgt.

„Nicht mehr weit — es ist bald nach dem Schloß", antwortete das Mädchen und zitterte, weil es sichtlich fröstelte. Man schrieb immerhin den ersten November des Jahres 1885.

„Komm, nimm meinen Umhang", meinte Sissy, nahm das Kleidungsstück von ihren Schultern und hing es der Kleinen um. „Und nun gehen wir ein Stück mitsammen; wir haben offenbar den gleichen Weg!"

Sie nahm der Kleinen den Korb aus den Händen und versuchte, sie beide mit dem Schirm gegen den Regen zu schützen, was allerdings ein fast hoffnungsloses Unterfangen war.

Die Kleine aber schien sichtlich erleichtert.

„Wie heißt du?" fragte Sissy.

„Marcellina", bekam sie zur Antwort. „Und du?"

„Sissy."

„Sissy? – Ist das aber ein komischer Name. Du bist wohl nicht von hier, wie?"

„Ich bin hier nur zu Besuch. Aber da ist ja noch jemand!"

Vor ihnen tauchte ein Radfahrer auf, der sein Rad allerdings schob, weil ihn der Sturm sonst aus dem Sattel geworfen hätte. Er kam ihnen entgegen und schimpfte nicht schlecht. Als er ganz nahe war, sahen sie, daß es ein Karabinieri in Uniform war.

„Diabolo, maledetto!" fluchte er. „Bei diesem Wetter jagt man keinen Hund auf die Straße. Und was muß ich tun? Ausgerechnet mich schickt man los, um dieses verrückte Frauenzimmer zu suchen. Padre mio! Und so eine Person haben wir zur Kaiserin!"

Er blieb stehen und stutzte, als er die beiden sah.

„Tag, Vittorio!" rief ihm Marcellina zu.

„Was, zum Teufel, machst du bei diesem Sauwetter auf der Straße, he?"

„Ich habe Maroni besorgen müssen."

„Und wer ist sie, he?" – Der Karabinieri beäugte Sissy, die ihn mit dem Korb Kastanien unterm Arm unbefangen anlächelte.

„Sie ist auf Besuch hier", antwortete Marcellina.

„Soso, auf Besuch! Na, dann hat sie ja gerade das schönste Wetter mitgebracht, hehe. Na, seht nur zu, daß ihr schleunigst ins Trockene kommt. Übrigens, Frau, haben Sie vielleicht unterwegs ein Frauenzimmer gesehen, das ganz allein bei diesem Wolkenbruch durch die Gegend rennt? Wegen dieser armen Irren hat man mich nämlich aus unserer trockenen Wachstube gejagt. Es handelt sich" — unwillkürlich nahm er dabei Haltung an — „um Ihre Majestät, die Kaiserin!"

Er sah dabei so komisch aus, daß Sissy einfach lachen mußte. Doch das brachte ihn in Harnisch.

„Dabei ist gar nichts zu lachen, verstehen Sie? Oder wollen Sie etwa die Kaiserin verspotten?"

„Nein, nein, gewiß nicht", versicherte Sissy und versuchte ihr Lachen zu unterdrücken.

„Das ist Ihr Glück! Im Dienst verstehe ich nämlich keinen Spaß. Und schon gar nicht bei diesem Wetter. Aber da Sie bei den Eltern von Marcellina wohnen, will ich Nachsicht üben", meinte er wohlwollend.

„Aber sie wohnt ja gar nicht bei uns", rief Marcellina.

„Nein? Wo denn?"

„Im Schloß", antwortete Sissy und befürchtete schon, ihr Inkognito preisgeben zu müssen.

„Wie? Im Schloß? Dann kennen Sie womöglich gar die Kaiserin persönlich?"

„Das kann man schon sagen", meinte Sissy, wobei ihre Mundwinkel verräterisch zu zucken begannen.

„Na, dann lassen Sie sie von mir schön grüßen", knurrte er zornig, tippte an seine Kopfbedeckung und schob fluchend sein Fahrrad weiter, um die Kaiserin „weiterzusuchen", mit der er soeben gesprochen hatte.

Wenig später — der Regen ließ unterdessen etwas nach — erreichte Sissy mit Marcellina das Schloß und schellte an der Pforte. Im Schloß wurde es lebendig. Zwei Diener, ein Hausmädchen, Ida von Ferency und schließlich auch noch Baron Nopcsa stürzten heraus.

„Majestät! Endlich, Majestät!" rief der Baron.

„Wir waren schon so in Sorge", rief Ida erleichtert.

Sissy gab der kleinen Marcellina den Korb zurück und drückte ihr dazu auch noch den Schirm rasch in die Hand.

„Da hast du", sagte sie. „Und geh jetzt schnell nach Haus! Schirm und Umhang darfst du behalten!"

Marcellina machte große Augen. Doch noch ehe sie etwas sagen konnte, — ein Schimmer staunenden Begreifens stand plötzlich in ihrem Gesicht — stand sie vor dem schon wieder geschlossenen Gittertor. Die fremde Dame wurde von den Leuten, die sie in Empfang genommen hatten, eiligst ins Haus begleitet.

Sissy kleidete sich wenig später in ihrem Garderobegemach um. Sie entledigte sich ihrer Sachen, und als sie wenig später mit trockenen, warmen Kleidern am Leib vor dem Spiegel stand, lächelte sie sich selbst zu und meinte: „Fast hätte ich vergessen, dir von einem gewissen Karabinieri Grüße auszurichten!"

Der Karabinieri aber kratzte sich zwei Stunden später gewaltig den Schädel, als er sich bei Marcellinas Eltern einen wärmenden Schluck genehmigte und die Geschichte von der fremden Dame im Regen vernahm.

2. Ein Kaisertreffen

Am Morgen nach diesem verregneten Nachmittag war zwar Sissy kerngesund, jedoch Baron Nopcsa lag zu Bett. Seine Nerven streikten. Auch die Landgräfin Fürstenberg ließ erkennen, daß sie sich einem baldigen Aufbruch nach Wien noch nicht gewachsen fühlte.

„Majestät müssen sich mit dem Gedanken vertraut machen", empfahl Marie von Festetics Sissy, als diese von einer Fechtübung aus dem Turnzimmer kam, „die Landgräfin aus Ihren Diensten zu entlassen. Die alte Dame ist überfordert. Sie ist beinahe doppelt so alt wie Eure Majestät."

Damit machte die Hofdame Sissy zwar um einige Jahre jünger, doch das hörte diese nicht ungern.

„Aber Doktor Widerhofer hat doch nach der letzten Untersuchung versichert..."

„Majestät, der Leibarzt hat Ihnen damit einen Gefallen getan", versicherte Marie. „Wenn Sie ihn so bittend anschauen, kann er unmöglich widerstehen. Im Ernst, Frau von Fürstenberg ist über achtzig; zwar noch rüstig, aber den Anstrengungen nicht mehr gewachsen "

Sissy nickte betroffen.

„Ich verstehe. Aber es fällt mir schwer, mich von ihr zu trennen. Nun, ich werde sie vor die Wahl stellen..."

„Nein, Majestät, das dürfen Sie nicht! Frau von Fürstenberg würde sich womöglich dafür entscheiden, zu bleiben. Sie kennen ihre Zuneigung. Sie wäre imstande, um den Preis ihrer Gesundheit weiterzudienen. Das Risiko dürfen wir nicht auf uns nehmen, Majestät."

Sissy runzelte die Stirne.

„Ich verstehe", sagte sie nachdenklich. „Ich muß ihr also befehlen... Und wie wird sie es aufnehmen?"

„Wie Eure Majestät: sie wird traurig sein. Aber am Ende doch einsehen, daß es das Beste ist."

„Schön", nickte Sissy entschlossen. „Ich werde ihr also heute sagen, daß dies unsere letzte gemeinsame Reise gewesen ist. Wir haben viele schöne Tage mitsammen erlebt und auch weniger schöne. Ich erinnere mich an die Zeit, als sie aus dem Hofstaat von Tante Sophie kam. Da war sie voll Mißtrauen und gegen mich voreingenommen. Und nun..."

„Majestät haben die Landgräfin ganz und gar erobert", lächelte Marie. „So wie Sie es mit jedermann tun, ob Sie nun wollen oder nicht. Es liegt im Wesen Eurer Majestät; ich will nicht schmeicheln, doch Majestät besitzen einen Zauber..."

Sissy lachte.

„Was reden Sie da für dummes Zeug, Marie! Einen Zauber! Andere Leute sind da ganz anderer Meinung. Unserer Ministerpräsident zum Beispiel,, Graf Taaffe, der findet mich einfach unausstehlich."

„Der Graf ist ein Ekel. Er kann auch Seine Hoheit, den Kronprinzen, nicht leiden."

„Aber meinen Mann, den mag er!"

„Kunststück. Was wäre der Graf ohne Seine Majestät?"

„Nun, ein steinreicher Mann vermutlich."

„Das ist er doch auch so, Majestät."

„In einer Monarchie wird man als Ministerpräsident nicht reich. Er könnte es sich gar nicht leisten, zu amtieren und zu repräsentieren, wenn er nicht aus seinem Privatvermögen zusetzt. Nein, ihn reizen Macht und Einfluß! Er nimmt auf Umwegen seinen Vorteil wahr, und darauf versteht er sich gewiß nicht schlecht. Und deshalb scheut er auch jede Veränderung. Er fürchtet gewiß heute schon den Tag, an dem Rudolf auf den Thron kommt. Unter Rudolf wird vieles anders werden! Sehr vieles. Aber bis dahin wird noch viel Zeit vergehen.

Der Kaiser ist gesund, kräftig und noch voll Tatendrang. Ich glaube, mit Franzl wird es noch manche Überraschung geben..."

Und das glaubte sie wirklich. Als der Hofzug von Triest in Richtung Wien abdampfte, saß sie am Fenster ihres Salonwagens und blickte auf die wolkenverhangene Hafenstadt, die auch heute noch kein freundlicheres Bild bot als gestern. Der Zug durchratterte das Bergland um die Rosandra, in dem sich die Campagnen der wohlhabenden Triester Bürger befanden – ländliche Villen von hübschem Aussehen. Eine heftige Bora zerzauste die Wipfel der auf dem Kalksteinboden spärlich vegetierenden Bäume.

Der Zug rollte über einen Viadukt und verschwand in einem Tunnel. Als er ihn wieder verließ, lag vor den Fenstern das Barcolaner Tal, das bei besserem Wetter einen herrlichen Anblick geboten hätte. Wieder fuhr der Zug über einen Viadukt, ein Meisterwerk der österreichischen Bahnbauer. Weitere acht Viadukte folgten, bevor die schroffen Einschnitte der Karstfelsen von Nabresina erreicht wurden. Über Adelsberg – berühmt für seine Grotte – und Laibach würde sich der Hofzug weiter nach Wien bewegen.

Sissy kannte die Strecke nur zu gut. Sie setzte sich in ihren bequemen Lederfauteuil an ihren Schreibtisch. Sie wollte ein Gedicht schreiben. Das tat sie gern, und Kenner meinten, ihre Lyrik wäre nicht so übel. Doch als sie über ein Thema nachdachte, das sie in Verse gießen könnte, verfingen sich ihre Gedanken in den großen Ereignissen von Kremsier des vergangenen Sommers.

Der im Jahre 1878 in Berlin abgehaltene Kongreß, der mit einer Konstituierung der Balkanstaaten diesen Unruheherd befrieden sollte, hatte im Endeffekt das Gegenteil erreicht. Österreich war von den teilnehmenden Mächten das Mandat über Bosnien und die Herzegowina zugesprochen worden, und es hatte diese Ländereien besetzt. Das mißfiel nicht nur den lokalen Nationalisten, plötzlich fühlte sich auch Rußland bedroht. Immer mehr und deutlicher erkennbar trat es als Schutzmacht der auf dem Balkan lebenden slawischen Völker auf. Die ungarische Reichshälfte der österreichisch-ungarischen Monarchie fühlte sich dadurch provoziert. Das Budapester Parlament nahm eine drohende Haltung an. Ein Konflikt schien sich anzubahnen, den Kaiser Franz Joseph nicht wollte.

Um der Gefahr eines Krieges zu begegnen, sollte zwischen dem Kaiser und dem Zaren in dem nordöstlich von Brünn gelegenen Kremsier eine Begegnung stattfinden. Franzl lud zu dieser Aussprache auf höchster Ebene, und Alexander III. nahm an. Wenn man miteinander redet, entwirren sich manche Knoten; Mißverständnisse werden ausgeräumt. Man ißt gemeinsam und verhandelt. Die Monarchen bringen auch ihre Frauen mit, und der persönliche Kontakt schafft eine Vertrauensbasis, die als Grundlage für ein weiteres friedliches Nachbarschaftsverhältnis der durch ihre Herrscher vertretenen Völker dienen kann.

So trafen auch Franzl und Elisabeth mit Alexander von Rußland und seiner Frau Mara am 25. August in Kremsier zusammen. Das Kaisertreffen war für zwei Tage anberaumt; nachher mußte Franzl gleich zu den Manövern bei Pilsen. Sissy hingegen freute sich auf die Erholung nach der „kaiserlichen Strapaz" in dem geliebten Ischl.

Eine Strapaz war es wirklich. Allein der Empfang im Bahnhof, danach die Fahrt im offenen Mylord, gefahren im gerittenen Viererzug, der von allen Seiten begafft und fotografiert wurde. Und schließlich noch die Tafel im Schloß für achtundsiebzig Personen!

Sissy hatte gerade an diesem Tag rasende Kopfschmerzen. Dabei mußte sie mit der Zarin in näheren Kontakt kommen und nach allen Seiten lächeln... Die Hitze im Saal und die unbequeme Enge ihrer Galatoilette ließen sie schwindlig werden. Am Abend gab's auch noch zur Unterhaltung der Gäste eine Vorstellung des Burgtheaters, von dessen Ensemble einige Künstler mit nach Kremsier gekommen waren.

Und da zeigte es sich, daß man bei Franzl wirklich noch Überraschungen erleben konnte...

Die Überraschung hieß Kathi, schlicht und einfach Kathi. Auf dem Programmzettel der Vorstellung, die auf der kleinen Bühne im Festsaal des Erzbischöflichen Schlosses gegeben wurde, stand als voller Name: Katharina Schratt. Ihre beiden männlichen Partner waren höchst prominent: Bernhard Baumeister und Adolf von Sonnenthal, ein so großartiger Schauspieler, daß Franzl ihn geadelt hatte. Die drei spielten ein einaktiges Lustspiel, das die Gesellschaft nach der abendlichen Tafel mit großem Erfolg unterhielt.

Sissy fragte sich allerdings, ob Franzl den Inhalt des kleinen Theaterstücks „Er experimentiert" überhaupt mitbekommen habe. Sein Interesse war besonders groß, wenn diese Kathi agierte. Sie war blond, sehr fesch und lustig und ganz anders als die berühmten Tragöden des Burgtheaters, die Franzl so langweilten, daß er gar nicht hinging. Obwohl das Theater ein Anbau am Michaelerplatz und mit den Kaiserlichen Gemächern durch den „Theatergang" direkt verbunden war. Diese junge Kathi brachte offenbar neuen Schwung und frischen Wind in die verstaubte Kulissenwelt. Deswegen galt sie auch als Liebling des Wiener Publikums, vor allem der jüngeren Generation, und es war gar nicht leicht gewesen, sie dem Wiener Stadttheater wegzuengagieren.

Nach der Vorstellung waren die Künstler zu den Monarchen befohlen, um deren Lob einheimsen zu können. Dabei sah Sissy die Schratt aus nächster Nähe. Dieses talentierte Mädchen war vielleicht zwanzig Jahre jünger als sie, hatte eine fabelhafte Figur und wunderschöne Augen.

Sissy spürte einen Stich in ihrem Herzen, als sie ein paar vorbereitete freundliche Worte des Lobes sagte und der vor ihr knicksenden Kathi die Hand reichte. Auch Franzl gab ihr die Hand. Hielt er sie nicht ein wenig zu lang in der seinen?

Ich bin doch nicht etwa eifersüchtig, sagte sich Sissy stirnrunzelnd und überhörte fast den Diener, der ihr meldete, daß der Tee im Speisewagen serviert sei.

Eifersüchtig — auf eine junge Schauspielerin! Das fehlt mir gerade noch! Vielleicht sollte ich Franzl doch nicht so oft und so lange in Wien allein lassen, sagte sie doch.

Doch seine Geschäfte lassen ihm kaum Zeit für ein Privatleben. Da sind die endlos langen Vorträge seiner Minister und die noch viel länger dauernden Audienzen. Manchmal empfängt er bis zu dreihundert Leute an einem einzigen Tag und hört sich alle ihre Sorgen und Beschwerden an. Es war ja das gute Recht eines jeden Österreichers, mit seinem Kaiser persönlich zu reden, ihn um Rat und Hilfe zu bitten. Letzteres geschah oft genug, besonders, wenn sich ein Steuerzahler von einer Behörde benachteiligt fühlte.

Die „schönen Tage von Kremsier" waren zuende, aber ein Stachel blieb und saß tief in Sissys Herzen. Ja, sie liebte ihren Franzl und wußte auch, daß er sie ebenso sehr liebte.

Sissy hatte zwar von Kathi schon vor Kremsier gehört, doch sie hatte sie noch nie zuvor gesehen. Sie liebte mehr die Natur als das Theater. Auch Franzl machte sich nicht viel aus der Schauspielerwelt und den Theaterstücken. Doch er wußte, daß der Großteil der Wiener da ganz anders dachte, und deshalb ließ er für sie auch eine neue Oper und ein neues Burgtheater bauen. Sie sollten sogar die Prunkstücke der neuen Ringstraße bilden, die nun anstelle der abgerissenen, weil überflüssig gewordenen alten Basteien die Wiener Innenstadt umschloß. Es gab keinen Zweifel, daß diese Kathi zum leuchtenden Stern des neuen Burgtheaters avancieren würde, und Sissy hegte den Verdacht, daß dann auch ihr Franzl viel öfter ins Theater gehen würde als früher..

Sissy war schlechter Laune und beschloß, das noch immer aufgeschobene Gespräch mit der alten Landgräfin jetzt, zur Teestunde, zu führen.

Der Speisewagen glich einem eleganten, holzgetäfelten Eßsalon auf Rädern. Der Hofzug hatte auch seinen eigenen Küchenwagen, der auch den Speisewagen des Begleitpersonals mit versorgte. Sissy selbst hatte drei Waggons für sich zur Verfügung, das Personal weitere fünf. Dann kamen noch die Gepäckwagen und eine eigene Telegrafenstation. Manchmal, wenn sie zur Jagd fuhr und bestimmte Pferde aus der Hofstallung mitnehmen wollte, gab es auch noch Waggons für diese.

Ida, Marie und die alte Landgräfin saßen schon an der Tafel und erhoben sich respektvoll.

„Könnt ihr euch denn nicht angewöhnen, sitzen zu bleiben?" meinte Sissy ärgerlich. „Hier sind wir unter uns, und ich bin ein Mensch wie jeder andere."

„Oh nein, Majestät, halten zu Gnaden", widersprach die Fürstenberg mit feinem Lächeln. „Majestät sind Majestät!"

„Und wenn ich das nun gar nicht sein möchte? Landgräfin, Sie sind eine liebe alte Dame, und ich habe Sie sehr gern. Und bin viel jünger als Sie. Wie kommen Sie dazu, vor mir aufzustehen?"

„Weil Majestät eben Majestät sind", lächelte die Landgräfin und ließ sich vorsichtig wieder nieder. „Es ist der Respekt vor der Krone."

„Aber ich trage sie ja nicht. Nur die Kinder glauben, Kaiser und Könige liefen den ganzen Tag mit einer Krone auf dem Kopf herum. Die Krone liegt in der Schatzkammer; gottlob, denn sie ist schwer genug."

„Ja, sie ist sehr schwer. Besonders schwer durch die Last der Verantwortung. Und auch wenn die wirkliche Krone in der Schatzkammer liegt — eine unsichtbare tragen Sie immer, Majestät. Und sie drückt."

Es lag ein tiefer Respekt in der Stimme der alten Frau, der Sissy bei diesen Worten in die Augen blickte, als wolle sie im Grunde ihrer Seele lesen. Wie recht sie doch hatte! Sissy spürte diese Last, die außer dem Tod niemand von ihr nehmen konnte.

Die Fürstenberg aber schien zu ahnen oder sogar zu wissen, daß Sissy ein bestimmtes Thema auf der Zunge lag. Wahrscheinlich hatten es ihr Marie Festetics oder Ida Ferenczy schon gesagt, daß die Kaiserin ihre Außerdienststellung beabsichtigte. Die alte Dame durfte zwar in dieser Sache nicht das erste Wort sprechen, aber feinfühlig versuchte sie, Sissy die Angelegenheit so leicht als möglich zu machen.

„Ich bin eigentlich recht froh, daß wir nun heim nach Wien kommen", sprach sie deshalb. „Es war doch sehr anstrengend für mich. Und – halten zu Gnaden, Majestät – aber den Marsch von München nach Possenhofen vergesse ich bis an mein Lebensende nicht; der liegt mir noch heute in den Knochen, obwohl Majestät die Güte hatten, für mich ein Fahrzeug kommen zu lassen. Volle acht Stunden, Majestät, waren wir unterwegs! Wie können Ihre Füße das nur aushalten?"

„Fürstenberg", lächelte Sissy, während der Lakai den Tee in die feinen Porzellanschalen eingoß, „Sie sind der Plage enthoben. Sie haben Ihre Ruhe wohlverdient. Dies ist Ihre letzte Reise mit mir. Wie sehr in Gnaden ich Sie aus meinem Dienst entlasse und wie sehr ich Sie vermissen werde, können Sie sich denken."

Die Stimme versagte ihr fast, und Tränen traten ihr in die Augen. Plötzlich legte sie spontan ihren Teelöffel zurück, sprang auf, umarmte die Landgräfin und küßte sie auf die Stirn. Die Landgräfin wollte ihr die Hand küssen, aber Sissy entzog sie ihr schnell.

„Ich bitte Sie", wehrte sie ab, „meine liebe mütterliche Freundin..." „Majestät", preßte die Landgräfin gerührt hervor, „diese Worte werde ich nie vergessen!"

Sie waren beide ergriffen. Und zugleich froh, daß sie es hinter sich gebracht hatten. Sissy strich der alten Dame noch zärtlich über die Schultern; dann setzte sie sich wieder hin und biß in das frische Teegebäck.

Ida faßte sich als erste wieder.

„Ja, der Marsch von München nach Possenhofen", lachte sie. „Wenn ich daran denke, kriege ich nochmals Blasen auf den Füßen!"

Auch Marie Festetics lachte. Ida stimmte ein und schließlich überwand auch die Fürstenberg ihre Rührung, und alle waren sehr fröhlich. Sissys Kopfschmerzen waren verflogen, und selbst die Erinnerung an die blonde, verführerische Kathi Schratt trat in den Hintergrund. Dafür drängten sich andere Bilder auf.

Der Gewaltmarsch von München nach Possenhofen....

Damals, in München, hatte aber auch rein gar nichts geklappt: Der unangemeldete Besuch bei ihrer Jugendfreundin Irene Paumgarten kam nicht zustande, weil Irene aufs Land gefahren war, und Sissys königlicher Cousin, Ludwig II., der seinen Ministern so viele Rätsel aufgab und so viele Schereien machte, war auch nicht anzutreffen. Niemand vermochte Auskunft zu geben, wo der König war — er schien spurlos verschwunden zu sein. Außerdem hatten die Ärzte seinen Bruder Otto für hoffnungslos irrsinnig erklärt. Er war in einem Seitenflügel des Schlossel interniert und vegetierte in geistiger Umnachtung dahin.

In der Familie der Wittelsbacher war es schon öfters zu Geisteskrankheiten gekommen. Ihre Blutsverwandtschaft mit dem bayrischen König machte Sissy deshalb

Angst. Sein beunruhigendes Verhalten und die Geisteskrankheit seines Bruders versetzten Sissy in Panik. Sie mußte diese einfach totlaufen. Sie wollte weg von München. Zu Fuß machte sie sich auf den Weg — und marschierte schweigend und verbissen volle acht Stunden, gefolgt von ihren jammernden Hofdamen. Nur die alte Fürstenberg saß in einem wackligen Wagen, den man unterwegs erstanden hatte, und der sie auf der schlechten Straße gehörig durchrüttelte. Bei jedem Schlagloch, in das die Räder gerieten, stieß sie einen Schrei aus und stöhnte zum Erbarmen.

„Nun, das kommt sicher nicht wieder vor, Sie sind mich los", tröstete Sissy und lachte, daß ihr die Tränen kamen.

Damals, auf der Straße nach Possenhofen, war ihr gar nicht zum Lachen zumute gewesen. — War sie davor sicher, daß das gefährliche Erbe der Wittelsbacher nicht eines Tages auch in ihr zum Tragen kam? Oder in ihrem Sohn Rudolf? Oder bei den Töchtern Valerie und Gisela? Die durch Generationen fortgesetzten Heiraten innerhalb der eigenen Verwandtschaft hatten zwar einen hochgezüchteten, aber anfälligen Menschenschlag hervorgebracht. Da konnte man nur beten...

3. Der Stolz der Monarchie

Prustend und schnaubend dampfte die Lok in die weite, glasüberdachte Halle des Wiener Südbahnhofes ein. Der Hofzug fuhr auf seinem eigenen Perron; der übliche rote Teppich war bereits ausgelegt, und Sissy riß auch schon das Waggonfenster auf. Sie erblickte das versammelte Begrüßungskomitee, ihren Franzl voran, der sie schon mit aller Sehnsucht erwartet hatte.

Prompt flog ihr ein Körnchen Ruß ins Auge, und wütend knallte sie das Fenster wieder zu. Mit ihrem Taschentuch versuchte sie das Körnchen aus ihrem Lid zu entfernen; es schmerzte, brannte, und das gerade jetzt!

„Ida, Marie!" rief sie. „Ich habe Ruß ins Auge bekommen". „Das bringt Glück, Majestät", versicherte Marie Festetics, die sofort zur Stelle war. „Halten Sie still. Schließen Sie das Auge und drehen Sie den Augapfel nach oben, als ob Sie hinauf schauen wollten. Jetzt tränt es gleich richtig, und das Körnchen wird ganz von allein aus dem Aug geschwemmt..."

Tatsächlich spürte Sissy es bald darauf oberhalb des Backenknochens, inmitten einer wahren Tränenflut. Zornig stampfte sie mit ihren kleinen Schnürstiefeln auf den Teppich.

„Meine Schminke! Wie werde ich aussehen! Und dabei habe ich mich doch für Franzl so schön gemacht! — Da steht er auch schon!"

Tatsächlich, da riß er bereits die Wagentüre auf und kam seiner Sissy mit ausgebreiteten Armen entgegen, kaum daß Marie noch Zeit fand, das unglückselige Rußkrümelchen von der Wange fortzuwischen.
Schon spürte Sissy Franzls Begrüßungsküsse auf den Lippen und Wangen.

„Mein Engel", rief er, „endlich!"

Sie blinzelte verwirrt und vergnügt. Seine Küsse verwirrten sie noch immer nach all den Jahren ihrer Ehe. Er sah gut aus in seiner Uniform, und seine blauen Augen strahlten vor Freude, sie wiederzusehen.

„Mein Engel", wiederholte er die Anrede, die er für sie am liebsten gebrauchte, und diesmal küßte er ihr auch noch galant die Hand.

„Servus, Franzl", sagte sie einfach und erwiderte seinen Kuß. „Es war schön, aber nun ist es gut, wieder daheim bei euch zu sein."

„Draußen warten Gisi und Valerie", verriet Franzl, die beiden Töchter ankündigend.

„Und Rudi?" fragte sie.

„Auf Armeeinspektion", antwortete Franzl zurückhaltend. „Und Stephanie läßt sich entschuldigen; sie hat Klavierunterricht."

„So so, Klavierunterricht — sie hätte die Stunde doch absagen können! — Aber ich sehe sie ohnehin nachher beim Diner. Also sind wir eben wieder in Wien! Gut schaust du aus, Franzl!" Sie zauste seinen dichten, braunen Backenbart. „Beinah' wie ein richtiger Löwe in Schönbrunn!"

Der Kaiser lachte.

Sie nahm ihn unterm Arm; die Tür öffnete sich, und da standen sie alle, die Honoratioren des Hofes und der Stadt Wien, bereit zum Empfang. Damen mit wagenradgroßen Hüten und Herren mit ordengeschmückten Uniformen, kleine Buben und Mädchen in Weiß mit Blumen in den Händen und einem Gedicht im Kopf, das sie nun aufsagen sollten, und von dem gerade jetzt, wo es darauf ankam, die Hälfte vergessen war.

Und doch war dies bei weitem kein offizieller Empfang; nein, die Kaiserin war bloß von einer privaten Reise in die Residenz zurückgekehrt.

Franzl geleitete mit Stolz seine Sissy über die teppichbelegten Stufen hinab in die elegante, weite Bahnhofsvorhalle. Der neben dem Ostbahnhof gelegene Südbahnhof der Staatsbahn war zwar schon fast fünfzehn Jahre alt, galt aber als der schönste Bahnhof Wiens. In den Dreißigerjahren konnte man von ihm aus bloß bis nach Gloggnitz dampfen; nun aber verband die Südbahn die Residenz mit dem Adriahafen Triest, und die Strecke führte über so kühn angelegte Stecken wie über den Semmering und die Viadukte zwischen Triest und dem Karst.

Draußen standen die mit prächtigen Pferden bespannten offenen Hofkutschen, und die neugierige Menge wurde von einem eher spärlichen Aufgebot an Wachebeamten im Zaum gehalten. Auch die berittene Garde, die die Kutschen begleitete, diente offensichtlich mehr der protokollgemäßen Repräsentation als dem wirklichen Schutz des Kaiserpaares. Zwischen diesem und den Wienern bestand ein so herzliches Verhältnis, daß weder Franzl noch Sissy hier jemals eine ernstliche Gefahr befürchteten. Das einzige Attentat, das je versucht wurde, beging ein ungarischer Revolutionär. Der Täter war von Beruf Schneider; er wurde von einem Wiener Fleischhauer schnell überwältigt, der sich zufällig in der Nähe befand. Franz Josephs Adjutant O'Donnell hatte nicht viel mehr zu tun, als den Übeltäter der Wache zu übergeben. Das geschah am 13. Februar 1853 auf der Schottenbastei. Die Wiener witzelten, die Schneider würden nun aus Solidarität mit dem Verhafteten bei den Fleischhauern noch weniger einkaufen als bisher.

Als Sissy und Franzl den Bahnhof verließen und ihre Kutsche bestiegen, erklangen ringsum Hochrufe. Kommandos ertönten, ein Trompetensignal wurde geschmettert, die Männer auf den Gehsteigen zogen respektvoll ihre Hüte, und Mütter schoben ihre Sprößlinge nach vorn, damit sie den Kaiser und die Kaiserin gut sehen und den beiden zuwinken konnten.

Franzl grüßte immer wieder, indem er die Rechte an seine Schirmkappe legte. Sissy winkte der Menge mit den Händen zu. Am Belvedere vorbei ging es hinab zum Schwarzenbergplatz, und dann bog die Wagenkolonne in die Ringstraße ein.

„Der Stolz der Residenz, was sage ich, der Stolz der Monarchie", versicherte Franzl.

Es war offenbar seine Absicht, daß man jetzt langsamer fuhr. Seit Sissys Abreise hatte sich hier tatsächlich manches verändert. Die Pracht- und Prunkstraße der Reichshauptstadt ging ihrer baulichen Vollendung mit Riesenschritten entgegen. Vor einigen Jahren war hier noch eine gewaltige Baustelle. Die mächtigen Festungsmauern und Wälle, die zweimal den Türkenheeren standgehalten hatten, wurden auf Franzls Befehl abgerissen. Die alten Stadttore verschwanden, und die Vororte jenseits des Wienflusses und an der Herrenals wurden eingemeindet. Findige, neuzeitlich denkende Köpfe wälzten allen Ernstes den Plan, die tiefen Gräben vor den Festungsmauern zu überwölben, um in ihrem Inneren eine Pferde-Untergrundbahn fahren zu lassen. Doch das Projekt wurde fallengelassen.

Nun standen hier schon die prächtigsten Bauten, und junge Lindenbäume säumten den breiten Boulevard.

Manches war fix und fertig, vieles noch im Bau, und das vor vier Jahren abgebrannte Ringtheater wurde sogar schon wieder abgerissen.

Da erhoben sich stolz und prächtig das neue Rathaus, das Parlament, das Universitätsgebäude und die Votivkirche, die man im Stil einer französischen Kathedrale zur Erinnerung an jenes mißglückte Attentat auf Franzl errichtet hatte. Da war die Oper in all ihrer Pracht – und das noch nicht spielfertige Burgtheater...

Und damit die Erinnerung an eine gewisse Blondine, die dort einmal spielen sollte. Und Sissy riskierte einen Blick auf ihren Franzl und fragte prüfend: „Gehst du eigentlich jetzt öfter ins Theater, Löwe?"

Denn er trug nicht nur einen löwenähnlichen Backenbart; er war auch im August, im Zeichen des Löwen, geboren.

„Oh ja, hin und wieder", antwortete er arglos. „Warum?"

„Sie spielt gut, die kleine Schratt, nicht wahr?"

„Das ist wahr! Du mußt sie dir auch einmal anschauen."

Er hat recht, warum nicht? Dachte sich Sissy. Und Franzl plauderte weiter wie ein stolzer Fremdenführer, redete von Architekten, Bildhauern, Malern und Bauplänen. Wien stand im Zeichen der Bauwut. Ganze Stadtviertel wurden aus dem Boden gestampft. Da bauten Ferstel, Theophil Hansen, Siccardsburg, Van der Null und andere berühmte Architekten. Und es wucherten die Zinshäuser des Mittelstandes und des Proletariats bis hinaus über die eingeebneten Linienwälle, welche die Vorstädte des alten Wien einst schützen sollten.

Die Stadt erhielt aus den Ländern der Monarchie unentwegt Zuzug. Im Rathaus rechnete man für die Zeit nach der Jahrhundertwende mit zwei, später sogar drei Millionen Einwohnern. Diese Leute mußten leben, arbeiten, wohnen und sich mit allem Nötigen versorgen können. Darum auch hatte Franzl den Bau der Hochquell-Wasserleitung durch Schenkung der im kaiserlichen Privatbesitz befindlichen Quellen im Gebiet des Schneebergs und der Rax ermöglicht, und die Wiener hatten von allen Großstädten der Welt das sauberste Wasser. Der Hochstrahlbrunnen auf dem Schwarzenbergplatz spie dieses herrliche Wasser fast haushoch in die Luft. Der Wienfluß sollte reguliert werden; die letzten Linienwälle würden in ein paar Jahren verschwinden. Seit nunmehr dreißig Jahren wurde hier niedergerissen und auf- oder umgebaut; ganze Straßenzüge mußten weichen und würden es noch müssen — doch war dies alles genug?

Franzl redete ununterbrochen. Sissy aber dachte an ihre Kinder Valerie, Gisela und auch Rudolf, der ihr Sohn und ihr doch so fremd war. Und an Kathi Schratt.

Sie, die mit ihrem Gatten schon die Silberhochzeit gefeiert hatte, sollte wirklich auf eine junge Schauspielerin eifersüchtig sein?!

Ihr Stolz wehrte sich dagegen. Sie würde sie sich anschauen, wie Franzl gesagt hatte. Und ihr vielleicht auch ein wenig auf den Zahn fühlen. Wer war sie eigentlich, diese vielgerühmte, von den Kritikern in den Himmel gelobte Kathi Schratt? — Woher kam sie? War sie ein Komödiantenkind? — Sissy wußte es nicht. Aber ihr Entschluß, sich zu informieren, stand fest. Das war sie sich selbst und auch ihrem Franzl schuldig, bevor er möglicherweise noch eine Dummheit beging. Ein Mann, der zwei erwachsene Töchter hatte und einen Sohn, den Thronfolger, auf dem die Zukunft des Reiches ruhte!

Man hatte eine Rundfahrt um den Ring unternommen, vorbei an der Oper, dem stolzen Heinrichshof, den beiden noch im Bau befindlichen großen Museen, welche die kaiserlichen Sammlungen aufnehmen sollten. In Verbindung mit den projektierten neuen Trakten der Hofburg sollten sie später zu einem „Kaiserforum" vereinigt werden. Vorbei ging's auch am Rathaus und der Baustelle des neuen Burgtheaters.

„Da werden die Wiener aber schimpfen", meinte Sissy", „nichts als Baustellen, Planken und Gräben!"

Franzl lachte: „Die nörgeln immer, aber sie meinen's nicht so. Sie merken schon, daß die Stadt immer schöner wird."

Beim ehemaligen Schottentor, das nun ein großer, freier Platz war, bog die Wagenkolonne in die schmale Herrengasse ein, um am Michaelerplatz in die Hofburg einzufahren.

Und an dieser Stelle stand seit Jahr und Tag das alte Hofburgtheater, direkt an die Hofburg angebaut. Es war das einstige Ballhaus, in dem schon der Wiener Kongreß lieber tanzte als tagte. Später entstand ein neues, größeres, zweites am „Ballhausplatz", denn der Hof und die Wiener tanzten gern. Und ein Pächter des Kärntnertortheaters erhielt die Erlaubnis, seinen Spielbetrieb auch in den Räumen des alten Ballhauses aufzunehmen und diese für seinen Zweck zu adaptieren.

Nun, das war also die Wirkungsstätte von Kathi Schratt. Und gefährlich nah der Reichskanzlei, in welcher Franzl arbeitete.

Sie, Sissy, war eben eine Frau, und des Reiches Prunk und Zier interessierte sie wenig, wenn sie Gefahr lief, ihren Franzl zu verlieren! — Dieser merkte wohl, daß Sissy zerstreut und schweigsamer war, als er erwartet hatte, schob dies aber auf die Ermüdung nach der langen Reise. Darüber hinaus war sie ihm immer noch ein wenig rätselhaft; doch vielleicht war es gerade das, was ihn an ihr so fesselte.

Sie war von ganz anderer Art als er. Von frühester Kindheit an war er zu Pflichtbewußtsein erzogen worden. Er drückte sich vor keiner Verantwortung. Um vier Uhr morgens stand er auf und saß um fünf schon an seinem Schreibtisch. Und das jeden Tag, ausgenommen am Sonntag. Selbst wenn er — was selten genug vorkam — für ein paar Tage Urlaub nahm oder auf die Jagd ging, war er in ständiger Verbindung mit der Reichskanzlei und erledigte wichtige Angelegenheiten sofort.

Seine Mutter Sophie hatte ihm oft genug — und nicht ohne Erfolg — das Beispiel Maria Theresias vorgehalten, die das riesige Reich nach der Art einer braven, verständigen Hausfrau regiert hatte, die sich wie eine Mutter für ihre Landeskinder verantwortlich fühlte. Selbst bei ihren täglichen Spaziergängen im Schönbrunner Park hatte sie sich ein tragbares Pult umschnallen lassen, um Akten zu studieren und unterschreiben zu können. Und er, Franzl, wollte ein Landesvater sein, so wie sie eine Landesmutter gewesen war. Urlaub und Feierabend konnten andere machen, der Kaiser nie!

Sissy hingegen war aufgewachsen wie ein freier Vogel, und als solcher fühlte sie sich noch immer. Als sie erst kurz verheiratet war, hatte auch sie sich um das Amt der „Landesmutter" bemüht. Doch dabei hatte sich Tante Sophie verdrängt gefühlt, die ihrem Sohn in allem und jedem zur Seite stehen wollte. Man hatte Sissy klar gemacht, daß sie als hübsche Frau in erster Linie die Aufgabe habe zu repräsentieren und gesellschaftliche Pflichten zu erfüllen. Genau das aber war ihr ein Greuel. Franzl war darüber sicherlich enttäuscht gewesen, daß ihr diese Pflichten zuwider waren, doch versuchte er, sie immer wieder zu verteidigen.

Eines Tages hatte sich Franzl mit gerunzelter Stirn anhören müssen, wie sich Fürst Montenuovo über das seltene Erscheinen der Kaiserin bei offiziellen Empfängen mokierte.

„Na, dann lassen Sie sich doch eine Wespentaille schnüren, lieber Fürst, und mit einem Kleid behängen, das so schwer ist, daß Sie es kaum schleppen können. Und machen Sie dann noch bei drückender Hitze freundlich lächelnd Konversation mit an die dreihundert Leuten im Saal, deren Namen und Gesichter Sie sich alle merken müssen", hatte er geantwortet.

„Dafür sind Ihre Majestät eben Ihre Majestät", hatte der Fürst jedoch steif erwidert. Und Tante Sophie meinte dazu, daß wohl jede junge Frau in der Monarchie gern mit Sissy getauscht hätte.

Nun, auch Sissy hätte manchmal gerne getauscht. Allerdings den Platz an der Seite ihres Franzl wollte sie keiner anderen gönnen...

An der Einfahrt zur Burg standen die Gardeposten

stramm und präsentierten das Gewehr, als die Wagenkolonne einbog, den Michaelerplatz überquerte und das Burgtor passierte.

„Bravo!" und „Hoch!" riefen die Wiener, die pötzlich von allen Seiten herbeiströmten und die Zufahrt zum Schweizertrakt fast blockierten. Es gab eine echte, herzliche Verbundenheit zwischen den Bewohnern dieser Stadt und dem Kaiserhaus, und in dieser herzlichen Begrüßung fand sie ihren Ausdruck.

Die beiden Erzherzoginnen Marie-Valerie und Gisela sahen auch allzu lieb und sympathisch aus. Beim Anblick dieser beiden jungen Damen fragte sich wohl schon mancher, wen sie zum Mann bekommen würden. Man konnte sehen, wie sie ihre noch immer so schöne und jugendliche Mama in die Mitte nahmen, so daß man sie fast für drei Schwestern halten konnte. Franzl, der stolze Gatte und Papa, stand bei ihnen und winkte den Leuten zu.

Danach verschwanden sie alle vier im Kaisertor, das hinauf zu den Gemächern führte.

Und gerade jetzt marschierte die Burgwache mit klingendem Spiel zur Wachablöse auf. Der fesche Tambourmajor zog die Blicke der Mädchen auf sich. Schneidig trommelte der Trommler zum Deutschmeistermarsch den Takt, und der Gleichschritt der Wachmannschaften verklang vor dem Wachlokal unter dem Marie Thersien-Trakt, wo gleich darauf laute Kommandorufe ertönten.

Die Stunde der Wachablösung war gekommen. Sissy kannte all diese Geräusche nur zu gut. Sie waren mit dem Leben in der Hofburg verknüpft und vermittelten ihr das Gefühl, wieder heimgekehrt zu sein. Ein Gefühl, das sich noch verstärkte, als nun auch die nahen Glocken von St. Michael, St. Peter und dem Dom zu St. Stephan die volle Stunde verkündeten

4. Ein Familiendiner in der Hofburg

„Letzte Liebe" hieß das Theaterstück, das auf dem Programmzettel des Hofburgtheaters stand. Darin war Katharina Schratt in einer Hosenrolle angekündigt. Sie spielte wieder in einem Ensemble mit lauter Berühmtheiten: Stella Hohenfels, von der man sagte, sie setze alles dran, daß „die Neue nicht zu üppig werde", Josefine Wessely und Rudolf Tyrolt (der übrigens, wie die Schratt, vom Stadttheater kam).

Sissy beschloß, sich das Stück anzuschauen. Es war ein ungarisches Stück, und sie hatte schon immer viel für diese Nation empfunden. Sie liebte auch die Dichter Ungarns, und es freute sie, daß deren Werke nun auch auf Wiener Bühnen öfter zu sehen waren.

Aber sie machte sich dennoch nichts vor. Eigentlich war es gar nicht das Stück, das sie so sehr interessierte. Doch den Titel „Letzte Liebe" fand sie recht beziehungsvoll.

„Gehen wir heute abends ins Theater?" fragte sie Marie-Valerie und Gisela. „Es ist ein ungarisches Stück, und ich möchte es mir gerne ansehen."

„Oh ja, fein, Mama", meinte Gisela und klatschte vergnügt in die Hände. Auch Marie-Valerie ließ ihre Zustimmung erkennen. Sie ahnten beide nichts von Sissys Hintergedanken, kannten sie doch Mamas Vorliebe für alles Ungarische.

„Was soll ich anziehen?" fragte Marie-Valerie.

Sissy hatte einen Plan gefaßt.

„Wir setzen uns nicht in die Hofloge", erklärte sie. „Wir wollen uns nicht anstarren lassen, sondern lieber selbst alles sehen. Wir lassen uns eine Rangloge freihalten und kommen kurz vor Beginn der Vorstellung."

„Fein", fand Gisela. „Und jede von uns nimmt ihr Opernglas mit! Damit wir ganz genau sehen können, wer aller im Theater sitzt. Das wird spannend, selbst wenn das Stück fad ist."

„Kennt ihr es denn schon?" fragte Sissy.

„Nein", antwortete Marie-Valerie. „Man spielt es erst seit kurzem, es soll recht hübsch und rührend sein."

„Nun, dann lassen wir uns überraschen", meinte Sissy und fand dies so doppelsinnig wie den Titel des Stücks.

Von ihren Hofdamen wollte sie nur Ida von Ferenczy mitnehmen.

Noch vor dem Diner empfing sie ihren Obersthofmeister, Baron Nopcsa, und teilte ihm die Entlassung der Frau von Fürstenfeld mit.

Er war natürlich bereits informiert und hatte den erforderlichen Papierkram schon in die Wege geleitet.

„Majestät werden eine neue Hofdame benötigen", erkärte der Baron.

„Ich möchte am liebsten eine junge Adelige aus Ungarn", wünschte sich Sissy.

Der fürsorgliche Baron verneigte sich leicht. Wie stets machte er einen gestreßten Eindruck.

„Eine junge Dame aus altem ungarischen Adel... Ich

werde vorfühlen und Euer Majestät berichten, wer eventuell in Frage käme."

„Gut, Baron. Es eilt nicht."

„Oh doch, Majestät, es eilt. Das Weihnachtsfest steht vor der Tür, und danach kommen auch schon die Hofbälle! Die Zeit fliegt dahin, man hat nie genug davon. Plötzlich ist es so weit, man weiß gar nicht wie!"

„Sie werden es schon richtig machen! Ich verlasse mich ganz auf Sie; schlagen Sie mir einige Damen vor, ich werde dann meine Auswahl treffen."

„Gewiß, Majestät. Wie Euer Majestät befehlen", ging Nopcsa rücklings zur Tür hinaus, nachdem ihn Sissy entlassen hatte.

Sie haßte diese Höflingsart. Vergeblich hatte sie immer wieder versucht, sie zumindest ihrer unmittelbaren Umgebung abzugewöhnen. Bei Ida von Ferenczy und Marie von Festetics war es ihr fast gelungen; mit diesen beiden Frauen stand sie in einem echten Freundschaftsverhältnis. Nicht gelungen war es ihr, trotz erwachter persönlicher Zuneigung, bei der Landgräfin von Fürstenberg; und schon gar nicht bei Nopcsa, der — ähnlich wie Fürst Montenuovo — ein Fanatiker des Hofzeremoniells war. Und ausgerechnet ihn hatte man ihr zum Obersthofmeister bestellt!

Nun ja, Nopcsa war ein Erbstück von Tante Sophie. Mitunter fand ihn Sissy sogar recht amüsant, und daß er seine Pflichten samt und sonders sehr ernst nahm, darüber bestand kein Zweifel. Aber daß sie heute inkognito mit ihren beiden Töchtern, den Erzherzoginnen, ins Burgtheater wollte, brauchte er besser nicht zu wissen...

Auch beim Diner, zu dem außer Franzl, Gisela, Marie-Valerie und Sissy auch noch die Kronprinzessin erschien, fiel kein Wort darüber; Sissy hatte es so mit ihren beiden Töchtern vereinbart.

Sissy sah nun ihre Schwiegertochter gleichfalls wieder. Sie begrüßten einander zurückhaltend. Stephanie, eine Tochter des belgischen Königs Leopold, war am Wiener Hof nicht recht heimisch geworden. Zwar war auch ihre Schwester Louise in Wien verheiratet; seit zehn Jahren lebte sie hier als überaus attraktive Gattin des Prinzen Philipp von Coburg, der mit seinem Schwager Rudolf eng befreundet war und es duldete, daß ihn Rudolf wegen seines Leibesumfanges unentwegt hänselte.

Der „dicke Philipp" machte neben seiner schönen, sportlichen Frau, die den Männern in gefährlicher Weise den Kopf verdrehte, und der dies offenbar auch Spaß machte, keine sehr gute Figur. Doch da er ein fabelhafter Schütze war – in dieser Eigenschaft begleitete er Rudi öfters zur Jagd – wagte sich bisher kein Kavalier an die schöne Louise heran; ohne jeden Zweifel hätte der Prinz einen so vorwitzigen Burschen zum Duell gefordert.

Stephanie war schlank, hochgewachsen, hellblond und weit weniger hübsch als ihre rassige Schwester Louise. Sie machte eher den Eindruck eines biederen Landmädchens, das aus Versehen in die falsche Gesellschaft geraten war. Sissy, die sich am Zustandekommen der Ehe ihres Sohnes Rudolf mit dieser belgischen Königstochter nicht ganz unschuldig fühlte, erkannte auch an diesem Abend wieder, daß die Heirat ein Mißgriff war. Möglicherweise hätte Rudi ganz gut zu Louise gepaßt, die sich ihrerseits an der Seite ihres dicken, eifersüchtigen Gatten nicht glücklich fühlte.

Stephanie war ruhig, besonnen und hatte ein tadelloses Benehmen. An einer guten und strengen Erziehung hatte es in Schloß Laeken nicht gefehlt. Zweifellos war sie noch ein halbes Kind gewesen, als man sie nach Wien verheiratet hatte, wobei natürlich die Interessen der Staaten eine wesentliche Rolle gespielt hatten. Die Hoffnung, daß sich die beiden Menschen aneinander gewöhnen würden, ging aber nur teilweise auf, denn sie fanden keine gemeinsamen Interessen. Sie hatten eine Tochter, Elisabeth; doch der ersehnte männliche Nachwuchs wollte sich nicht einstellen.

Franzl löffelte seine Suppe in gewohnter Windeseile und machte sich ebenso rasch über seinen Tafelspitz her; man konnte mit seinem Tempo kaum mithalten. Die Lakaien, welche gewohnt waren, sich nach dem Kaiser zu richten, trugen der Reihe nach das eher bescheidene Essen auf und hielten sich bei den Gängen an den Kaiser. So kam es, daß einem der Teller während des Essen unter der Nase fortgezogen wurde. Wer die Ehre hatte, zu einer Hoftafel als Gast geladen zu sein und den Hausbrauch schon kannte, trug daher Vorsorge für ein ausgiebiges Nachtmahl woanders; denn er wußte wohl, daß er an der kaiserlichen Tafel kaum satt werden konnte.

Franzl entschuldigte sich damit, daß er seine kostbare Zeit nicht mit dem Essen verschwenden wolle. Tatsächlich ließ er sich auch nachher noch ein Glas Milch und eine Buttersemmel auf seinen Schreibtisch bringen. Die verzehrte er, während er oft bis spät in die Nacht weiterarbeitete.

Auch diesmal speiste er in gewohnter Eile; das Tischgespräch drehte sich um Rudis Truppeninspektion. Man wußte im voraus, daß er im Anschluß an diese Besichtigungstour wieder mit Erzherzog Albrecht, in dem er den Hauptverantwortlichen für die Zustände im Heer sah, in Konflikt kommen würde.

„Und dann macht sich Rudi in Zeitungsartikeln seinem Ärger Luft", klagte Franz. „In Artikeln, die er noch dazu unter falschem Namen schreibt! Er will reformieren; schön, aber doch nicht dadurch, daß er die Öffentlichkeit aufhetzt und verunsichert!"

Er sah Stephanie dabei vorwurfsvoll an.

„Ich habe in dieser Sache leider gar keinen Einfluß auf ihn, Papa", erklärte Stephanie reserviert.

„Das bedauere ich", sagte Franzl nicht ohne Schärfe. „Du hattest Zeit genug, diesen Einfluß zu gewinnen."

„Hast du ihn denn?" schoß Stephanie zurück. „Du bist nicht nur sein Vater, sondern auch sein Kaiser!"

„Ich hatte Mühe genug, seinen Artikel über Kremsier konfiszieren zu lassen, bevor er in Druck ging", knurrte Franzl wütend. „Du solltest lesen, was er da über das Kaisertreffen geschrieben hat! Wir hätten gar nicht gewußt, worüber wir verhandelt hätten, dafür aber hätten wir umso ausgiebiger gefeiert! — Und das schreibt mein eigener Sohn, der doch wissen müßte, daß ich mich auf das Treffen mit dem Zaren wochenlang vorbereitet und mit meinen Ministern beraten habe!"

„Franzl", bat Sissy bedrückt. „Es ist der erste Abend nach meiner Rückkehr, an dem wir hier bei Tisch sitzen."

„Entschuldige", brummte Franzl verlegen und langte

nach Sissys Hand. Beruhigend umschloß er ihr zartes Handgelenk. „Entschuldige, mein Engel, aber ich bin auch nur ein Mensch und habe Nerven."

Diesmal hielten die Lakaien zu Unrecht Franzl für schon satt und entfernten seinen Tafelspitz, den er noch kaum halb verzehrt hatte.

„Ich werde mit Rudi reden, sobald er zurück ist", meinte Sissy begütigend, während Gisela und Marie verstohlen über die verdutzte Miene ihres Vaters kicherten.

„Es war ohnehin wieder alles fast kalt", tadelte die Kronprinzessin das Essen.

Sie hatte nicht unrecht; auf dem langen Weg von der Hofküche zum Tisch war es fast unmöglich, die Speisen hinreichend warm zu halten.

„Mahlzeit", knurrte Franzl verärgert und stand auf; und damit war die Tafel endgültig aufgehoben.

Stephanie verabschiedete sich sichtlich gekränkt. Der Stolz der Königstochter regte sich in ihr.

Nachdem sie gegangen war, meinte Sissy: „Du solltest nicht so zu ihr sprechen, Franzl. Sie hat recht; wir, die Eltern, hätten zu allererst die Aufgabe gehabt, unseren Sohn in unserem Sinne zu erziehen. Wer aber hat verhindert, daß ich mich um Rudolf kümmerte?"

„Laß Mama aus dem Spiel." Franzls Stirn zeigte plötzlich drohende Falten. „Laß' sie in Frieden ruhen! Sie hat auf ihre Art das Beste gewollt."

Die Lakaien räumten unterdessen die Tafel ab und schienen nichts von dem zu hören, was gesprochen wurde. Und das Kaiserpaar schien ihre Anwesenheit gar nicht zur Kenntnis zu nehmen.

„Auf ihre Art! – Und was ist dabei herausgekommen?!"

Sissy konnte sich diesen Satz nicht verkneifen und wußte im selben Moment, daß sie einen Fehler begangen hatte. Nachdem er seinen Töchtern einen traurigen Blick zugeworfen hatte, verließ der Kaiser brüsk den Speisesaal.

Wenn ich wirklich mit dieser Kathi um ihn kämpfen muß, war dies kein kluger Anfang, sagte sich Sissy und meinte zu Marie-Valerie und Gisela: „Ich will für euch vom Demel noch einen Nachtisch kommen lassen. Was mich betrifft, so wird es meiner Figur nicht schaden, wenn ich faste. Ich trinke bloß noch ein Glas Orangensaft."

Während sie sich wenig später schon für den Theaterabend bereit machten, stand Franzl wieder vor seinem Schreibtisch und starrte mißmutig auf den Aktenberg. Er wußte: war er mit diesem fertig, würde ein neuer kommen, und so fort — bis an sein Lebensende...

Dann aber sah er auch noch etwas anderes. Ketterl, sein braver Kammerdiener, hatte ihm den Theaterzettel des Burgtheaters obenauf auf die Akten gelegt.

Franzl nahm ihn zur Hand.

„Letzte Liebe", las er halblaut und legte den Programmzettel unschlüssig zurück.

Plötzlich faßte er einen Entschluß.

„Die Akten können bis morgen warten", knurrte er.

5. Eine Begegnung

Sie würde also Katharina Schratt auf der Bühne wiedersehen. Und eine Begegnung privater Natur wahrscheinlich kaum zu vermeiden sein...

Sissy sah der Vorstellung im Hofburgtheater mit einer Spannung entgegen, die sie in dieser Art eigentlich noch nie empfunden hatte.

Es ist doch ein ganz gewöhnlicher Theaterabend, versuchte sie sich einzureden. In zwei Stunden ist alles vorüber... Hoffentlich ist das Stück nicht allzu langweilig. Dieses Theaterstück, wie heißt es doch nur? Ach ja, „Letzte Liebe". Sicher irgend so eine sentimentale Geschichte. Nun ja, gute Schauspieler können auch aus einem schwachen Stück etwas machen, und gute Schauspieler haben wir ja. Wie etwa die Neue...

Wenn die Hohenfels, wie man sagt, sie nicht hochkommen lassen will, dann muß die Schratt was können! Die Hohenfels fürchtet die Konkurrenz. Und ich auch... Ich bin also in der gleichen Lage wie Stella Hohenfells. Wie, wenn ich mich mit ihr gegen die Schratt verbünde?

Pfui, sagte sich Sissy, auf was für Gedanken komme ich da! Wenn nur dieses ärgerliche Tischgespräch heute abend nicht gewesen wäre. Aber Stephanie hat ja wirklich recht. – Und Franzl etwa nicht?! Wenn Rudi das wirklich so geschrieben hat, wie Franzl sagt, dann war er nicht fair. Was kann man denn von Franzl noch mehr verlangen!

Ihre Kammerzofen kamen, um sie umzukleiden. Von dem Orangensaft hatte sie kaum genippt, bloß, um sich die Lippen anzufeuchten. Danach kam Frau Feifal, um ihr das Haar zu bürsten und aufzustecken. Diese Haarpracht, um derentwillen Sissy so manches schmerzliche Opfer ertrug...

„Majestät sind schön wie ein junger Engel", versicherte Frau Feifal im Brustton der Überzeugung und ließ heimlich ein paar Härchen verschwinden, die an ihrem Kamm hängengeblieben waren; denn nichts brachte die Kaiserin mehr aus der Fassung als der völlig unbegründete Verdacht, sie könnte Haare verlieren.

„Heute abend kommt es nicht darauf an", meinte Sissy, gemäß ihrer Absicht, sich im Hintergrund einer Seitenloge zu verbergen.

Und doch — weshalb nicht? Sie warf, endlich fertig und nur mit wenig Schmuck ausgestattet, einen Blick in den mannshohen Spiegel, der ihr von Kopf bis Fuß eine schöne, anmutige Frau zeigte. Eine sehr damenhafte Frau. Die Dame hatte in all den Jahren am Wiener Hof offenbar doch den Sieg über den „bayrischen Wildfang" davongetragen.

Und diese Kathi Schratt? — Nun, das war eine junge und attraktive Frau, aber eben noch keine Dame...

Sissy ließ nach Marie-Valerie und Gisela fragen und bekam zur Antwort, daß diese eben dabei wären, mit Behagen Torte und Fruchteis vom Demel zu verzehren. Und dies geschähe in Marie-Valeries Appartement, wo sich auch schon Frau von Ferenczy theaterfertig eingefunden hatte.

„Hoffentlich kommen wir nicht zu spät", meinte Sissy.

Sie selbst war pünktlich, genau wie Franzl, der nichts so sehr haßte wie Unpünktlichkeit. Es war Tatsache, daß die Wiener im Sommer ihre Taschenuhren danach richteten, wann er morgens von Schönbrunn in die Hofburg zu seinen Audienzen fuhr, und seine Kutsche dabei durch die Mariahilferstraße rollte.

Sissy war mit ihrem Aussehen zufrieden und hatte

auch allen Grund dazu. Sie ließ sich von der Kammerfrau noch ihren unvermeidlichen Fächer reichen, mit dem sie sich in der Hitze des vollen Theatersaales etwas Kühlung verschaffen konnte.

So ein Fächer hatte noch andere Aufgaben: Man konnte dahinter zum Beispiel sein Gesicht verbergen oder auch Zeichen geben. Die raffinierte Damenwelt jener Tage hatte eine eigene „Fächersprache" entwickelt, die Frauen wie Kavaliere mit Perfektion beherrschten.

Ich bin fertig, sagte sie sich und ging hinüber zu Marie-Valerie. Sie war ihre Lieblingstochter. Wegen ihr hatte sie sich zum erstenmal gegen ihre Schwiegermutter richtig durchgesetzt, die ihr auch dieses Kind entziehen und fremden Erzieherinnen überantworten wollte. Schließlich hatte Erzherzogin Sophie vor so viel Mutterliebe kapituliert.

Auch zu Gisela fand sie mit der Zeit ein sehr herzliches Verhältnis, das aber nicht so innig wie das zu Valerie war. Gisi hing auch mehr an ihrem Vater als an Mama. Und Franzl las Gisi jeden Wunsch von den Augen ab.

Gisela verbrachte mitunter Stunden in Franzls Arbeitszimmer, still in einer Ecke sitzend und ihn aufmerksam beobachtend, wie er sich durch einen Stoß von Akten langsam durcharbeitete. Und wenn er es wieder einmal geschafft hatte, fiel sie ihm um den Hals und war richtig stolz auf ihn.

„Nicht jede hat so einen Papa", pflegte sie dann zu sagen, womit sie in jeder Hinsicht recht hatte.

Frau von Ferenczys Erscheinen hatte die beiden Feinschmeckerinnen erinnert, daß der Beginn der Vorstellung unaufhaltsam näherrückte. Als Sissy nun erschien, waren auch sie bereits umgekleidet, und sie gingen los.

Im ersten Stock der Hofburg, vorbei an den Zimmern, die einst der greise Feldmarschall Radetzky bewohnt hatte, wenn er sich zur Verfügung des Kaisers halten mußte, ging's hinüber durch den Theatergang in das Theatergebäude. Der Theatergang endete unmittelbar vor der Hofloge; man konnte aber zu beiden Seiten auch noch in den Logengang des ersten Ranges ausweichen und sogar auch noch durch eine Tapetentüre hinter die Bühne gelangen, wenn man wollte.

Die vier Frauen verschwanden im Logengang. Der Schließer wußte, wer sie waren und führte sie in eine reservierte Loge.

In der Hofloge war noch niemand anwesend; keiner hatte sie also erblickt. Der Zuschauerraum war jedoch voll besetzt. Die Lichter brannten im Saal, man spielte bei voller Beleuchtung. Im neuen Burgtheater sollte das anders, sollte der Zuschauerraum während der Vorstellung verdunkelt werden.

Sissy verschwand sogleich hinter einer Samtbordüre. Sie wurde von dieser und Frau von Ferenczy völlig verdeckt. Die beiden Erzherzoginnen hatten günstige Plätze, doch auch Sissy konnte aus ihrem Versteck heraus alles genau beobachten.

Das Theater hatte vier Logenränge. Die Hofloge befand sich an der rechten Längsfront des Saales in der Höhe des zweiten Ranges, unmittelbar neben der Proszeniumsloge. Sie bestand eigentlich aus drei nebeneinander liegenden Abteilen, von denen das mittlere dem Kaiserpaar vorbehalten war. Vom Saal aus erschienen diese drei Logen durch die schmückenden Draperien aus schwerem Samt und gepolstertem Damast jedoch als Einheit.

Die Loge, in der Sissy mit ihren Töchtern und Frau von Ferenczy saß, lag hingegen der Bühne direkt gegenüber, so daß die vier eine viel bessere Sicht auf das Stück und den Saal hatten, als dies von der Hofloge aus möglich gewesen wäre.

„Eigentlich müßte die Hofloge hier sein", meinte auch Marie-Valerie folgerichtig.

„Aber von dort aus ist man, wenn man dazu Lust hat, gleich auf der Bühne", fand hingegen Gisela, die ganz gerne hin und wieder einen Blick hinter die Kulissen warf. Gerade als sie dies sagte, entstand eine Bewegung im Zuschauerraum. Man erhob sich von den Sitzen. Der Kaiser erschien und dankte für die ihm dargebrachte Achtungsbezeugung.

Beinahe wären Sissy und ihre drei Damen sitzengeblieben; doch Frau von Ferenczy fiel es noch rechtzeitig ein, daß sie auch aufstehen mußten, um nicht aufzufallen.

Sissy hingegen brannte Giselas Satz im Herzen. Franzl brauchte nur ein paar Schritte zu tun, und er stand dieser jungen, hübschen, verführerischen Blondine Aug' in Aug' gegenüber...

Immer noch ahnten die beiden Töchter nichts von dem gestörten inneren Frieden ihrer Mutter. Bloß Ida warf hin und wieder einen prüfenden Blick auf sie, während die Vorstellung begann.

Die Bühne erstrahlte im grünlichen Schimmer des Gaslichts. Bis 1867 hatte man noch Öllampen verwendet.

Da das 1125 Zuschauer fassende Theater nur einen Haupteingang und zwei Notausgänge besaß, und im Gefahrenfall die Schauspieler höchstens durch die Fenster der Garderoben hinaus auf den Michaelerplatz flüchten konnten, zitterte man seit dem Ringtheaterbrand, daß auch dieses Stück Wiener Theatergeschichte ein Ende mit Schrecken nehmen könnte, doch das alte Burgtheater schien von Anfang an einen Schutzengel zu haben. Es „passierte" nie etwas, und die Wiener, die sich hier mit ihrem Kaiser unter einem Dach fühlten, fürchteten den Tag, an dem es der Spitzhacke zum Opfer fallen sollte. Und dieser Tag war nicht mehr fern.

„Ob uns ein ‚Geheimer' beobachtet?" fragte plötzlich Marie-Valerie halblaut in die Stimmen der Schauspieler hinein.

„Hoffentlich nicht", zischte Sissy. „Denn wenn die Geheimpolizei uns sieht, erfährt es auch Papa."

„Und warum sitzen wir eigentlich nicht bei Papa?" fragte Gisela.

„Weil es doch Spaß macht, einmal unerkannt ins Theater zu gehen, nicht wahr?" entgegnete Sissy.

Gisi schien das nicht ganz zu begreifen; sie schielte zur Hofloge hinüber. Sissy spielte schon mit dem Gedanken, ihr zu erlauben, in der Pause hinüberzugehen und bei Franzl zu bleiben, ihren eigenen Aufenthalt aber, für den sie sich plötzlich genierte, vorzeitig abzubrechen.

Doch jetzt kam die Schratt auf die Bühne. Im ersten Moment hätte sie Sissy gar nicht erkannt. Sie spielte einen heißblütigen jungen Edelmann mit wirrem Langhaar und herausfordernder, burschikoser Miene. Da war keine Spur von weiblicher Verführung; es war, als habe sie tatsächlich ihr Geschlecht gewandelt. Nur die helle, sprechgeschulte Stimme erinnerte an die jener Schauspielerin, die Sissy auf der Bühne von Kremsier gehört hatte.

Sissy staunte; unwillkürlich rang ihr diese Wandlungsfähigkeit Bewunderung ab, die auch das Publikum zu Beifallsstürmen hinriß.

„Das ist die Neue aus dem Stadttheater", flüsterte Gisela plötzlich.

„Stimmt", pflichtete Marie-Valerie leise bei, „die Schratt!"

„Sieht aus wie ein halbwüchsiger Junge", ergänzte Gisela.

„So einen spielt sie doch auch", zischelte Ida. „Ssst, bitte, meine Damen..."

Nun richtete Sissy ihr Theaterglas nach der Hofloge. Da saß ihr Franzl, offensichtlich ebenso gebannt wie sie, und schaute durch das Glas auf die Bühne hinab.

Bei der geringen Entfernung zur Loge wäre ein Fernglas eigentlich unnötig gewesen; doch Sissy begriff sofort, daß er es gebrauchte, um sich keine Nuance in der Mimik von Kathi Schratt entgehen zu lassen.

Trotz dieser Feststellung sah sie die Dinge nun doch ein wenig anders. Zweifellos war diese junge Künstlerin eine interessante Persönlichkeit, offensichtlich hochbegabt und hatte eine steile Karriere vor sich. Das Wiener Publikum war anscheinend von ihr hingerissen, und Sissy mußte sich eingestehen, daß sie selbst von dem Spiel fasziniert war und zu vergessen begann, mit welchen Hintergedanken sie eigentlich hierher gekommen war.

Weshalb sollte angesichts dieser Tatsachen durch

Kathi Schratt nicht auch das Interesse des Kaisers für die Schauspielkunst geweckt worden sein? Und wenn auch ein Teil dieses Interesses der Künstlerin selbst galt! Nun, die Wiener hatten eben ihre Lieblinge aus Oper und Theater, und manche wurden regelrecht vergöttert, andere hingegen, die sich die Gunst des Publikums verscherzt hatten, schmählich ausgepfiffen.

Kathi Schratt pfiff niemand aus. Die tausend Zuschauer applaudierten stürmisch, als der Vorhang nach dem ersten Akt fiel, und der Kaiser stand, für alle sichtbar, aufrecht in seiner Loge und sparte auch nicht mit seinem Applaus. Kathi Schratt verneigte sich zum Publikum, und zur Hofloge hin machte sie einen tiefen, perfekten Knicks.

Vom Inhalt des ersten Aktes hatte Sissy nicht viel mitbekommen, zu sehr beschäftigte sie sich mit anderen Fragen. Sie war ein wenig benommen und ließ dies auch erkennen. Ihre Loge wollte sie nicht verlassen, um nicht erkannt zu werden, und so beschlossen Marie-Valerie und Ida, Erfrischungen zu holen, während Gisela bei der Mutter sitzen blieb.

Sie steuerten auf das Buffet zu. Frau von Ferenczy drängte sich durch die nach Brötchen, Wein, Sekt oder Limonade heischende Menge, während Marie-Valerie zwischen den Glastüren stehenblieb und in dem dort herrschenden Luftzug Kühlung suchte.

Zwischen den Pflanzenkübeln mit hohen Palmen, die den Raum schmückten, stand man an einem einigermaßen ruhigen Fleck und konnte verschnaufen. Sie warf einen Blick in einen Wandspiegel, stellte fest, daß ihr Näschen glänzte und öffnete ihr Handtäschchen, um daraus ihre Puderdose zu nehmen. Dabei fiel ihr der Fächer aus der Hand.

Sie sank in die Knie, um den Fächer vom Boden aufzuheben — ein Bücken war den geschnürten Frauen damals nicht möglich — und stieß dabei unversehens mit ihrer hübschen Frisur gegen einen männlichen Kopf.

„Oh, Verzeihung, Mademoiselle, verzeihen Sie bitte meine Ungeschicklichkeit; aber ich wollte Ihnen die Mühe ersparen, Ihren Fächer aufheben zu müssen!"

Ein junger Offizier in schmucker Ausgehuniform schaute sie ganz verdattert an; er benahm sich höflich und korrekt, indem er ihr den Fächer lächelnd überreichte, und sie blickte ganz verwirrt auf seinen kühn geschwungenen Schnurrbart. Dann bemerkte sie seine großen braunen Augen, in denen das gleiche Lächeln stand. Der junge Mann war vielleicht sechs oder sieben Jahre älter als sie und hatte doch schon etliche Orden an seinem Waffenrock. Und nun sah sie auch noch das Kreuz an seinem Kragenausschnitt baumeln. Er war Erzherzog, aber er war ihr bisher noch nicht begegnet.

Sie dankte verwirrt. Frau von Ferenczy erschien ihr wie ein rettender Engel, als sie aus dem Trubel am Buffet mit einem Teller voll leckerer Dinge auftauchte.

Der junge Erzherzog grüßte sie respektvoll. Anscheinend hielt er sie für Valeries Mama. Er verbeugte sich nochmals kurz vor den beiden Damen und verschwand dann im Logengang; aber er sah sich nach Marie-Valerie um, und ihre Blicke begegneten einander.

„Sieht gut aus", stellte Frau von Ferenczy anerkennend fest. „Hier, Hoheit, nehmen Sie mir das bitte ab;

ich komme gleich mit den Getränken."

„Ich gehe inzwischen schon in die Loge", meinte Marie-Valerie, noch immer ein wenig unter dem Eindruck der kurzen Begegnung, obwohl der junge Mann schon längst in der Tiefe des Logenganges verschwunden war.

Sie beeilte sich, die Loge zu erreichen, und es war beinahe eine Flucht zu Mutter und Schwester. So fühlte sie sich erst wieder wohler, als sie auf ihrem Stuhl Platz genommen und Mama und Gisela den Teller gereicht hatte.

Sissy knabberte an einem Spargelbrötchen und nippte gleich darauf von dem Sekt, mit dem Ida erschien. An Marie-Valerie fiel ihr nichts auf. Aber sie vermißte Franzl in der Hofloge! Ist er etwa hinter die Bühne gegangen, fragte sie sich, und hat er etwa diese Kathi in ihrer Garderobe aufgesucht?

Doch nein, da erschien er ja wieder; einige Offiziere standen bei ihm, und die Herren führten ein angeregtes Gespräch.

Valerie stieß einen leisen Laut der Überraschung aus, der zum Glück in den Geräuschen der Pause, dem Stimmengewirr aus dem Zuschauerraum unterging.

Frau von Ferenczy jedoch war Valeries Bewegung nicht entgangen.

„Da ist er ja, der junge Mann von vorhin", stellte sie fest. „Seine Majestät empfängt ihn!"

Nun horchte auch Sissy auf. Sie richtete ihr Glas auf die Hofloge. Marie-Valerie blickte angestrengt auf den Teller, ohne einen Bissen zu sich zu nehmen. Sie hörte ihr Herz klopfen und zwang sich, einen Schluck Sekt zu trinken; das würde ihr guttun.

6. Herzenssachen

Der junge Mann, der Marie-Valerie sehr gefiel, hatte nur mit halbem Ohr auf die begrüßenden Worte, die der Kaiser an ihn richtete, gehört. Noch immer sah er das entzückende, schlanke junge Mädchen vor sich, das sich da zwischen den Palmwedeln wie ein Mauerblümchen versteckt hatte, und das seiner Meinung nach ein solches Sich-Verstecken gar nicht nötig hatte.

Natürlich war sie gut bewacht; die gestrenge Frau Mama war ja auch sogleich aufgekreuzt. Irgend etwas an der Haltung der jungen Dame war jedoch eigenartig; sie war nicht auffällig, jedoch sehr geschmackvoll gekleidet, und sein geübter Blick hatte schnell erkannt, daß ihre Garderobe von hervorragender Qualität war. Auch der Fächer, den er aufhob, war kostbare Spitze. Aber die allergrößte Kostbarkeit war wohl sie selbst mit ihren verschämt niedergeschlagenen blauen Augen, die sie unter seidigen, langen Wimpern verbarg.

„Nun, mein lieber Toskana", sagte Franzl eben, „werden Sie also die Saison in Wien verbringen. Der Fasching hier ist anstrengend; ich muß Sie warnen. Und die Wienerinnen sind gefährlich! Wissen Sie, was Napoleon sagte? Von allen Waffen dieser Welt halte er die Fächer für die gefährlichsten..."

Wie wahr, dachte Erzherzog Franz von Toskana, der Mann hatte wohl seine Erfahrungen!

Laut aber versicherte er: „Ich werde gehörig auf der Hut sein, Majestät!"

„Hoffentlich nützt das auch was", lachte Franzl. „Toskana, Sie sind gerade im gefährlichsten Alter. Passen Sie auf, bald wird eine ganze Horde von Schwiegermüttern in spe samt ihren Töchtern auf Sie Jagd machen."

„Nun, Majestät, was mich angeht, so möchte ich lieber selbst erobern, als mich erobern lassen!" entgegnete der junge Erzherzog unternehmend.

„Gut gesprochen für einen schneidigen Offizier. Doch per saldo kommt es auf das Gleiche heraus. Geben Sie übrigens acht, ich habe auch zwei Töchter!" drohte Franzl scherzend.

„Es wird mir ein Vergnügen und eine Ehre sein, Majestät, die Kaiserlichen Hoheiten kennenzulernen!"

„Das wird Ihnen beim ersten Hofball auch gar nicht erspart bleiben, Toskana", beeilte sich Franzl schmunzelnd zu versichern.

Da kündigte das Klingelzeichen den Beginn des zweiten Aktes an, und man nahm Platz und unterbrach das Gespräch.

Im übrigen war der junge Mann auf die kaiserlichen Töchter nicht sehr neugierig; gar zu gern hätte er allerdings gewußt, wer die junge Dame war, die er eben getroffen, und die er gern näher kennengelernt hätte. Sie war hier im Saal, mit ihm im gleichen Raum, aber wo? Und wie konnte er sie wiederfinden?

So ähnlich dachte auch Marie-Valerie, während Sissys Gedanken bei Katharina Schratt weilten.

In der Nacht nach diesem Theaterabend lag Sissy mit offenen Augen in ihrem Bett. Sie sah die Silhouette ihres Zimmeraltars, vor dem sie vor dem Schlafengehen ihre Andacht zu verichtete, und hörte auf dem teppichbelegten Korridor die Schritte der Wachen.

Sie atmete tief durch und zählte Schäfchen, ein Rat ihrer Mutter in Possenhofen, wenn sie als Kind nicht einschlafen konnte.

Es hatte schon damals nicht viel geholfen, und diesmal half es auch nichts.

Erst gegen drei Uhr morgens schlief sie endlich ein. Um halb sechs jedoch weckte sie wieder die Kammerfrau, um mit der Toilette zu beginnen.

Sissy nahm ein erfrischendes Bad und ließ anschließend die tägliche unangenehme Prozedur des Schnürens über sich ergehen. Dann ging sie ins Billardzimmer, wo Frau Feifal schon weiße Bettlaken über den Billardtisch hatte breiten lassen. Sissy setzte sich an den Rand; Frau Feifal breitete das Haar der Kaiserin auf den Laken aus und begann zu arbeiten.

Um sieben war Sissy fertig angezogen und zu einem kurzen Ausritt bereit. Sie nahm einen kleinen Imbiß zu sich und trabte eine halbe Stunde später schon durch die spätherbstliche Hauptallee.

Die frische Morgenluft tat ihr gut und verschaffte ihr wieder den klaren Kopf, den sie jetzt brauchte. Sie ritt in Begleitung von Marie Festetics und eines Masters, der die Pferde zu betreuen hatte.

Als sie gegen zehn wieder in der Hofburg war, hatte Ida von Ferenczy bereits den Probeplan des Burgtheaters für die kommenden Tage aus der Regiekanzlei beschafft; Sissy ersah hieraus, daß „Fräulein Schratt" weder heute noch morgen vormittag Theaterprobe hatte.

Die Schauspielerin bewohnte eine Mietwohnung in der Elisabethstraße, einer Parallelstraße zum neuen Ring.

Zu ihrer Überraschung erfuhr Sissy bei dieser Gelegenheit, daß „Fräulein Schratt" gar kein Fräulein mehr war. Vielmehr war sie verheiratet, noch dazu mit einem Adeligen, der im diplomatischen Dienst stand. Baron von Kiss, von dem sie einen kleinen Buben hatte, lebte allerdings auf Grund seines Dienstes fast stets im Ausland.

Das „Fräulein" war demnach eine Frau von Kiss und gar nicht mehr so jung, wie sie auf der Bühne wirkte. Sie war 1853 geboren und somit schon zweiunddreißig Jahre alt!

„Sie stammt aus Baden bei Wien. Ihr Vater ist Gemischtwarenhändler", berichtete Ida vertraulich. „Ihre Mutter ist die Tochter eines Drechslermeisters. Immerhin genießen die Leute in Baden einiges Ansehen."

„Und bei solcher Herkunft nun eine Baronin?" staunte Sissy nicht ohne Grund.

„Majestät, in Baden sind die Schratts eine angesehene Bürgerfamilie."

„Mag sein, doch Baron von Kiss heiratete auf jeden Fall unter seinem Stand", fand Sissy spitz.

Ida staunte. Gerade die Kaiserin hatte bis jetzt auf „Standesunterschiede" nicht allzuviel Wert gelegt.

„Genügt das, was ich bisher berichten konnte?" fragte sie vorsichtig.

„Ja", antwortete Sissy knapp. „Ich denke, daß wir diese Schauspielerin morgen früh aufsuchen. Ich möchte sie kennenlernen."

„Aber dazu ist es doch nicht nötig, daß sich Majestät in ihre Wohnung bemühen", rief Ida verwundert aus. „Majestät können doch Frau Kiss-Schratt zur Audienz befehlen!"

„Oh nein; ich möchte sehen, wie sie lebt. Bei solchen

Audienzen erfährt man doch nichts von den Menschen. Sie stottern bloß verlegen herum, gehen dann wieder, und man ist so klug wie zuvor."

Die Person, um die es ging, hatte von den Kopfschmerzen, die sie ihrer Kaiserin verursachte, nicht die geringste Ahnung. Auch stimmten die Auskünfte, die Frau von Ferenczy sich in der Theaterkanzlei geholt hatte, nicht ganz; sie waren zudem sehr unvollständig. Hätte sie gewußt, welche Rolle die junge Schauspielerin noch am Hofe spielen sollte, wäre sie gewiß etwas gründlicher gewesen.

Katharinas Vater war Hauptmann der Badener Bürgergarde. Im Revolutionsjahr 1848 wurde er zum Beschützer der Erzherzogin Marianne, die aus Wien geflohen war. 1873 kaufte er von seinem späteren Schwiegervater, dem Drechslermeister Leopold Wallner, ein ehemaliges Hotelgebäude in der Theresiengasse, in dem er aufgrund der vorhandenen Konzession eine Gaststätte und eine Schnittwarenhandlung betrieb. Er war zweiundvierzig Jahre alt, als er Katharina Wallner, die Tochter des Drechslermeisters, heiratete. Sie hatten drei Buben, von denen einer schon früh starb, und ein Mädchen, Kathi, das am 11. September 1853 zur Welt kam.

Schon als Schulmädchen zeigte sich Kathis großes Talent beim Aufsagen von Gedichten und bei Schüleraufführungen. Der Wunsch, zum Theater zu gehen, wurde durch erfolgverheißende Teilnahmen bei Liebhaberaufführungen immer mächtiger. Um ihr den „Theaterteufel" auszutreiben, schickten sie die Eltern schließlich in das strenge Internat der Schwestern Haas in Köln – vergeblich. Sie durfte schließlich in Wien die Theaterakademie besuchen. „Wenn schon, dann soll sie es ordentlich lernen", meinte der Vater.

Er war übrigens vor zwei Jahren gestorben; nur die Mutter lebte noch in Baden und konnte sich der immer noch wachsenden Beliebtheit ihrer berühmt gewordenen Tochter erfreuen.

„Du hast mit deinem Dickschädel doch recht gehabt, Kathi", gab sie gerne zu, sooft Kathi nach Baden kam, um sie zu besuchen. Und einen Dickschädel hatte Kathi wirklich. Daß sie jedoch das Interesse des Kaisers geweckt hatte, wußte sie nicht. Sie fand es ganz natürlich, daß er gelegentlich in seiner Loge erschien und ihr Beifall klatschte wie alle anderen im Publikum. Und daß sie ihm mit den üblichen Knicksen für seinen Applaus dankte, machten die anderen Künstlerinnen ebenso; das war ja so Sitte.

Der Kaiser finanzierte das Theater nicht aus Steuergeldern, sondern aus seiner Privatschatulle als allerhöchster Mäzen. Er war also Kathis Brotgeber. Freilich zahlten die Wiener, um derentwillen eigentlich das Theater betrieben wurde, auch Eintritt, doch selbst ein ausverkauftes Haus deckte die Kosten des Spielbetriebes nicht; es mußte stets zugeschossen werden.

Am darauffolgenden Vormittag − es war ein Donnerstag − machte sich Katharina Schratt eben bereit, gemeinsam mit ihrem Dienstmädchen Jana zum nahen Naschmarkt einkaufen zu gehen. Sie legte Wert auf frische Ware und hatte in Jana eine Hilfe, die geschickt und mit Talent zu feilschen verstand, obwohl diese die deutsche Sprache nicht besonders beherrschte. Die Schauspielerin war eben dabei, ihren umfangreichen Hut mit Nadeln in ihrem dichten Haar zu befestigen, als es an der Türe schellte.

„Jana, sehen Sie nach, wer draußen ist", befahl sie der Dienstmagd, die gerade in den Wintermantel schlüpfte.

„Ich geh' schon, Gnädige", antwortete Jana diensteifrig. Sie stellte den Einkaufskorb in eine Ecke, zog den Mantel fertig über, und es schellte noch einmal.

„Jana, hörst du nicht?"

„Bin ich ja nicht taub, Gnädige", versetzte die Dienstmagd aus Böhmen ungehalten. „Komm' ich ja schon. Läuten die Leut', daß man glauben könnt', das ganze Haus bricht zusammen!"

Sie warf einen Blick durch das Guckloch hinaus auf den Korridor und gewahrte zwei einlaßbegehrende Damen, die ihr absolut unbekannt waren.

„Gnädige", mutmaßte sie, „da sind zwei Weibsleut' draußen, die schaun ganz so aus, als ob sie für die Armen sammeln möchten. Wissen S' was, Gnädige, wir rühr'n uns am besten gar net."

Doch nun schellte es zum drittenmal, und es klang schon ein wenig ungehalten.

„So eine Frechheit", rief Jana empört. „Die geben ja gar keine Ruh'!"

„Machen Sie auf und fragen Sie, was die Leute wollen!"

Jana legte vorsichtshalber die Kette vor, bevor sie die Wohnungstür einen Spaltbreit öffnete.

„Was woll'n S'?" fragte sie barsch. „Wir kaufen nix, wir spenden nix!"

„Wir möchten Frau von Kiss sprechen", kam es zurück.

„Sind S' angemeldet? Die gnädige Frau is' eben im Weggehen!"

In diesem Augenblick wurde eine kleine, blütenweiße Visitenkarte durch den Türspalt geschoben. Sonst fiel kein Wort.

Jana warf einen Blick auf die Karte und war dann drauf und dran, die Tür aufzureißen; doch die Kette hinderte sie klirrend, so daß die Schauspielerin sich umwandte.

„Was ist denn los, Jana?" fragte sie.

„Es ist Besuch da vom Hof, gnädige Frau", riet Jana mit allen Anzeichen des Schreckens und knallte die Tür wieder zu, um die Kette entfernen zu können. „Besuch vom Hof, sag' ich, da wird's nix mit'm Naschmarkt!"

Während sie mit einer Hand die Türe aufriß und sich verneigte, reichte sie mit der anderen Frau Schratt die Visitenkarte hin.

> IDA VON FERENCZY
> Hofburg Wien

las diese erstaunt.

Im gleichen Augenblick traten die beiden Damen ein, Frau von Ferenczy zuerst; Sissy hielt sich im Hintergrund und ließ ihre Blicke neugierig durch das Vorzimmer schweifen.

Katharina Schratt erkannte sie sofort. Auf solchen Besuch war sie allerdings nicht gefaßt gewesen. Sie versank in einen tiefen Hofknicks und stammelte:

„Majestät – welche Ehre! Ich bin überglücklich.... Wenn ich gewußt hätte, daß..."

Sie winkte Jana beiseite, deren Augen sich vor Erstaunen weiteten, während ihr Mund schon eine ganze Weile offenstand.

„Ach bitte, erheben Sie sich doch", bat Sissy. „Ich muß für diesen Überfall um Entschuldigung bitten. Aber ich sah Sie vorgestern auf der Bühne, und da ich zufällig erfuhr, daß Sie heute spiel- und probenfrei sind..."

Katharina erhob sich zu voller Lebensgröße, und Sissy fand, daß sie zwar aus der Nähe gereifter, aber nicht weniger hübsch wirkte als auf der Bühne; noch dazu, wo sie kaum Schminke aufgetragen hatte und ein frisches, natürliches Rot der Erregung ihre Wangen färbte.

„Majestät, ich bin sprachlos und überhaupt nicht vorbereitet; wir wollten, wir waren eben dabei..."

„Oh, ich will absolut nicht stören. Da wir offensichtlich ungelegen erscheinen, können wir ja ein andermal wiederkommen, wenn es Frau von Kiss paßt."

„Wo denken Majestät hin! Nein, ich kann Sie unmöglich gehen lassen", rief Kathi resolut und entledigte sich entschlossen ihres Mantels. „Die Kaiserin besucht einen schließlich nicht alle Tage!"

Sie rief das so natürlich und ungezwungen aus, daß man den Eindruck gewann, sie habe von einer Minute zur anderen ihre anfängliche Scheu abgelegt und beherrsche nun die Lage vollkommen.

„Jana", befahl sie ihrer Magd, „bereite uns Tee! Ich habe auch guten Likör im Haus und hausgebackene

Kekse. Wenn Majestät und Frau von Ferenczy nähertreten wollen?"

Sie führte die beiden in ihren Salon, während Jana eiligst ihren Mantel abwarf und in der Küche zu arbeiten begann.

Der Salon war im Stil jener Tage und überraschend üppig eingerichtet. An den Wänden hingen Bilder, gerahmte Theaterzettel und Lorbeerkränze, Erinnerungen an Triumphe, die Kathi bereits in Berlin, Wien, Prag und anderswo gefeiert hatte.

„So elegant wie in der Hofburg ist es nicht", entschuldigte sich Kathi kaum mehr befangen, „aber ich fühle mich wohl hier, und auch alle, die zu mir kommen."

„In der Tat ist es hier sehr reizend", fand Frau von Ferenczy sich umblickend.

Man merkte der Künstlerin an, daß sie im Gegensatz zu Sissy keine Menschenscheu kannte. Sie war ja auch gewohnt, des Abends vor vielen Menschen zu spielen. Sissy hingegen suchte, wann immer sie konnte, Natur und Einsamkeit.

Die Gegensätze beider Frauen waren nicht zu übersehen. Schon in der Art der Hantierungen, die Kathi vollführte, während Jana wenig später den heißen Tee auftrug, ließ sich ihr hausfrauliches Talent erkennen. Darüber hinaus strahlte sie einen hohen Grad von menschlicher Wärme aus, die Sissy für sie einnahm, ob sie wollte oder nicht.

Kathi war Menschenkennerin genug, um zu erkennen, daß die Kaiserin nicht aus Neugier zu ihr gekommen war, sondern etwas auf dem Herzen hatte. Doch sie stellte keine Fragen, sondern versuchte vielmehr, das

Vertrauen ihrer beiden Besucherinnen zu gewinnen, und begann von ihrem Leben zu erzählen.

Dabei erfuhr Sissy, daß die Schratts tatsächlich zu den Badener Honoratioren zählten; Katharinas Vater und besonders der Großvater hatten sich sehr für das Wohl der Stadt eingesetzt und öffentliche Anerkennung erworben.

Was Kathis Ehe betraf, so schien sie infolge der dauernden Abwesenheit ihres Gatten eher auf dem Papier zu bestehen. Doch sie beklagte sich nicht darüber. Ihr Leben war anscheinend durch ihren Beruf völlig ausgefüllt.

„Und der Kleine? Sie haben doch einen Buben?" fragte Frau von Ferenczy forschend.

„Er geht zur Schule und lebt bei einer meiner Schwestern", antwortete Katharina. „Ich möchte nicht, daß er allzu viel Theaterluft schnuppert."

„Der Kaiser", sagte Sissy, „mein Mann, er wird Sie zur Hofvisite befehlen."

„Oh ja", nickte Katharina, „mich und Herrn Doktor Tyrolt. Wir sind ja neu im Ensemble, und da ist das so Sitte, hat man mir gesagt. Wir haben aber noch keinen Termin."

Sie schaute Sissy unbefangen in die Augen. Sissy versuchte, in den Augen der Schauspielerin etwas Verborgenes zu lesen, doch kein Geheimnis war in ihnen zu bemerken.

„Ich würde mich gleichfalls freuen", sagte sie plötzlich, „wenn Sie zum Tee in die Burg kämen; wir haben Ihren Tee getrunken, der übrigens ausgezeichnet schmeckt. Nun sollen Sie die Hofküche kennenlernen!"

7. Eine überraschende Wendung

So wie sie hier einander gegenüber saßen, Sissy und Frau Kiss-Schratt, empfanden sie unverholen Sympathie füreinander. Jana hatte sich nach nebenan verzogen und trat nicht mehr in Erscheinung. Frau von Ferenczy beobachtete die beiden ins Gespräch vertieften Frauen und knabberte an Kathis Gebäck, das ihr vorzüglich schmeckte.

„Der Kaiser, mein Mann", erzählte Sissy eben, „zählt auch zu den Bewunderern Ihrer Kunst. Ich glaube, daß Sie deshalb nicht lange werden warten müssen, bis man Sie in die Hofburg ruft."

„Ach, Majestät", meinte Kathi, „Ihr Mann — Verzeihung, Seine Majestät — hat sicher anderes zu tun, als sich mit einer Schauspielerin zu unterhalten."

„Ja, seine Regierungsgeschäfte beanspruchen ihn sehr, da haben Sie recht. Aber gerade deshalb braucht er hin und wieder Ablenkung. Ich glaube, es täte ihm gut, wenn er öfters mit Leuten reden könnte, die nicht zum Hof und zur Politik gehören. Mein Mann lebt in einer Art goldenem Käfig, in einem Turm aus Elfenbein, wenn Sie verstehen, was ich meine. Seine Umgebung schließt ihn allzusehr von der Außenwelt ab. Kontakt mit dem Alltag in seinem Reich findet er nur bei den Audienzen. Doch auch hier begegnet er nur Menschen, die etwas von ihm wollen."

„Das ist ja schrecklich", fand Kathi entsetzt.

„Ja", bestätigte Sissy.

Kathi Schratt sah nachdenklich auf ihren Teppich.

Dann besann sie sich auf ihre Hausfrauenpflichten und goß ihren beiden Besucherinnen Tee nach.

„Wie kann man ihm denn helfen?" fragte sie plötzlich.

Sissy lächelte.

„Über dieses Problem denke ich schon lange nach, Baronin", gestand sie. „Und vielleicht fällt mir auch etwas ein... Es ist schwierig, verstehen Sie. Sie ahnen gar nicht, was alles zu berücksichtigen ist. Jeder Umgang, den mein Mann pflegt, wird sofort unter die Lupe genommen: von den Leuten am Hof, der Presse, der Bevölkerung etc. Ein Monarch kann leider nicht tun und lassen, was ihm gefällt."

„So habe ich mir das kaiserliche Leben gar nicht vorgestellt!" fand Kathi.

„So stellt es sich niemand vor; so ist es aber. Ein jeder denkt, wie schön es ist, in solch prächtigen Räumen zu leben. Doch wie unbequem und ungemütlich diese sind, das weiß keiner. Wir müssen in diesen Prunkräumen wohnen, weil es von uns verlangt und erwartet wird. Als ich in die Hofburg einzog, gab es aber nicht einmal ein brauchbares Badezimmer, Baronin! Und Sie ahnen nicht, mit welcher Mühe es mir gelungen war, eines zu bekommen. Und das Essen aus der Hofküche muß durch so viele Gänge getragen werden, daß es fast wieder kalt ist, bis es auf unseren Tisch kommt. Wir können keinen Schritt tun, ohne beobachtet zu werden. Ein gemütliches Heim, so wie Sie es haben, in dem wir tun und lassen könnten, was uns gefällt, bleibt für uns ein unerreichbarer Wunschtraum. Daß ich meinen Franzl aus Liebe heiraten durfte, war ein reiner Glücksfall. Und fragen Sie nicht, welchen Preis ich dafür bezahlen mußte! Denn sehen Sie unsere Kinder an: kaum geboren, hat man sie der Mutter fortgenommen, um sie quasi als Staatseigentum heranzuziehen. Und so kann man von unserem Leben nur eines sagen: nicht das Reich gehört uns, sondern wir gehören dem Reich mit jedem Tag und jeder Stunde unseres Lebens! So besitzen wir gar nichts, nicht einmal uns selbst."

Frau von Ferenczy biß sich auf die Lippen. An Stelle der Kaiserin hätte sie einem Untertanen ihr Herz nicht ausgeschüttet. Katharina Schratt hatte dieser Herzensausbruch jedoch tief bewegt; in diesem Licht hatte sie das Leben eines Monarchen noch nie betrachtet.

„Alle möglichen Instanzen", fuhr Sissy fort, „schieben Entscheidungen vor sich her, da sie keine Verantwortung übernehmen wollen, bis schließlich ein dicker Akt auf dem Schreibtisch meines Mannes landet. Er muß dann entscheiden, und wie immer die Entscheidung ausfällt, werden Leute etwas zu kritisieren haben. Dabei steht er jeden Morgen um vier Uhr früh auf und arbeitet bis in die Nacht. Wenn andere längst schlafen, brütet er noch über irgendeinem Problem. Und dazwischen soll er sich noch in der Öffentlichkeit zeigen und schöne Reden halten und anderes mehr."

„Der arme Kaiser", rief Kathi. „Wie hält er das bloß alles aus?"

„Das frage ich mich selbst oft", gestand Sissy. „Aber das ist bei weitem nicht alles, was auf ihm lastet. Hätte er nicht die Initiative ergriffen, Wien zu erneuern und zu verschönern, verschwände es heute noch unter seinen uralten Mauern und Wällen."

„Der arme Kaiser", wiederholte Kathi gedankenschwer. „Ich glaube, das kann sich keiner im Reich so recht vorstellen."

„Davon kann man sich gar keine Vorstellung machen", versicherte Sissy. „Es ist eine Sisyphusarbeit, die keine Ende nimmt. Kaum hat man ein Problem glücklich gelöst, sieht man sich zwanzig neuen gegenüber."

„Wie bescheiden sind dagegen meine Probleme", lächelte Kathi verlegen. „Bei mir geht es bloß ums Rollenlernen, Theaterspielen, ums hübsche Aussehen, und daß ich alles daheim habe, was ich zum Leben brauche. Ich brauche mich nicht einmal um meinen Mann zu kümmern, denn er ist weit weg, und die Sorge um meinen Buben hat mir die Schwester abgenommen. Jetzt sehe ich erst, wie gut es mir geht!"

„Das mag schon sein", meinte Sissy, „und die innere Ruhe, die von Ihnen ausgeht, diese ‚Heiterkeit der Seele' macht Sie so anziehend und offenbar auch liebenswert."

Nun war Kathi richtig verlegen.

„Majestät sind zu gütig", meinte sie. „Ich liebenswert? Dieses Lob verdiene ich gar nicht."

„Doch", nickte Sissy, „und es hat mir gutgetan, mir in Ihrer Gegenwart einiges von der Seele zu reden."

Sie erhob sich, um sich zu verabschieden. Wenig später bestiegen die beiden Frauen die Kutsche, die draußen gewartet hatte.

„Was halten Sie von ihr?" fragte Sissy Ida.

„Sehr nett und wirkt sehr natürlich, nicht so, wie die meisten anderen Schauspielerinnen, die selbst im Privatleben glauben, ihren Beruf ausüben zu müssen."

„Da haben Sie recht", nickte Sissy. „Ich werde Franzl

bitten, sie bald zu empfangen; und wir werden sie auch in die Burg einladen."

Die Begegnung mit Kathi beschäftigte Sissy noch lange. Sie hatte in ihr eine Menge Empfindungen ausgelöst, die sie ein wenig verwirrten. Eines stand aber fest: Frau Schratt war eine Persönlichkeit. Sie trug selbst in Gegenwart der Kaiserin den Kopf hoch und war sich ihres Wertes bewußt. Der unerwartete Besuch hatte sie keineswegs in hilflose Verwirrung gestürzt; sehr schnell hatte sie die Situation im Griff.

Im übrigen genierte Sissy sich jetzt vor sich selbst für ihren vollkommen falschen Verdacht; Kathi hatte nicht die geringste Ahnung, daß sie das Interesse des Kaisers erweckt hatte, und was Franzl betraf, war die Sache wahrscheinlich auch von seiner Seite eher harmlos. Seine Reaktion auf ihren Besuch wäre jedoch sicher interessant, dachte sie, und sie beschloß, ihm alles zu erzählen.

Für Franz Joseph unerwartet erschien sie in dessen Arbeitszimmer. „Was gibt es, mein Engel?" fragte er überrascht und küßte sie auf die Wange.

„Ich habe eben einen sehr interessanten Besuch gemacht", berichtete sie. „Du errätst nie, bei wem. Ich besuchte Katharina Schratt."

„Die Schratt?" staunte er. „Was ist dir denn da eingefallen?"

„Es ärgert dich doch nicht etwa? Sie ist eine sehr interessante Person, und unser Hofburgtheater hat mit ihrem Engagement einen guten Griff gemacht. Ich habe sie neulich abends spielen sehen und auch zuvor in Kremsier. Da schien sie mir noch so jung und unerfahren; ich habe sie darauf aufmerksam gemacht, daß sie mit einer Vorstellung beim Kaiser rechnen muß. Aber in einem Punkt habe ich mich geirrt: so jung ist sie gar nicht mehr, sondern schon über dreißig", konnte sie sich nicht enthalten, zu bemerken.

„Du erstaunst mich, Engel", brummte Franzl kopfschüttelnd. „Diese Audienz plante ich erst nach Weihnachten; im Moment habe ich wichtigere Dinge zu tun, als mich mit Frau Schratt und diesem Doktor Tyrolt zu unterhalten."

„Nun", meinte Sissy eifrig, „du solltest sie nicht zu lange auf die Folter spannen. Übrigens muß es dich ja interessieren, den neuen Stern an deinem Hoftheater näher kennenzulernen. Ich glaube, du wirst angenehm überrascht sein."

„Ich werde die Intendanz benachrichtigen", meinte Franzl kopfschüttelnd, „und sehen, welchen Termin ich für ein kurzes Gespräch freimachen kann."

„Sehr gut", fand Sissy. „Sie wird dich angenehm überraschen, du wirst sehen. Sie ist wirklich eine nette Person, und der Baron von Kiss hat mit seiner Heirat guten Geschmack bewiesen, finde ich."

Franzl hörte sich diese Lobrede mit Erstaunen an. Aber er mußte sich eingestehen, daß ihm Kathi auch gefallen hatte. Nun, er hatte diesen Effekt ihrer Weiblichkeit zugeschrieben, darin machte er sich nichts vor. Da aber auch seine eigene Frau von ihr angetan war, mußte wirklich mehr dahinterstecken.

Das Gespräch drehte sich nun noch um Rudi, der von seiner Inspektionsreise zu den verschiedenen Truppenkörpern noch vor Weihnachten zurück sein mußte.

„Weihnachten verbringen wir wieder in unserem lieben Gödöllö", freute sich Sissy.

„Als ich dieses alte ungarische Schloß kaufte, habe ich mir nicht träumen lassen, daß es uns so gefallen würde", meinte Franzl.

„Aber es hat mir ja schon beim ersten Anblick gefallen! Dort haben wir wirklich unsere Ruhe und sind unter uns. Man kann reiten, jagen nach Herzenslust. Und dabei ist Budapest nah und leicht zu erreichen! Nein, Franzl, diesen Kauf brauchen wir nie zu bereuen. Gödöllö und mein liebes Possi am Starnbergersee, wo ich bei meinen Eltern sein kann, das sind mir die liebsten Plätze auf der Welt!"

„Nun", schmunzelte Franzl, „vielleicht findet sich so ein Ort, wo man ganz für sich und dennoch nahe der Stadt und den Amtsgeschäften ist, auch in der Umgebung von Wien."

„Da gibt es nur Laxenburg. Laxenburg ist schön und hat einen herrlichen Park. Aber es ist zu groß, zu offiziell für meinen Geschmack. Nein, so ein Haus müßte wohl erst noch gebaut werden."

„Nun, das ist ja nicht unmöglich", schmunzelte Franzl geheimnisvoll, aber Sissy war mit ihren Gedanken schon woanders und hörte das nicht mehr. Franzl hingegen dachte an die Baupläne in seiner Schreibtischlade, die er vor Sissy geheim gehalten hatte. Und der Bau selbst war sogar schon recht weit gediehen. Es sollte eine ganz große Überraschung für Sissy werden.

Sissy verabschiedete sich von Franzl, der sich wieder an seine Arbeit machte.

Auf dem Weg zu ihrem Appartement hatte sie einen

Einfall. Sie rief nach Marie Festetics.

„Majestät haben Befehle?"

„Der Hofmaler Angeli soll zu mir kommen, möglichst noch heute oder morgen, es eilt!"

„Oh, Majestät wollen sich malen lassen!"

„Unsinn, ich brauche ein Porträt von jemandem anderen. Bitte, Marie, rufen Sie mir Frau von Ferenczy und veranlassen Sie das Nötige wegen Herrn Angeli."

Wenig später saß ihr Ida gegenüber.

„Ich möchte für den Kaiser ein Porträt der Schratt malen lassen. Der Kaiser darf nichts davon erfahren, bevor es fertig ist. Und ich möchte, daß Frau Schratt weder den Auftraggeber kennt noch weiß, für wen das Bild bestimmt ist."

Ida fühlte sich nicht sehr wohl bei dieser Sache.

„Das wird nicht ganz leicht sein, Majestät", meinte sie bedenklich. „Ob die Baronin und Herr Angeli sich auf so etwas einlassen werden?"

„Wir haben ja nichts Schlechtes vor, im Gegenteil. Ich verlasse mich ganz auf Sie, Ida – Sie werden es schon richtig machen!"

8. Ein Künstlerporträt

Für Ida von Ferenczy war das keine leichte Aufgabe. Der Kaiserin kam es auf Diskretion an; offenbar war sie dabei, mit Hilfe dieses Bildes irgendetwas zu bewerkstelligen; denn daß es sich bloß um ein Weihnachtsgeschenk für den Kaiser handeln sollte, glaubte sie nicht.

Da wäre ja die Sache viel einfacher zu machen gewesen.

Sie brauchte zunächst einmal die Zusage der Baronin, dem Maler für das Porträt Modell zu sitzen, und ferner mußte Angeli auch den Auftrag annehmen. Angeli war dabei das kleinere Problem. Der Maler wollte schließlich Geld verdienen.

Sie fuhr also eines Vormittages zu seinem Atelier, das im Dachgeschoß eines Mietshauses untergebracht war, von dessen Fenstern aus man einen weiten Rundblick über Wien hatte.

Doch in diesem Spätherbst herrschten schon winterliche Temperaturen. Auf den Straßen war Glatteis, die Pferde glitten mit ihren Hufen auf dem nassen, glatten Pflaster aus, und man kam nur langsam vorwärts.

Frau von Ferenczy war richtig durchgefroren, als sie ankam.

Angeli öffnete selbst auf ihr Läuten. Er steckte in seinem mit Farben bekleckstem Malerkittel und war offenbar gerade bei der Arbeit.

„Frau von Ferenczy", rief er überrascht. „Was verschafft mir die Ehre? Geschwind, kommen Sie herein, es ist sehr kalt draußen."

„Ich bin schon drinnen", erklärte Ida und mußte zu ihrer unangenehmen Überraschung feststellen, daß zwar ein Feuer im Ofen brannte, aber warm war es in dem Dachatelier auch nicht sonderlich.

Entschlossen, ihren Vorteil wahrzunehmen, stellte sie sich neben den eisernen Ofen, dessen Rohre richtig glühten.

„Wollen Sie einen Schluck Tee?" fragte Angeli. „Der ist gut gegen die Kälte, die durch das Dach dringt, verstehen Sie? Es wird erst wieder besser, wenn Schnee darauf liegt. Jedoch bei dieser entsetzlichen, naßkalten Witterung — haptschi! Entschuldigen Sie, aber ich glaube, ich kriege nun doch noch Schnupfen!"

Ida verzichtete unter diesen gefährlichen Umständen lieber auf den Tee und kam zur Sache.

„Ein Auftraggeber, der nicht genannt sein will, wünscht ein Porträt der Burgschauspielerin Katharina Schratt. Er hat mich beauftragt, bei Ihnen anzufragen, ob dieses Bild bis Weihnachten fertig wäre."

Angeli schien nicht sonderlich überrascht. Er bekam öfter solche Aufträge; meistens handelte es sich um Herren, die ein Bildnis ihrer Angebeteten haben wollten. Und meistens waren diese Herren verheiratet. Da konnte man nicht offen in Erscheinung treten.

„Warum nicht?" meinte er. „Der Termin ließe sich schon einhalten. Weiß Frau Schratt schon davon, und ist sie damit einverstanden?"

Zu seiner Überraschung verneinte Frau von Ferenczy.

„Das muß ich noch regeln. Da das Bild bis Weihnachten fertig sein soll, hielt ich es für sinnvoll, mich zunächst bei Ihnen zu erkundigen, ob Sie den Auftrag bis zu diesem Termin überhaupt erledigen können."

„Es läßt sich machen, vorausgesetzt, daß die Schauspielerin mir genügend Zeit zur Verfügung stellt."

„Das hängt wohl von ihren Proben ab. Aber ich hoffe, es läßt sich einrichten."

„Schön. Und da wäre auch noch die Honorarfrage," sagte Angeli vorsichtig.

„Ich bitte Sie, Meister, der Auftraggeber stammt aus

den höchsten Kreisen. Verlangen Sie einfach ein angemessenes Honorar, und es wird bezahlt werden."

„Ausgezeichnet", freute sich der Maler, dem ein solcher Auftrag vor den Feiertagen sehr angenehm war, obwohl er zu den bestbezahlten Künstlern in seinem Berufe zählte. „Dann höre ich also noch von Ihnen, je früher desto besser!"

Das Problem mit Angeli wäre also erledigt, dachte Ida; nun galt es, die Baronin dazu zu bewegen, sich für einen unbekannten Auftraggeber porträtieren zu lassen.

Doch an diesem Tag hatte Katharina gerade Probe, und so begab sich Ida kurz entschlossen ins Burgtheater. Zur Bühne gelangte man durch eine halsbrecherische Holzstiege am Michaelerplatz.

Kathi stand eben draußen auf der Bühne. Ida stellte sich zwischen die Kulissen und sah zu, wie Kathi ihre Rolle probte.

Zu dieser Stunde und aus dieser Perspektive hatte Ida das Theater noch nie erlebt.

Sie erlebte, wie der Regisseur Kathi ein und denselben Satz oft und oft wiederholen ließ, bis er endlich zufrieden war. Dann wieder wurde die Stellung der Schauspieler verändert, und sie mußten verschiedene Auftritte wiederholen. Dazwischen hämmerten Bühnenarbeiter an der Dekoration, so daß man zeitweilig Mühe hatte, den Text zu verstehen. Ida konnte sich kaum vorstellen, daß aus all dem einmal eine Theatervorstellung werden sollte, die das Publikum zu Begeisterungsstürmen hinriß. Tatsächlich machte Kathi einen reichlich ermüdeten Eindruck, als sie von der Bühne kam. Mit Frau von Ferenczys Besuch hatte sie nicht gerechnet und schon gar nicht hier zu dieser Stunde.

„Sie hier?" staunte sie. „Waren Sie neugierig, wie es hinter der Bühne ausschaut? Nun sind Sie wohl sehr enttäuscht, nicht wahr", begrüßte sie die Hofdame.

„Nicht enttäuscht, eher verwundert", meinte Ida, „aber ich bin nicht aus Neugierde gekommen, sondern mich hat ein ganz spezielles Anliegen hierher geführt."

„Sie machen mich neugierig", gestand Kathi, „worum handelt es sich denn?"

„Nun..", Ida von Ferenczy suchte, die richtigen Worte zu finden. „Es — es handelt sich — kurz gesagt, ich bin von einer Persönlichkeit des hohen Adels beauftragt, Sie zu fragen, ob Sie dem Maler Angeli für ein Geschenk Porträt sitzen möchten?"

„Ich soll mich von Angeli malen lassen?" staunte Kathi.

„Es wird sicher auch für Sie sehr interessant und gewiß Ihr Schaden nicht sein!" versuchte Ida sie zu überreden.

„Immerhin ist die Sache doch ein bißchen ungewöhnlich!"

„Wieso? Sie sind eine beliebte Künstlerin, Sie werden verehrt! Das ist die Folge Ihrer Popularität. Dafür müssen Sie schon hin und wieder ein Opfer bringen."

Kathi überlegte.

„Wie steht es denn mit Ihrer Zeit?" fragte Ida. „Vielleicht läßt sich dieses Problem mit der Regiekanzlei arrangieren?"

„Das könnte ich gewiß machen. Es ist nur..."

„Sie können versichert sein, daß das Bild nie an die

Öffentlichkeit gelangen wird. Es bleibt in Privatbesitz. Man weiß sehr wohl, Baronin: Sie sind eine verheiratete Frau, die auf ihren Ruf zu achten hat."

Diese Erklärung zerstreute Kathis Bedenken.

„An sich", meinte sie, „wollte ich schon immer von einem berühmten Maler porträtiert werden!"

„Nun sehen Sie, Baronin, dieser Wunsch wird Ihnen nun erfüllt. Ich darf also meinem Auftraggeber wie auch Herrn Angeli Ihre Zustimmung übermitteln? Beide werden entzückt sein!"

Kathi ahnte trotz des Besuches von Frau von Ferenczy nicht, daß Sissy dieses Bild bei Angeli bestellt hatte, und noch weniger, daß es als Geschenk für den Kaiser unter dem Weihnachtsbaum in Gödöllö liegen sollte.

Daß daraus zu Sissys Leidwesen letztlich aber doch nichts wurde, daran war der Schnupfen schuld, den sich Meister Angeli in seinem luftigen Atelier zugezogen hatte.

So hörte Kathi den Guten schon kräftig niesen, als sie am Vormittag, für den die erste Sitzung vereinbart war, die Treppen zum Atelier des Malers hinaufstieg.

Herr Angeli öffnete persönlich; er war total vermummt, und seine Nase glühte feuerrot.

„Oh, gnädigste Baronin, ich habe ganz darauf vergessen, Sie zu verständigen. Heute geht es ganz und gar unmöglich, ich erledige gerade noch ein paar letzte Pinselstriche an einem bestellten Bild und lege mich dann gleich zu Bett. Es hätte auch gar keinen Sinn, Gnädigste, Sie würden sich bei mir bloß auch noch mit diesem Schnupfen anstecken und dann womöglich auch noch Ihre nächste Vorstellung im Burgtheater verniesen. Haptschii!"

„Helf Gott", sagte Frau Schratt verständnisvoll. „Kochen Sie sich einen heißen Glühwein und kurieren Sie sich gründlich aus, Meister. Ein solcher Schnupfen wäre tatsächlich das Letzte, was ich jetzt brauchen könnte. Aber lassen Sie es mich bitte wissen, wenn Sie wieder gesund sind und wir unsere erste Sitzung abhalten können."

„Natürlich, meine Gnädigste, daran soll es nicht scheitern. Ich melde mich umgehend. Doch im Moment kann ich kaum aus den Augen sehen, und für einen Maler ist das ein schrecklicher Zustand. Entschuldigen Sie nochmals und bleiben Sie vom Schnupfen verschont!"

Nach diesem frommen Wunsch schloß er eiligst die Türe, und Frau Schratt hörte ihn davonschlurfen.

Kopfschüttelnd entfernte sie sich wieder. Die erste Sitzung kam erst nach zwei Wochen zustande, und der geplante Termin für die Fertigstellung ließ sich nun nicht mehr einhalten. Frau von Ferenczy erkundigte sich fast täglich nach dem Fortschritt der Arbeit, doch diese wurde jetzt auch noch durch häufige Proben für die Weihnachtspremiere unterbrochen. Es schien, als habe sich alles gegen Sissys Überraschung für Franzl verschworen.

Inzwischen kehrte der Kronprinz von der Truppeninspektion zurück und war, wie der Kaiser vorausgesehen hatte, nicht bei bester Laune. Die Inspektion der verschiedenen Truppenkörper hatte ihm einmal mehr bewiesen, daß im Heer zahlreiche Mängel vorhanden waren. Veraltete Ausbildungsmethoden und Sparen am falschen Platz hemmten die Schlagkraft in gefährlicher Weise.

„Schon Königgrätz wäre nicht nötig gewesen",

schrieb er in einer Denkschrift an den Kaiser. „Die Preußen hatten die besseren Gewehre, nur dadurch verloren wir die Schlacht. Das kann sich jederzeit wiederholen. Wir Österreicher haben zwar die schöneren Uniformen, aber die schlechteren Waffen. Mit Uniformen gewinnt man jedoch keinen Krieg!"

So schrieb er sich seinen ganzen Ärger in ähnlichem Sinn von der Seele. Schuld an allem war seiner Meinung nach der alte Erzherzog Albrecht, der jede Reform verhinderte, weil er nur noch in überholten Vorstellungen denken und handeln konnte.

Doch da hatte der Finanzminister in dieser Sache noch ein Wörtchen mitzureden, und Franz Joseph schüttelte bedenklich den Kopf, als er Rudis Zeilen las. Wer wollte schon einen Krieg führen? Er, Franz Joseph, bestimmt nicht. Schließlich hatte man sich nicht in Kremsier mit dem Zaren getroffen, um sich gegenseitig den Kampf anzusagen; vielmehr sollte das Gegenteil erreicht werden.

Rudi war eben ein junger Mann, der mit dem Kopf durch die Wand wollte und alles besser zu wissen glaubte. Daß es im Heerwesen nicht zum Besten stand, wußte auch Franz Joseph; es hätte aber seiner Meinung nach auch viel schlimmer sein können.

Das Heer und die Marine bestanden aus Männern der verschiedensten in der Monarchie lebenden Nationen. Sie redeten deutsch, tschechisch, kroatisch, ungarisch, slowenisch, italienisch und noch ein Dutzend andere Sprachen. Nun waren auch noch Bosniaken dazugekommen, und sie erwiesen sich nicht als die Schlechtesten. Es war nicht einfach, sie im Gedanken an ein gemeinsames Vaterland zu binden, das sich Österreich nannte, aber im Grunde Mitteleuropa war.

Von Krakau bis Triest, von der bayrischen Grenze bis zu der des Türkenreiches reiste man ohne Paß und zahlte in der gleichen Währung, und es gediehen Handel und Kultur an der gemeinsamen Lebensader, der Donau. Das war letzten Endes die Idee der Habsburger: viele Völker in einem Reich ohne hindernde Grenzen und Zölle gemeinsam zur Blüte zu führen, im gegenseitigen, friedlichen Wettstreit untereinander ihren Wohlstand reifen zu lassen.

Die Männer, die auf den Zerfall der Monarchie hinarbeiteten, wurden von ausländischen Mächten unterstützt, die gleichfalls ein Interesse an der Schwächung des riesigen Reiches hatten. Diese Probleme waren dem Kaiser wie auch dem Kronprinzen in ihrer Tragweite voll bewußt.

Nur die Wege, die sie einschlagen wollten, um dem Übel zu begegnen, gingen weit auseinander.

Der Kaiser wollte den Frieden mit allen Nachbarn um jeden Preis erhalten. Er setzte auf eine Politik der kleinen Schritte: einmal nachgeben, einmal Härte zeigen, doch von beidem nicht zu viel. Er wollte dem Gegner keine Handhabe bieten und offene Angriffsflächen vermeiden. Er hoffte, daß die Zeit für ihn arbeiten würde.

Der Kronprinz hingegen setzte nach außen auf eine Politik der Stärke. Nach innen erstrebte er eine tiefgreifende Reform der Monarchie. Er wollte die oppositionellen Kräfte, deren egoistische Interessen er sehr wohl erkannte, mit ihren eigenen Waffen schlagen und sie durch eine kühne Reform ihrer Argumente mit einem Schlage berauben.

9. Die Schriften des Kronprinzen

Der Kronprinz hatte sich kaum von den Strapazen seiner Inspektionsreise erholt, als aus Potsdam Besuch für ihn und seine Frau angesagt wurde. Prinz Wilhelm und Gemahlin Augusta Victoria wollten nach Wien kommen, um auf die Jagd zu gehen. Rudolf freute sich auf diesen Besuch, denn er war ein ebenso begeisterter Jäger wie sein Vater. Sissy hingegen mochte den deutschen Prinzen nicht besonders und übersiedelte für ein paar Tage nach Laxenburg.

Doch noch vor der Ankunft Wilhelms gab es eine kleine Feier aus folgendem Anlaß:

Die Staatsdruckerei hatte den ersten Prachtband von Rudis Werk „Österreich-Ungarn in Wort und Bild" fertiggestellt. Das erste Buch, das die Binderei verließ, wollte Rudi seinem Vater überreichen.

Rudolf arbeitete gemeinsam mit einem Mitarbeiterstab von Experten an einer Enzyklopädie über den Vielvölkerstaat. Die verschiedenen Landschaften, deren Bewohner, ihre Trachten und Gebräuche ebenso wie auch die Tier- und Pflanzenwelt wurden in diesem mehrbändigen Werk in populärer Form dargestellt. Über seine große Reise in den Orient hatte er schon ein Buch herausgegeben, das reich illustriert den Lesern ein Fenster in eine ferne Welt öffnete, die zu sehen und zu erleben damals nicht allzu vielen vergönnt war.

Nun betrat an diesem Vormittag Rudolf an der Spitze seiner Mitarbeiter, zu denen namhafte Fachgelehrte, Forscher und Illustratoren zählten, mit dem Prachtband das Arbeitszimmer seines Vaters.

Gerührt nahm der Kaiser das Buch entgegen und dankte Rudi und seinen Mitarbeitern mit bewegten Worten.

„Ich würde mir wünschen, Rudolf, daß du dich in Zukunft mehr auf solche Arbeiten konzentrierst", sagte er später beim gemeinsamen Mittagessen, bei dem Rudolfs Mitarbeiterstab nicht mehr da war, an dem jedoch Sissy, Gisela, Marie-Valerie und Stephanie teilnahmen, die allerdings ein wenig schweigsam war.

„Stephanie", fand Sissy, „anscheinend freust du dich gar nicht mit uns. Wir alle sind stolz auf deinen Mann. Hast du sein schönes Buch überhaupt schon bewundert?"

„Ach, er schreibt ja so viel und ist in Gedanken stets woanders. Ich will gar nicht wissen, was er alles schreibt und kann diesen Redakteur Szeps nicht leiden."

Der Kronprinz lächelte ein wenig boshaft.

„Herr Szeps zählt dabei zu deinen ausgesprochenen Bewunderern", meinte er. „Bloß läßt sein Beruf dem guten Herrn zu Galanterien wenig Zeit."

„Deine Frau hat recht, Rudi", meinte der Kaiser ernst, „auch ich sehe deinen Umgang mit diesem Journalisten nicht sehr gern."

„Aber Papa, in einer modernen Monarchie sollte der Kaiser selbst gute Pressekontakte haben!"

„Wir haben ja ein Pressebüro!"

„Ein Pressebüro, das in altmodischer Art amtliche Verlautbarungen druckt, die keinen Menschen interessieren! Es geht doch nicht bloß um Verlautbarungen und Bekanntmachungen von Verordnungen. Die Presse ist ein Sprachrohr!"

„Aber eines, das sich gegen uns richtet."

„Das kommt doch nur auf uns selbst an! Das muß doch gar nicht sein, Papa. Herr Szeps arbeitet in meinem Sinn."

„Ja, er sorgt sogar dafür, daß deine Artikel unter fremdem Namen in die Zeitungen kommen."

„Nun, nach meinem Geschmack ist dieses Versteckspiel ja auch nicht. Ich wollte, ich dürfte auch andere Dinge unter meinem Namen veröffentlichen als ‚Österreich in Wort und Bild'."

„Du spielst ein gefährliches Spiel, Rudolf! Es ist mir oft erst in letzter Minute gelungen, Veröffentlichungen deiner Artikel zu verhindern."

Die vier Frauen lauschten diesem Gespräch mit Unbehagen. Besonders die Kronprinzessin hätte sich sichtlich am liebsten weit fortgewünscht.

„Um ehrlich zu sein, halte ich diese Unterhaltung für nicht besonders erquicklich", meinte auch Gisela und rümpfte die Nase.

„Davon verstehst du auch nichts, Gisi", meinte Rudi nachsichtig lächelnd.

Der Kaiser hatte wieder einmal in gewohnter Eile gespeist und hob jetzt die Tafel auf, was allgemeine Erleichterung auslöste!

Doch Vater und Sohn setzten ihr Gespräch im Raucherzimmer fort.

Der Kaiser zündete sich eine seiner Zigarren an und

blies nachdenklich dichte Rauchwolken von sich, während sich Rudolf von einem Lakaien die Kerze reichen ließ, um sich eine Zigarette anzuzünden. „Es tut mir leid, Papa", sagte er, „daß wir gerade in Bezug auf die Presse so verschiedener Meinung sind."

„Glaubst du, ich weiß nicht, daß du die ‚Freie Presse' heimlich finanzierst? Ein Kronprinz, der sich eine eigene Zeitung hält, gilt in gewissen Kreisen als höchst gefährlicher Mann. Gerade deshalb, weil er die öffentliche Meinung beeinflussen kann. Rudi, es ist nicht Aufgabe eines Kaisersohnes, Zeitungen herauszugeben und wilde Artikel zu schreiben. Wenn ich einige Artikel verhinderte, so geschah es nicht zuletzt aus Gründen deiner Sicherheit. Betrachte doch die Angelegenheit auch einmal von dieser Seite. Schließlich bin ich doch dein Vater!"

Rudolf hörte sich diese wohlmeinende Rede mit gerunzelter Stirne an, schüttelte aber dazu nur leise seinen schmalen Kopf.

„Vater, ich kann mir denken, daß du es gut mit mir meinst. Aber gerade die Kreise, auf welche du anspielst, werden eines Tages unseren Untergang herbeiführen."

„Sie sind sehr mächtig, Rudolf!"

„Und gerade deshalb will ich ihre Macht brechen."

Des Kaisers sorgenvoller Blick verdüsterte sich vollends.

„Ich danke dir nochmals für das Buch", sagte er. „Du gehst ja mit Wilhelm und Augusta Victoria in die Umgebung von Preßburg jagen."

„Ich muß wohl, Papa."

„Es gehört mit zu deinen Pflichten. Man fragt auch nie

danach, ob mir die Erfüllung meiner Pflichten Spaß macht, oder ich lieber etwas anderes tun möchte. Wir sind Beamte."

„Nun denn, so will ich in meiner Eigenschaft als Beamter versuchen, dem preußischen Wilhelm einen Bären vor die Flinte treiben zu lassen", versetzte der Kronprinz sarkastisch.

„Was hast du gegen Wilhelm?"

„Nicht mehr und nicht weniger als er gegen uns hat."

„Die Hohenzollern sind auf Grund der gemeinsamen Sprache unsere natürlichen Verbündeten."

„Das finde ich gar nicht. Glücklicherweise leben in Europa nicht nur Preußen."

„Also auch hierin sind wir nicht einer Meinung?"

„Offenbar leider nicht, Papa."

Der Kaiser seufzte: „Du machst es mir wirklich nicht leicht, Rudi!"

„Am liebsten würde ich es ja wie Mama machen und mich irgendwohin verdrücken."

„Untersteh dich! Ich kann meine Akten nicht liegen lassen; und Mama ist eine gebürtige bayrische Prinzessin. Deren Vorliebe für alles Preußische ist hinlänglich bekannt. Wilhelm wird ihre Abwesenheit mit Fassung tragen, besonders wenn wir eine glaubhafte Ausrede dafür finden."

„Also müssen Stephanie und ich uns opfern, das willst du doch damit sagen. Gut, als pflichtgetreuer ‚Beamter' opfere ich mich."

„Ich kenne viele Beamte, mein Sohn, die lieber auf die Jagd gehen als hinter ihrem Schreibtisch sitzen würden."

Sissy war inzwischen schon wieder in ihren Räumen.

Sie kramte aus ihrem Schreibtisch einige Zeitungsseiten verschiedenen Datums, auf denen die Artikel von Rudolf angezeichnet waren.

Ich kümmere mich viel zu wenig um Rudi, sagte sie sich. Nun, Stephanie will nichts von seinen „Schreibereien" wissen, und mir hat meine Schwiegermutter das Interesse für Politik gründlich ausgetrieben. Aber diese Artikel bereiteten dem Franzl Sorgen um Rudis Sicherheit. Sissy las diese Artikel, die ihrer Meinung nach gut geschrieben waren und manch berechtigte Kritik enthielten. Rudi griff darin erstarrte Formen, rückständige Anschauungen und manche „Wohlerworbenen Rechte" an, auf die deren Nutznießer zum Schaden des Allgemeinwohls nicht verzichten wollten.

Wie diese Artikel allerdings die Sicherheit Rudis gefährden könnten, war ihr nicht klar. Er war eben jung und wollte auf neuen Wegen Veränderungen herbeiführen. Wie viele dieser Ideen sich dabei als Seifenblasen erwiesen, die heute noch bunt und verlockend schillernd morgen schon zerplatzten, hatte sie selbst am eigenen Leibe erfahren müssen.

„Ich will mit ihm sprechen", sagte sie sich und suchte entschlossen sein Appartement auf, das im Schweizertrakt lag.

Sie fand ihren Sohn in seinem Arbeitszimmer. Sein mit Papieren gefüllter Schreibtisch bot einen schockierenden Anblick, weil er als Aktenbeschwerer einen Totenkopf benutzte, den er sich aus dem Anatomischen Institut beschafft hatte.

„Du hier, chêr Mama?" erhob er sich staunend. „Was

für ein seltener Besuch! Was verschafft mir das Vergnügen?"

Sissy ließ sich kopfschüttelnd in den Lederfauteuil nieder und fand die von Zigarettenrauch geschwängerte Luft fürchterlich.

„Wie kannst du hier nur atmen, Rudolf! Die Luft ist zum Ersticken."

„Das ist sie sowieso, mit oder ohne Tabaksqualm, im ganzen Haus, Mama. Es sollte mich nicht wundern, wenn dies nicht der Grund wäre, weshalb du ständig ins Ausland reist und in der Weltgeschichte umhergondelst, so daß man dich neuerdings schon nicht mehr ‚Kaiserin' sondern ‚Reiserin von Österreich' nennt", versetzte er bissig.

„Du bist schlechter Laune? Dann gehe ich wieder und komme ein andermal."

Sie erhob sich gekränkt. Rasch kam er hinter seinem Schreibtisch hervor und legte begütigend seine Hände auf ihre Arme.

„Bleib sitzen, Mama", bat er, „ich sehe dich so selten."

„Und dies ist offenbar auch der Grund, weshalb du mich fast wie eine Fremde begrüßt. Aber das ist nicht deine Schuld, man hat dich mir als Kind weggenommen. Glaube mir, ich habe mich gegen all diese Maßnahmen gewehrt. Aber deine Großmama und all die anderen waren stärker als ich. Ich war nur ein junges Ding, das aus Bayern kam, vom Lande. Ich hatte vorher nie bei Hof gelebt und habe mir vieles ganz anders vorgestellt. Ja, du hast recht, mitunter ist die Luft hier zum Ersticken!"

„Siehst du, Mama, und deshalb will ich die Fenster aufreißen, weit, weit auf! Ich will frischen Wind hereinlassen, verstehst du? Was sage ich: Wind! Ein richtiger Sturm soll es werden, der den Staub von den alten Hüten bläst und von dem ganzen Moder, der dieses Haus erfüllt."

„Ich verstehe dich, Rudolf", sagte sie bedrückt. „Doch du mußt auch deinen Vater verstehen. Du lehnst dich gegen die konservativen Kreise auf. Vergiß aber nicht, daß diese Leute in ihrem Bestreben nach Beständigkeit auch sichere Stützen der Krone sind."

„Die Krone ist für sie doch nur ein Mittel zum Zweck, Mama. Wenn es nach deren Willen ginge, dann hätten sie am liebsten eine Marionette auf dem Thron. Eine solche aber werde ich niemals sein!"

„Das läßt du aber zu früh erkennen! Hierin liegt die Gefahr, von der Papa gesprochen hat."

„Im Augenblick kann ich doch gar nichts verändern, Mama! Ich habe keine Macht. Meine einzige Waffe ist die Feder!"

„Man fängt aber bereits an, sie zu fürchten. Ach, Rudi, wir beide lieben die Freiheit..."

„Mama, wie gern würde ich hier alle Fenster aufreißen, damit dieser ganze muffige Moder, der Staub von Jahrhunderten, endlich fortgefegt wird!"

Sissy lächelte verstehend, doch sie meinte: „Du kannst von deinem Vater nicht verlangen, daß er wie ein Republikaner denkt. Auch habe ich eines von ihm gelernt: Nicht alles ist gut, bloß weil es neu ist. Und was die Freiheit betrifft, die wir beide so sehr lieben – solange niemand begreift, daß sie auf Selbstbeschränkung beruht, und niemand gewillt ist, dem entsprechend zu handeln, brauchen wir Gesetze."

„Das bestreite ich ja gar nicht, Mama."

„Was Bakunin über die Anarchie schreibt, habe ich gelesen. Doch eine Gesellschaft ohne Obrigkeit — egal, ob in Form einer Monarchie oder Republik — ist Illusion, weil sich der menschliche Charakter, weil sich der Mensch in seinem ganzen Wesen nicht verändert! Das ist eine traurige Wahrheit, mein Sohn. Alles andere sind Träume."

„Ich wünsche mir keine Anarchie, Mama. Ich bin auch kein Träumer... Ich denke an einen Bundesstaat, an eine Art Vereinigter Staaten von Mitteleuropa. Mit gemeinsamem Heer, gemeinsamer Außenpolitik, gemeinsamer Währung, einem Kongreß, in dem alle vertreten sind, und einem Staatsoberhaupt. Das sollte durchaus ein Kaiser sein, denn ein Kaiser wird nicht gewählt, er bleibt eine kalkulierbare Größe auf Lebenszeit, ein Garant einer gewissen Stabilität."

„Dann hast du doch auch etwas für Vaters Art übrig, Rudi! Stabilität ist das, was er verkörpert. Dein Vater vergißt keinen Augenblick, daß er dir einmal ein intaktes Staatswesen übergeben muß."

„Intakt, gewiß! Intakt und — veraltet. Das ist es nicht, was ich unter Stabilität verstehe, Mama."

Sissy seufzte. Sie konnte sich lebhaft ausmalen, was in ihm vorging.

Er schaute sie fast verzweifelt an.

„Es muß etwas geschehen, Mama", stieß er schließlich hervor. „Bevor es zu spät ist! Die Zeit ist reif... Doch was tut Papa? Offenbar will er mir das Reich so übergeben, wie er es übernommen hat!"

„So ist es, Rudi", sagte sie mit entwaffnender Offenheit.

Er sprach nicht aus, was ihm jetzt auf der Zunge lag. In tiefer Depression kehrte er an seinen Schreibtisch zurück, wo ihm über all den Manuskripten der bleiche Totenschädel entgegengrinste.

Zweiter Teil

1. Hofball

Wilhelm und seine Auguste Victoria waren längst wieder in Berlin, und auch die Weihnachtsfeiertage in Gödöllö waren vorbei. Freilich, aus der geplanten Überraschung für Franzl – dem Bild der Katharina Schratt – war nichts geworden, da der Maler Angeli wegen einer Grippe zwei Wochen das Bett hüten mußte. Doch das hatte die Freude aufs Fest, die in dem stillen Schloß in Ungarn wie jedes Jahr geherrscht hatte, nicht getrübt.

In Wien traf man bereits Vorbereitungen für die Hochzeit der Nichte des Kaisers, der Erzherzogin Marie Therese. Doch das gesellschaftliche Ereignis war natürlich der Hofball im Zeremoniensaal, der am 28. Jänner stattfinden würde.

Zu diesem Ball kamen alle, die bei Hof etwas gelten wollten. Für Sissy war die Teilnahme Pflicht, und auch Franzl mußte sein Tanzbein schwingen. Der Eröffnungswalzer, welcher der Polonaise folgte, mußte vom kaiserlichen Paar getanzt werden.

Es war eines jener Hoffeste, denen Sissy mit gemischten Gefühlen entgegen sah. Sie fühlte sich nicht wohl in der Menge und mochte auch die schwüle Luft und die Hitze im Saal nicht, die von den unzähligen brennenden Kerzen verursacht wurde. Es fiel ihr auch nicht leicht, Konversation zu machen, wenn ihr nicht danach zumute war. Wenn sie sich dennoch heuer irgendwie auf den Ball freute, dann war es wegen ihrer beiden Töchter. Bei Marie-Valerie mischte sich die Vorfreude mit der hoffnungsvollen Erwartung, vielleicht jenen Kavalier wiederzusehen, der ihr damals im Hofburgtheater so galant den Fächer aufgehoben und danach in der Hofloge angeregt mit Papa geplaudert hatte. Sie hatte es nicht gewagt zu fragen, wer er sei.

Im Gefolge der Kaiserin hatte sich eine bereits erwartete Änderung ergeben. Die alte Landgräfin von Fürstenberg war in Gnaden entlassen. Aus dem Adel Ungarns kam die neue Hofdame Sissys, Frau von Majlrath. Sie war noch jung, recht unternehmungslustig und hatte keine Scheu vor ausgiebigen Spaziergängen. Und das war wichtig; denn Sissy spazierte sehr gern zu Fuß durch Wiese und Wald, was allerdings nicht jedermanns Sache war.

Frau von Majlrath war zu Dreikönig, am 6. Jänner, in Wien eingetroffen und hatte ihren Dienst angetreten. Sie und Sissy gefielen einander, und da die junge Ungarin für ihre Königin schwärmte, kamen sie gut miteinander aus.

Es war übrigens Saroltas erster Wiener Hofball. Sarolta — das war kein alltäglicher Vorname, Sissy merkte ihn sich gleich. Die rassige junge Ungarin würde sicherlich die Augen etlicher Kavaliere auf sich ziehen.

Vor so einem Ball gab es viel zu tun. Die Vorbereitungen erstreckten sich nicht bloß auf Toilette und Frisur. Da war das Ballkomitee zu bestellen, der Auftritt der Debütantinnen zu arrangieren, und auf Kaiser und Kaiserin wartete ein umfangreicher, langer Cercle. In einer langen Reihe würden alle Ballgäste an ihnen vorbeiziehen, die mit höflichen und belanglosen Phrasen begrüßt werden mußten. Niemand durfte dabei verwechselt werden, und es war sicher nicht leicht, sich ein paar hundert Gesichter zu merken.

Sissy ging mit Baron Nopcsa noch einmal die Liste aller Namen durch und versuchte sich einzuprägen, was jedem einzelnen zu sagen war.

Marie-Valerie und Gisela hatten diese Sorgen nicht. Doch auch das Kronprinzenpaar mußte sich zum Cercle stellen und gute Miene zum Spiel machen.

Der 28. Jänner rückte heran, und die Aufregung wuchs. Die Schneiderinnen erschienen mehrmals bei den Erzherzoginnen; Marie-Valerie hatte diesmal auffallend viel auszusetzen, nichts konnte man ihr recht machen, und man fing an, sich darüber zu wundern.

Auch Sissy kam es zu Ohren.

„Was hast du nur, Kind?" fragte sie ihre Tochter erstaunt. „Es ist doch nicht dein erster Ball, weshalb also dieses Lampenfieber?"

„Lampenfieber?" wehrte sich Marie-Valerie, hochrot vor Verlegenheit.

„Natürlich, man sieht es dir ja an!"

„Nun ja, Mama, die vielen Leute; man möchte schließlich schön sein."

„Die vielen jungen Herren, willst du wohl sagen?" lachte Sissy und drohte ihr schelmisch mit dem Zeigefinger, gab ihr aber dann einen zärtlichen Kuß

„Ach, Mama!"

„Ja, ja, mein Kind. Sei vorsichtig und gib auf dein Herz acht! Die Tochter des Kaisers hat es da besonders schwer", setzte sie nachdenklich hinzu.

Sie überlegte, ob Marie-Valerie bereits verliebt sei; das war sehr wohl möglich und hätte ihr Verhalten erklärt.

Sissy warf einen prüfenden Blick auf ihre Tochter, doch diese biß die Lippen zusammen und schwieg.

„Mach nur bloß keine Dummheit", warnte Sissy besorgt. „Gewiß, Mama", versicherte Marie-Valerie verlegen.

Sissy umarmte ihr Kind impulsiv. Sie drückte es voll mütterlicher Liebe an ihr Herz. Doch Marie-Valerie blieb seltsam steif und ließ die Zärtlichkeit über sich ergehen, ohne sie wie sonst zu erwidern. Seufzend ließ Sissy ihre Tochter ziehen. Sie hatte keine Ahnung über eventuelle Heiratspläne in Bezug auf ihre Töchter. Doch mußte man immerhin damit rechnen, daß aus politischen Gründen solche Pläne besprochen wurden, und sie dabei wie immer übergangen wurde. Aber dieses Mal war sie fest entschlossen, notfalls ihr Veto einzulegen, wenn es um das Glück ihres Kindes ging. Schließlich hatten sie und Franzl auch aus Liebe gegen den elterlichen Willen geheiratet.

Valerie soll glücklich werden, sagte sich Sissy. Ich werde alles daran setzen... Wenn ich nur wüßte, ob sie sich schon jemanden in den Kopf gesetzt hat, und wer der Glückliche ist!

An jenem 28. Jänner schimmmerte der Zeremoniensaal im Lichte tausender Kerzen. Vor der Hofburg gab es eine Auffahrt hochherrschaftlicher Kutschen, wie man sie schon lange nicht erlebt hatte. Im winterlichen Flockenreigen standen die Lakaien und wiesen die festlich gestimmten Ballgäste zu den Garderoben und über die prächtige, teppichbelegte Stiege in den ersten Stock zum Saal.

Da blitzten Orden, glitzerten und gleißten Juwelen

und Perlen, funkelten kostbare Ringe an den Fingern. Durch festlich erleuchtete Korridore gelangte man bis zum Zeremoniensaal, in dem Hofballmusikdirektor Johann Strauß das Orchester auf seine Walzerklänge einstimmte.

Der Meister des Walzers und der Operette war schon nicht mehr der Jüngste, aber noch immer die Nummer eins in der Residenzstadt, wenn es darum ging, mit wahrhaft elektrisierenden Rhythmen jung und alt mit dem Wiener Walzer zu verzaubern.

Sissy hatte den ermüdenden Empfang und auch den Pflichtwalzer mit Franzl, den „Kaiserwalzer" hinter sich, der sie in seiner gelösten Beschwingtheit an alte Zeiten erinnerte und in Franzls Blicken wieder jene Zärtlichkeit aufleuchten ließ, wie er sie fühlte, als sie noch ganz jung verheiratet waren. Heute war diese leidenschaftliche Zuneigung einer warmen Beständigkeit gewichen, die sie in Liebe und Achtung fest aneinander band.

Während Sissy diesen Walzer tanzte, hörte sie wohl das Getuschel und Geraune der Menge, die sich in bewundernden Äußerungen erging. Sissy betrieb leidenschaftlich Sport; sie hatte sich Turngeräte angeschafft und erhielt ihrem Körper nicht nur die Schlankheit ihrer Jugend, sondern auch die Spannkraft. Sie schwebte während dieses Walzers in Franzls Armen leicht wie eine Feder dahin, neigte ihr Haupt mit dem prächtigen, von einem Diadem geschmückten Haar voll Anmut in den Nacken.

Dennoch waren sie beide ein wenig außer Atem, als sie auf der Empore ihre Plätze einnahmen, während im

Saal das tanzende Getümmel wogte. Sissy nippte von einer Sektflöte, die ihr ein Lakai darbot. Ihre Blicke suchten Rudi und Stephanie, Valerie und Gisela.

Stephanie tanzte mit einem ungarischen Fürsten; Rudi war nirgends zu erblicken. Hatte er sich etwa gar schon verdrückt? Gisela tanzte mit dem jungen Thurn- und Taxis; aber Marie-Valerie, wo war sie? Sie stand doch tatsächlich am Rande des Saals bei einem riesigen, von Palmen gekrönten Blütenarrangement und machte einen völlig verlorenen Eindruck.

Sissy hob ihr Lorgnon und führte es an die Augen. Durch die Gläser, die wie ein Fernglas wirkten, sah sie es ganz deutlich: die Enttäuschung stand dem lieben Kind ins Gesicht geschrieben. Was war Valerie widerfahren?!

Doch dann sah Sissy einen jungen, eleganten Offizier, der — offenbar zu spät gekommen — den Saal betrat. Er stand nicht weit von Marie-Valerie und blickte sich suchend um. Dann aber sah er sie, und während das Mädchen förmlich erstarrte, ging er zunächst zögernd, dann aber immer zielstrebiger auf sie zu und bat sie mit einer eleganten Verbeugung um ihre Tanzkarte.
Marie-Valerie war ein wenig ungeschickt. Während sie mit zitternden Händen in ihrer Handtasche kramte, entfiel ihr der Fächer. Sissy konnte sich das befreiende Lachen der beiden jungen Leute nicht erklären, das dem Offizier den Mut gab, seinen Namen gleich quer über die ganze Karte zu kritzeln. Er hatte alle Tänze dieses Abends, welche die Erzherzogin zu vergeben hatte, für sich „gebucht"!

Wer war er?!

Bald schwebten sie Arm in Arm zu den Klängen von Meister Strauß über das spiegelnde Parkett. Sie schienen alles um sich zu vergessen und tanzten, tanzten... In einer kleinen Teepause führte der Kavalier seine Tänzerin zum Buffet.

Die Gewächshäuser hatten einen Palmenhain geliefert, in dem die beiden jetzt Sissys spähenden Blicken entschwanden. Sissy hatte erhofft, daß Marie-Valerie zu ihr kommen und mit ihr reden würde, aber nichts dergleichen geschah. Der Fremde hatte das Kind offenbar ganz in Beschlag genommen, und Sissy war darüber ein wenig beunruhigt.

Dafür sah sie jetzt Rudolf wieder. Er stand zwischen Tür und Angel zu einem der Wandelgänge. Die Türen standen weit offen, um frische Luft einzulassen, denn es war bereits heiß genug im Saal. Rudi war von einem Schwarm von Herren verschiedenen Alters umlagert, die alle irgendwie doch erkennen ließen, daß sie nicht zum Kreis der erlesenen Gäste gehörten. Es waren Journalisten, deren Fragen der Kronprinz eben beantwortete. Er „pflegt" seine Pressekontakte, dachte Sissy kopfschüttelnd.

Nun aber begann der Tanz von neuem, ein Galopp, bei dem die tanzfreudige Jugend außer Atem kommen würde. Marie-Valerie und ihr Kavalier ergriffen die Gelegenheit, um lachend mit den anderen, sich an den Händen haltend, über das Parkett zu fegen. Die junge Erzherzogin war ausgelassen und gelöst wie selten.

„Wer ist ‚er'?" wandte sich Sissy an Franzl, der mit dem ordenbehängten Ministerpräsidenten Graf Taaffe selbst hier „über Geschäfte" sprach.

„Wer ‚er'?" fragte Franzl abgelenkt.

‚Nun, der junge Offizier, mit dem Marie-Valerie tanzt."
„Franz von Toskana", antwortete der Kaiser. „Ein sympathischer Bursche, aber ohne Zukunft. Seit die Toskana an Italien fiel, bewohnt seine Familie das Schloß Orth, das Seeschloß im Traunsee. Sein Bruder Johann Salvator ist ein Ehrgeizling, und seine Mutter kann den Verlust der Herrschaft über die Toskana nicht verwinden. Es gibt nichts Schlimmeres als Leute, die ihren Thron verloren haben. Daß sie nach der Wiederherstellung ihrer Rechte streben, oder auch andere, gleichwertige als Ersatz zu erlangen suchen, ist zwar verständlich, aber nicht ungefährlich."

Ein Erzherzog „ohne Zukunft" also...

Wenn nun Marie-Valerie an den feschen, sympathischen jungen Mann ihr Herz verlor...? Sissy sah mit gerunzelter, sorgenvoller Stirn dem vergnügten Treiben der beiden jungen Leute zu.

„Marie-Valerie ist im heiratsfähigen Alter", stellte Sissy fest. „Ich weiß", nickte Franzl, „doch der Toskaner ist keine ‚Partie' für sie. Man hat sich bereits Gedanken gemacht, nicht wahr, Graf?"

„So ist es, Majestät", nickte der Ministerpräsident verbindlich lächelnd. „Von den Bewerbern fiel die Wahl auf den Prinzen von Sachsen, Majestät. Diese Verbindung ist nicht nur standesgemäß, sie verbessert auch noch die Beziehungen zum Deutschen Reich, und das ist in der gegenwärtigen europäischen Situation von großer Bedeutung!"

„Aber davon weiß unsere Tochter ja gar nichts", staunte Sissy, deren Kehle plötzlich trocken zu werden begann.

„Sie wird es zum geeigneten Zeitpunkt erfahren", erklärte der Kaiser begütigend.

„Majlrath", wandte sich Sissy an ihre neue Hofdame, „holen Sie mir doch bitte die Erzherzogin Marie-Valerie hierher. Sagen Sie ihr, daß ich sie in meiner Gesellschaft vermisse."

Als Sarolta mit Marie-Valerie zurückkehrte, zog diese sichtlich ihr gepudertes Näschen kraus.

„Ich fürchte, du erhitzt dich allzusehr beim Tanz", meinte Sissy.

„Aber es war doch eben erst so richtig nett", trotzte die Tochter.

Sissy überging den Einwand und bat die neue Hofdame, für Erfrischungen zu sorgen, während Franz von Toskana wie verloren im Gewühl stand und sehnsüchtig zu seiner Tänzerin blickte, die ihm gegen seinen Willen entführt worden war.

Doch Sissy kannte ihren Liebling und wollte ihm Kummer ersparen. Dabei übersah sie freilich, daß Marie-Valerie den Eigensinn ihrer Mutter geerbt hatte...

Der Hofball ging zuende, ohne daß Franz von Toskana und Marie-Valerie wieder Gelegenheit fanden, miteinander zu tanzen. Sissy zog sich vielmehr, Übermüdung und Kopfweh vortäuschend, in ihr Appartement zurück und bat Marie-Valerie um ihre Gesellschaft.

Diese wußte zwar nichts von den politischen Heiratsplänen ihres Vaters, doch dämmerte der Verdacht in ihr auf, daß Mama sie absichtlich vom Fest fernhalten wollte.

Sissy blieb bis in die Morgenstunden wach und bat

ihre Tochter ihr vorzulesen, solange der Ball noch andauerte. Marie-Valerie wollte noch einmal in den Ballsaal und saß wie auf Nadeln. Dann endlich, als die Kaiserin keine Gefahr mehr sah und zu Bett ging, lief Marie-Valerie eilig davon und zurück in den Zeremoniensaal.

Er war noch erfüllt von Parfumgeruch und der Hitze der Menge. Die Musiker packten eben ihre Instrumente ein; die Lichter wurden gelöscht, und einen Blick durch die Fenster werfend sah Marie-Valerie eben die letzte Kutsche davonfahren, wie sie im Schneetreiben und dem trüben Licht der Laternen entschwand.

Da näherte sich ihr ein Lakai.

„Kaiserliche Hoheit", flüsterte er vertraulich, „ich habe von Seiner Hoheit, dem Erzherzog, ein Billett für Sie."

Und schmunzelnd hielt er ihr einen kleinen Briefumschlag hin.

2. Eine Überraschung für Franz Joseph

Es war Fasching, als der Hofmaler Angeli das Bild der Schauspielerin Katharina Schratt endlich fertig hatte. Sissy erhielt die Nachricht davon durch Frau von Ferenczy.

„Es ist soweit, Majestät. Am Donnerstag um elf ist die letzte Sitzung. Herr Angeli will nur noch, wie er sagt, ein paar Lichter aufsetzen. – Frau von Kiss ist also auch da."

„Das wäre ein prächtige Gelegenheit", meinte Sissy, „um den Kaiser zu überraschen — im doppelten Sinn. Es trifft sich ganz ausgezeichnet, denn am Mittwoch nachmittag werden Frau Schratt und Herr Tyrolt beim Kaiser zur Vorstellung erscheinen."

„Sie hat ja keine Ahnung, für wen das Bild bestimmt ist — das heißt, Seine Majestät weiß auch noch nichts von diesem Bild", verbesserte sich Ida schnell. „Ich kann mir den Spaß vorstellen, den Eure Majestät nun hat."

Es war Sissy nicht nur um den Spaß zu tun. Ob ihr Vorhaben allerdings gelingen würde, wußte sie noch nicht zu sagen. Es zog sie schon wieder mächtig in die Ferne; der Kaiser würde dann wieder allein sein, und sie ahnte, daß Frau von Kiss, eine so kluge und zugleich anmutige Frau, diese Leere ein wenig ausfüllen könnte, wenn man ihr und dem Kaiser nur die Gelegenheit dazu gab.

Prinz Hohenlohe-Schillingsfürst, der oberste Intendant der Hoftheater, und der stille Dichter und Burgtheaterdirektor Adolf Wildbrandt stellten bei der Audienz dem Kaiser Doktor Rudolf Tyrolt und Katharina Schratt persönlich vor. Der dicklich-volkstümliche Tyrolt, der schon am Stadttheater zum Publikumsliebling geworden war, bot einen seltsamen Kontrast zu dem still-vornehmen Dichter, der mit seinem Bart und seinem schlichten Anzug fast noch nobler wirkte als der Prinz.

Wildbrandt hatte die schöne und begabte Schauspielerin Auguste Baudius geheiratet und fühlte sich dadurch mit der Kulissenwelt eng verbunden. Dennoch blieb er weit mehr seiner romantischen Phantasiewelt verhaftet als dem oft sehr realistischen Betrieb hinter den Kulissen

Auf das Engagement der Schratt konnte er stolz sein, und er war es auch. Der Kaiser richtete sofort das Wort an sie.

„Ich habe Sie schon mit Vergnügen spielen sehen, Baronin", erklärte er, „und hoffe, daß Sie mir und den Wienern noch manche schöne Stunde bereiten werden; man sieht Sie gern auf der Bühne."

Und er mußte sich eingestehen, daß er sie auch privat ganz gern wiedergesehen hätte, wären da nicht unüberwindbare Schranken gewesen.

„Majestät sind zu gütig", knickste die Schratt verlegen, als sie den forschenden Blick der stahlblauen Augen des Monarchen auf sich ruhen fühlte.

„Aber, aber", meinte Franzl gutmütig, indem er die Befangenheit der Künstlerin nicht ohne Vergnügen bemerkte, „ich bin auch nur ein Mensch, nicht wahr, Herr von Wildbrandt?"

Kathi wußte nicht, wie sie an diesem Nachmittag nach Hause kam.

Jana bemerkte, daß ihre Herrin fror und zitterte.

„Schnell, einen starken Kaffee, Jana", verlangte Kathi.

„Marriam, Josefku", jammerte Jana besorgt. „Gnädigste sind ja ganz aus dem Häusl, was hat's denn 'geben beim Herrn Kaiser?"

„Nichts hat's gegeben, er war sehr freundlich, und ich war ja auch darauf vorbereitet, aber ich hab' mir nicht gedacht, daß es so arg ist, ihm direkt gegenüberzustehen. Dabei hab' ich ihn ja schon öfter in seiner Loge gesehen, wie er applaudiert hat."

„Ja, ein Kaiser is' eben ein Kaiser, der is' kein geweehnlicher Mensch", erklärte die Haushälterin und rauschte in die Küche ab, um das verlangte Getränk zuzubereiten.

Sie ist doch schon über Dreißig und noch so schüchtern, dachte sich indessen Franzl, während er schon wieder eine andere Audienz über sich ergehen ließ. In Gedanken war er noch bei der kurzen, aber einprägsamen Begegnung mit der Schauspielerin, die ihm nun noch sympathischer erschien.

Daß sich diese Begegnung schon bald — und unter ganz anderen Umständen — wiederholen sollte, konnte er nicht ahnen. Sissy hatte energisch darauf bestanden, daß in seinem dichtgedrängten Terminkalender am folgenden Vormittag eine Stunde freiblieb. Das war seltsam, und deshalb war seine Neugierde, was Sissy denn mit ihm vorhabe, besonders groß.

Zu seiner Verwunderung fuhr man bis vor das Atelier des Herrn Angeli, und er war dann auch noch gezwungen, sämtliche Stufen bis zum Dachgeschoß hinaufzusteigen. Franzl kannte das Atelier zwar vom Hörensagen, war aber noch nie hiergewesen. Er fand es jedoch interessant, zu sehen, wo und wie der Maler arbeitete und lebte.

Der Adjutant des Kaisers schellte an der Türglocke. Zu Franzls Überraschung öffnete nicht der Maler, sondern die Hofdame Frau von Ferenczy.

„Das ist ja interessant", rief er, während die tief knicksende Ida die Türe freigab. „Hier scheint ja eine Verschwörung im Gang zu sein!"

„Möglich", lachte Sissy und freute sich schon im voraus auf das verdutzte Gesicht ihres Gatten, wenn er das Bild und erst recht das Modell sehen würde.

Der Maler stand vor seiner Staffelei, Frau von Schratt saß auf einem durch ein kleines Podest erhöhten Stuhl in günstigem Licht; sie zeigte Herrn Angeli ihr hübsches Profil, das sich bereits in Öl gemalt auf der Leinwand abzeichnete.

„Hier ist Ihr Auftraggeber, Meister", verkündete Ida mit gespielter Pose. „Und sie hat auch gleich den Herrn, für den das Präsent gedacht ist, mitgebracht!"

Herrn Angeli fiel fast der Pinsel aus der Hand. Kathi sprang auf und schaute überrascht auf Kaiser und Kaiserin.

„Nun, Franzl, was sagst du dazu?" sagte indessen Sissy gänzlich formlos. „Hier hast du deinen Bühnenliebling gleich zweimal, einmal in natura und einmal als Konterfei!"

„Entschuldigen Sie, Majestät, daß das Bild zu Weihnachten noch nicht fertig war", stotterte der Maler. „Im übrigen wußte ich gar nicht, für wen ich es malen sollte; ansonsten hätte ich es natürlich trotz meines entsetzlichen Schnupfens..."

„Das fehlte uns gerade noch, daß Sie uns mit dem Ölbild auch gleich Ihre Bazillen ins Haus geliefert hätten", lachte Sissy.

„Baronin", wandte sich der Kaiser an die noch immer im Hofknicks verharrende Schratt, „behalten Sie doch Platz, damit der Meister fertig wird. Wir haben uns ja neulich gesehen. Wie geht es Ihnen?"

„Wie soll's einem schon gehen, Majestät", entfuhr es

Kathi, „wenn man erfährt, daß einen der Kaiser an die Wand hängen will..."

Alle lachten, und Kathi errötete über ihren Ausspruch, der ihr so unversehens entfahren war.

„Ich habe Ihnen bereits angekündigt, daß ich Sie zum Tee einzuladen gedenke", sagte Sissy freundlich zu ihr.

„Nun, könnten Sie Montag um vier Uhr kommen? Mein lieber Gatte wird auch dasein; an seinen Anblick werden Sie sich mit der Zeit schon gewöhnen."

„Ich weiß gar nicht, wie ich zu dieser hohen Ehre komme", sagte Kathi an diesem Nachmittag offen zu Sissy, während sie im Teezimmer auf den Kaiser warteten.

„Die Antwort ist ganz einfach", erklärte ihr Sissy. „Franzl und mir geht es wie dem alten Griechen: wir suchen nach Menschen, auf dem Marktplatz, mit der Laterne in der Hand. Leute gibt es genug – Menschen wenige. Ich habe das Gefühl, daß Sie zu der kleinen Gruppe von Menschen gehören."

Kathi senkte den Blick zu Boden. „Ich kann nur hoffen, dieses Vertrauen zu verdienen", meinte sie ernst.

„Ich kenne Sie zwar erst seit kurzem", sagte Sissy, „aber ich weiß inzwischen schon viel über Sie und glaube, daß Sie keine Unwürdige sind, der ich mein Vertrauen schenke. Sehen Sie, mein Franzl ist ein bedauernswerter Mann. Er arbeitet von früh bis spät. Ich für meinen Teil muß von Zeit zu Zeit einfach aus der höfischen Enge ausbrechen, halte es sonst nicht aus. Mein Franzl hat seine Adjutanten, seinen braven Ketterl, den Kammerdiener. Aber das sind keine echten Freunde, wenn Sie verstehen, was ich meine. Es fehlt ihm einfach die Möglichkeit der Aussprache beziehungsweise ein Mensch, der ihm sympathisch ist, dem er sich anvertrauen kann und der ihm auch unbefangen und offen und ehrlich sagt, was „draußen" vor sich geht. Man unterschlägt ihm in falsch verstandener Liebedienerei vieles, was zu wissen für ihn als Kaiser und als Mensch höchst wichtig wäre!"

Das Gespräch konnte nicht fortgesetzt werden, denn der, von dem die Rede war, trat ein. Man sah ihm die Sorgen noch an, die ihn eben noch beschäftigt hatten; doch seine umwölkte Stirn klarte auf, als er die beiden Frauen sah.

„Marie Theres' leistet morgen in der Ratsstube den Verzichtseid."

Kathi schaute ein wenig verständnislos von einem zum anderen. „Doch, das ist nötig", erklärte der Kaiser. „Sie heiratet ja demnächst; und da muß sie für sich und ihre zu erwartende Nachkommenschaft auf alle aus ihrer Herkunft ableitbaren Thronansprüche verzichten."

„Aber", fand Kathi, „es steht doch überhaupt nicht zu erwarten, daß sie je in die Lage käme, den Thron zu besteigen! Da sind Majestät im Vollbesitz Ihrer Kraft, da ist der Kronprinz, Ihr Sohn Rudolf, Majestät, und da sind noch so viele andere, die vor ihr ein Recht hätten, falls..."

„Unsereins muß jederzeit damit rechnen, daß etwas passiert; übrigens, nicht nur unsereins. Niemand weiß, ob er in der nächsten Minute noch lebt. Und wenn es um den Thron geht, sind klare Verhältnisse das oberste Gebot. Sonst könnten schlimme Zustände eintreten."

„Die Zeremonie wird in der Geheimen Ratsstube vor

sich gehen", erklärte Sissy. „Aber Sie haben recht, Baronin; im Falle dieser Erzherzogin ist es wirklich bloß eine Formsache, und sie leistet den Eid leichten Herzens."

„Und meine liebe Sissy wird mich bald in Richtung Miramar verlassen", brummte der Kaiser betrübt, „offenbar auch leichten Herzens. Und mein Sohn Rudolf ist schon wieder zur Jagd."

„Was habe ich Ihnen gesagt, Baronin?" lächelte Sissy. „Ich hoffe, Sie sind eine treue Untertanin und lassen Ihren Kaiser nicht im Stich!"

„Wie soll ich das verstehen?" fragte Franzl stirnrunzelnd. „Was wird hier unter euch Frauen abgesprochen?"

„Die Verschwörung ist harmlos", neckte ihn Sissy. „Es geht dir nicht ans Leben. Frau von Schratt, meine ich, wird sich in meiner Abwesenheit ein klein wenig um dich kümmern. Ich nehme Gisi und Marie-Valerie wieder mit mir; dann ist überhaupt keine rechte Frau im Haus, Stephanie ausgenommen, aber die zählt ja wohl nicht, wie ich sie kenne."

„Ja glauben denn Majestät, daß ich das überhaupt kann?" fragte Kathi. „Mein Beruf..."

„Wird Ihnen Zeit genug lassen, dem Kaiser eine ehrliche Freundin zu sein..."

Das hoffte Sissy, als sie mit ihren beiden Töchtern nach Miramar aufbrach, wo die Kaiserliche Jacht auf ihre Passagiere wartete. Diesmal sollte es wieder in die Gewässer Griechenlands gehen, die Sissy so liebte. Dort herrschte jetzt schon Frühling und warmer Sonnenschein, während in Wien noch eisiger Schneeregen fiel, und nicht nur Herr Angeli Schnupfen hatte.

Doch aus dieser so schön geplanten Reise wurde nichts. Das Schicksal hatte es anders im Sinn.

Sissy und ihre beiden Töchter waren kaum in Miramar angelangt, als sie ein Telegramm erreichte:

RUDOLF SCHWER ERKRANKT
RÜCKKEHR UNBEDINGT
ERFORDERLICH

FRANZ JOSEPH

las sie zu ihrem Schrecken.

Die Jacht lichtete also ihre Anker nicht. Statt dessen dampfte der Hofzug eilig den Weg zurück, den er gekommen war.

Rudi war erkrankt... Woran, um Himmels Willen? Das Telegramm gab hierüber keine Klarheit.

Die Fahrt nach Wien erschien ihr diesmal endlos. Sie zählte Kilometer um Kilometer, die sie noch von ihrem kranken Sohn trennten. Schließlich kam ein Telegramm von Franzl, der sie endlich beruhigte: es sei nichts Ernstliches, es bestünde keine Lebensgefahr. Es sei lediglich eine besondere Kur erforderlich, die Rudolf wieder herstellen würde. Sie möge sich daher keine unnötigen Sorgen machen. Schließlich erreichte man endlich die Vororte von Wien. Der Zug hielt in Penzing, einem Vorstadtbahnhof, wo sie von Graf Grünne, dem Adjutanten des Kaisers, erwartet wurde.

„Seine Majestät erwarten Ihre Majestät in Schönbrunn", meldete er. „Seine Majestät wünschen keinerlei

Aufsehen. Das Volk soll durch die Erkrankung Seiner kaiserlichen Hoheit in keiner Weise beunruhigt werden."

Eine geschlossene Hofkutsche brachte die drei Frauen eilig zu dem Schönbrunner Schloß, während der Hofzug weiter zum Südbahnhof rollte, wo das Gefolge Elisabeths aussteigen sollte.

Die mütterliche Sorge leuchtete aus Sissys Blick, als sie eiligst in Franzls Arbeitszimmer trat, gefolgt von ihren beiden Töchtern.

„Servus, Franzl", brachte sie mit Hast hervor und küßte ihren Mann flüchtig auf die Wange. „Was ist mit Rudi? Ich werde aus all den Telegrammen nicht klug! Was hat er?!"

Franzl machte eine beruhigende Handbewegung, die ihr zugleich das Wort abschnitt.

„Setzt euch", befahl er mit seltsamer Härte. „Es gibt nicht viel zu sagen. Er hat eine Unterleibsentzündung. Das Bauchfell ist angegriffen. Er litt schon eine Weile daran, wollte die Entzündung aber offenbar übertauchen. Nun ist sie zum Ausbruch gekommen. Das Unglück will, daß auch Stephanie erkrankt ist; sie hat sich offenbar angesteckt."

„Du lieber Himmel", rief Elisabeth entsetzt.

„Nun, nun, es gibt Schlimmeres", beruhigte Franzl. „Doktor Widerhofer kriegt das schon wieder hin. Die beiden Unglückspatienten sind übrigens gar nicht mehr in Wien."

„Wie?" staunte Sissy.

„Widerhofer hat sie zur Kur nach Lacroma geschickt. Er hielt es für das Beste. Wenn sie zurückkommen, sind sie wieder gesund."

„Was hat Rudi?" staunte Gisela. „Eine Unterleibsentzündung?"

„Wir wollen uns nicht näher darüber unterhalten", beendete Franz Joseph das Gespräch abrupt.

In Sissy reifte ein Entschluß.

„Ich fahre nach Lacroma", erklärte sie. „Ich muß wissen, wie es um die beiden steht. Valerie und Gisi muß ich ja nicht mitnehmen."

Franzl wiegte bedenklich den Kopf.

„Ich würde dir eher raten, dem Arzt zu vertrauen", meinte er. „Aber du kannst natürlich tun und lassen, was du willst."

„Sagen wir besser: was ich für richtig halte", entgegnete Sissy. „Diese Reise wird bestimmt kein Vergnügen sein; aber ich glaube, jetzt nach Lacroma zu fahren, ist ganz einfach meine Pflicht!"

Ein altes Schuldgefühl war wieder in ihr erwacht und bestimmte ihr Handeln. Es war das Gefühl, sich um Rudolf zu wenig gekümmert zu haben, ganz gleich, ob das ihr oder fremdes Verschulden war. Das zählte jetzt nicht.

3. Steinerne Träume

Franz Joseph schien die Angelegenheit mit der Erkrankung seines Sohnes nicht allzu tragisch zu nehmen. Er glaubte den beruhigenden Versicherungen der Ärzte nur allzu gern. Was Stephanie anbelangte, so war sie mit Rudolf gleichfalls nach Lacroma gereist, um wieder gesund zu werden.

In Lacroma angelangt, traf Sissy auf der Insel auch Louise, Stephanies Schwester, die sofort angereist war, um bei der Pflege Stephanies behilflich zu sein. Und das war bitter nötig.

Lacroma war eine wunderschöne, kleine Insel in der Nähe von Ragusa. Das Schloß, in dem die Kranken ihrer Genesung entgegensahen, war ursprünglich eine Abtei, die von König Richard Löwenherz gegründet worden war. Auf der Rückkehr von seinem dritten Kreuzzug in Palästina war sein Schiff in einen Sturm geraten und gesunken. Der König hatte sich retten können und zum Dank dafür das schöne Kloster erbauen lassen. Nach dem Tod Maximilians von Mexiko, des Bruders von Franz Joseph, kam es in den Besitz des Kronprinzen, der hier also quasi „zu Hause" war.

Sissy war von dem Eiland ebenso bezaubert wie Stephanie und Louise. Doch Stephanie hatte wenig von den Schönheiten der Natur. Sie wand sich in Schmerzen.

„Es ist eine Bauchfellentzündung", erklärten die Ärzte Sissy. „Bei dem Kronprinzen ist sie bereits wieder im Abklingen."

Für sie zählte nur, daß Rudi nun offenbar bereits weniger litt als zu Beginn seiner Erkrankung und die verordneten Mittel halfen.

„In zwei, drei Monaten ist alles wieder in Ordnung", bekam sie zu hören.

Die Ärzte aber waren die Verpflichtung eingegangen, die Natur der Erkrankung des Kronprinzen jedermann gegenüber zu verschweigen. Und so schwiegen sie selbst seiner Mutter gegenüber.

„Servus, Rudi! Kopf hoch; alle sagen, es wird bald

wieder. Es ist zwar schmerzhaft, aber weiter nichts Schlimmes", sagte sie deshalb ahnungslos zu dem Leidenden. „Vor Krankheit ist niemand gefeit; trag' es darum mit Fassung, mein Sohn. Bist du erst einmal über den Berg, sieht die Welt wieder ganz anders aus!"

Sie hatte sich davon überzeugt, daß für die Pflege der beiden Kranken das Menschenmöglichste getan wurde. Nun konnte sie nur noch für sie beten.

Tatsächlich wurde Stephanie wieder völlig gesund, Rudolf jedoch nicht mehr. Immer wieder kam sein Leiden zum Ausbruch, und er verzweifelte schließlich an seinem Leben.

Sissy reiste ab. In Wien entwickelte Franzl inzwischen ein geschäftiges Treiben. Empfand er Sissys Abwesenheit für gewöhnlich als schmerzlich, war es ihm diesmal sogar recht, daß sie verreist war.

Grund hierfür war die große Überraschung, die er für sie vorbereitete. Es war das „Buen retiro" nahe bei Wien. Jener schöne, stille Ort, zu dem sie sich eines Tages zurückziehen würden, um wieder für einander dazusein.

Ein weiterer Grund war hingegen keineswegs aus Stein, sondern aus Fleisch und Blut und recht angenehm anzusehen. Er hieß Katharina Schratt.

Kathi hielt das der Kaiserin gegebene Versprechen treulich ein. Bei Hof zeigte man sich zunächst freilich höchst verwundert über ihr häufiges Auftauchen und das Empfangenwerden beim Kaiser. Man fragte sich, was denn diese Schauspielerin vom Burgtheater ständig in der Reichskanzlei oder in Schönbrunn zu suchen habe. Erst von Ketterl, der ihr anfänglich sehr mißtraute

— sie mischte sich zeitweilig mit hausfraulichem Eifer in Belange ein, die in sein Ressort gehörten — erfuhr man allmählich, daß sie eine Art Vertraute des Kaisers und der Kaiserin geworden war, die freiwillig die Aufgabe übernommen hatte, sich um das Wohlergehen des Herrschers zu kümmern.

Sie fing damit an, daß sie Franzl warme Pantoffel besorgte und von Ketterl verlangte, er solle endlich dafür sorgen, daß das Schlafzimmer des Kaisers ordentlich geheizt würde, und die Wachen auf den Gängen bei der Ablösung gefälligst nicht im Kommandoton brüllten — zumindest nicht bei Nacht. Sie kontrollierte das Frühstücksgebäck, das morgens auf des Kaisers Tisch kam, fand es altbacken und erschien eines Tages mit einem hausgemachten Gugelhupf, bei dem an süßen Rosinen nicht gespart worden war.

Dabei hatten sie und der Gugelhupf es gar nicht leicht, bis zum Kaiser vorzudringen. Sie mußte unzählige Wachen passieren, Anmeldungen ausfüllen und geriet eines Tages sogar mit dem Obersthofmeister in Konflikt, der ihr barsch verbieten wollte, Seine Majestät bei dessen wichtigen Arbeiten zu stören.

Da kam der Fürst aber bei Kathi an die Unrechte. Noch am selben Tag mußte er zur Kenntnis nehmen, daß Frau Schratt „der Zutritt jederzeit zu gestatten sei", was ihn nicht wenig ergrimmte. Sollte sich hier etwa jemand hinter seinem Rücken das Vertrauen des Monarchen erschlichen haben?!

Der Fürst, der sehr wohl wußte, daß er eines Tages auch die oberste Instanz der Hoftheater zu leiten haben werde, beschloß, dieser Schauspielerin gegenüber auf der Hut zu sein; und Stella Hohenfels gewann einen Verbündeten.

Franzl hingegen war sehr froh darüber, daß er bei all seiner Plage nun eine Frau hatte, die ihn freundschaftlich umsorgte und im Lauf der Bekanntschaft auch die Scheu, die sie ihm als Kaiser gegenüber anfänglich empfand, verlor.

Ganz besonders freute es ihn, wenn er mit Frau Schratt hinaus in den Lainzer Tiergarten fahren konnte, um den Baufortschritt der Hermesvilla zu besichtigen.

Und Frau Schratt steuerte zur Ausstattung des schloßartigen, noch nach Entwürfen des schon verstorbenen Malers Hans Makart zu schmückenden Hauses eine Menge praktischer Ideen bei.

„Warum, Majestät, richten Sie der Gattin nicht ein Turnzimmer ein? Sie hat mir erzählt, daß sie leidenschaftlich gern Gymnastik betreibt. Sie ist eine sportliche Natur, und das Turnen ist außerdem gut für die Figur. Wenn Majestät gestatten, werde ich mich um entsprechende Turngeräte kümmern...."

Den Bau hatte der Architekt Freiherr von Hasenauer entworfen. Er hatte viel von den Vorstellungen, die Sissy von einer „stillen Insel" hatte, in die Pläne einfließen lassen. Sissy sollte sich hier wirklich wohl fühlen. Das Haus sollte ganz nach ihren Wünschen werden, und wenn Frau Schratt dazu noch einiges beitragen konnte, dann war das Franzl nur recht.

Er freute sich schon auf den Tag, an dem er mit Sissy an seiner Seite durch das Lainzer Tor in das von einer hohen Mauer umschlossene kaiserliche Jagdgebiet einfahren und vor der prächtigen Villa halten würde. Und er zu ihr sagen konnte: „Dieses Haus, mein Engel, ist dein. Hier hast du alles, was du dir wünscht: Stille, Einsamkeit, Natur und Tiere. Hier kannst du reiten und wie Göttin Diana zur Jagd gehen, oder auch an deinem Schreibtisch sitzen und Gedichte schreiben, wenn dir danach ist. Und dennoch bist du von hier in kurzer Zeit in Schönbrunn, ja sogar im Herzen der Stadt. Dann brauchst du nicht mehr weiß Gott wohin zu reisen; du hast alles sozusagen vor deiner Haustür!"

So dachte Franzl, und Kathi unterstützte ihn tatkräftig bei der Realisierung seiner Vorstellungen.

Sissy hingegen kreuzte zur gleichen Zeit mit der Jacht „Miramar" in der Ägäis, vor Korfu.

Sie liebte diese Insel, hatte sie schon geliebt, als sie zum erstenmal hier vorbeikam. Das war bei stürmischem Wetter gewesen; und dennoch hatte ihr Korfu damals seinen Reiz offenbart. Nun aber war das Wetter traumhaft schön, und Sissy war trunken von dem Naturerlebnis, das sich hier auf Schritt und Tritt bot.

„Hier möchte ich bauen", träumte sie. „Ein Stück Land kaufen, direkt am Strand! Ein Haus bauen, das wie ein griechischer Tempel aussieht, denn dann paßt es in die Landschaft. Oh, wäre das herrlich! Wie ich das bloß meinem Franzl beibringen kann?"

Der Arme ahnte nichts von diesen Plänen, hatte er doch ganz anderes im Sinn. Er wollte seinen Wandervogel an die Wiener Umgebung fesseln.

Auch die Hofdamen Sissys konnten sich dem Zauber der verträumten Insel nicht entziehen.

„Ich habe so viel Schönheit noch nie gesehen", gestand Sarolta von Majlrath, die es bisher nicht zu bereuen gehabt hatte, bei der Kaiserin in Dienst getreten zu sein.

„Ja, es ist wunderbar," pflichtete Marie von Festetics bei. „Doch so ein Bau, wie ihn Majestät sich vorstellen, wird eine Menge Geld kosten. Und Seine Majestät ist für seine Sparsamkeit bekannt."

„Oh, für seine Kaiserin tut er doch alles", meinte Ida von Ferenczy überzeugt. „Wenn ihn Eure Majestät recht herzlich bittet.... Wir alle können es bezeugen, wie herrlich diese Insel ist. Und bei den Beschwerden, die Eure Majestät seit einiger Zeit auszustehen hat, wäre dies sicher ein wohltuender Aufenthalt."

Tatsächlich litt Sissy gelegentlich unter Gelenks- und Hüftschmerzen. Eines Tages würde sie nicht mehr in den Sattel steigen können.

Vielleicht aber konnte sie dadurch den guten Franzl überreden, seine sorgsam gehütete „Schatulle" − seine Privatkasse − zu öffnen und Sissy den Bau zu ermöglichen?

Bauen auf Korfu... Steinerne Träume weitweg im Griechischen Meer, während nahe bei Wien die Hermesvilla entstand!

Sissy sah ihr Haus im Geiste schon vor sich: Es sollte mit antiken Statuen geschmückt sein, Säulen würden es umgeben und ein Park, in dem leuchtende Blumen blühen und duften würden. Und ein eigener, kleiner Hafen war natürlich auch vonnöten für die Jacht, wenn sie hier vor Anker gehen sollte.

Billig würde es wohl wirklich nicht werden, darin hatte Marie von Festetics wohl recht... Immerhin, man konnte den österreichischen Konsul damit beauftragen, sich nach einem Grundstück umzusehen, das Sissys Vorstellungen entspräche.

Man mußte ja dieses Grundstück nicht gleich kaufen! Zuerst mußte geprüft werden, ob sich Sissys Träume überhaupt realisieren ließen. Und dann konnte man sich erst über die Finanzierung den Kopf zerbrechen.

In Lacroma wurden unterdessen die Patienten behandelt. Nun zeichnete sich bei Stephanie die entscheidende Besserung ab. Bei Rudolf hingegen entwickelte sich die Krankheit zu einem chronischen Leiden, und als er allmählich dahinter kam, daß mit einer endgültigen Heilung trotz aller ärztlichen Kunst nicht zu rechnen sei, war er sehr deprimiert.

Doch eines Tages im Frühling kamen die ersten Anfragen aus Wien, wann denn wohl mit der Rückkehr des Kronprinzenpaares zu rechnen sei; es warteten Repräsentationspflichten auf sie, die sich nicht länger aufschieben ließen, wie etwa die feierliche Eröffnung einer Brücke, die den Namen der Kronprinzessin tragen sollte. So fuhr das Kronprinzenpaar Anfang Mai mit dem Hofzug von Triest nach Wien. Die Kronprinzessin sah gut erholt aus, doch dem Kronprinzen merkte man an, daß er gesundheitlich nicht voll auf der Höhe war.

Sissy hingegen zog es nicht nach Wien. Sie las die ihr brieflich und als Zeitungsmeldungen zugegangenen Berichte von der Eröffnung der Stephanienbrücke über den Donaukanal und von offiziellen Festlichkeiten in Preßburg und Wiener Neustadt. Sie glaubte, aus ihnen zu entnehmen, daß ihr Sohn und ihre Schwiegertochter wieder wohlauf seien.

„Na also", sagte sie zu Marie Festetics erleichtert, „sie

sind ja wieder ganz auf den Beinen und voll in Aktion. Franzl hatte recht. Ich hätte mir nicht solche Sorgen machen müssen."

Sie hatte den Konsul tatsächlich beauftragt, sich nach einem geeigneten Bauplatz umzusehen. Unverbindlich, wie sie betonte. Ohne Franzls Einverständnis wollte sie auf Korfu nichts unternehmen, doch sie zweifelte schon nicht mehr daran, daß es ihr gelingen werde, dieses Einverständnis zu erlangen.

Der Konsul versprach, sie zu benachrichtigen. Dann schiffte man sich wieder auf der Miramar ein.

„Der Abschied von Korfu fällt mir schwer", gestand sie Ida, als sie an Bord gingen und ihre Blicke noch auf der blühenden Insel ruhen ließen, während die Kaiserliche Jacht schon ihre Anker lichtete.

„Ja, es ist schön hier, besonders jetzt um diese Jahreszeit", meinte Ida. „Doch ich glaube, daß es hier das ganze Jahr über grünt und blüht, und die Temperatur ist gleichfalls überaus angenehm."

„Ja, hier läßt sich's leben", fand auch Sarolta. „Ich kann Eure Majestät gut verstehen. Hätte ich die Mittel, würde ich auch hier bauen. Es ist das reinste Paradies!"

„Aber die Kosten... Denken Sie an Ihren königlichen Cousin, Majestät", warnte Marie Festetics.

Und damit hatte sie recht. Denn König Ludwig von Bayern drohten seine steinernen Träume zum Verhängnis zu werden.

Sissy hatte darüber von ihrer Mutter aus Possenhofen Nachrichten erhalten, die beängstigend waren. Und deshalb brach man jetzt auf.

Sissy wollte nach Bayern.

4. Die Flucht nach Neuschwanstein

„Possi", wie Sissy das Schloß der Eltern am schönen Starnberger See in Bayern liebevoll nannte, war immer ihr Zuhause geblieben. Mit Possi verbanden sie nicht nur die Erinnerungen an ihre unbeschwerte Kindheit, an die Freundinnen und Freunde ihrer Jugend, Possi blieb auch später immer ihr Zufluchtsort, wo sie wieder Kraft und Lebensmut finden konnte, wenn draußen in der Welt irgend etwas schief ging oder sie bedrückte.

Hier hatte sie mit ihren Geschwistern gelebt, die nun freilich alle fortgeflogen waren, wie die Vögel das Nest der Eltern verlassen, wenn sie flügge geworden sind. Hier lebten Papa und Mama, Herzog Max in Bayern und Mama Ludovica. Zwei zwar verschiedene, aber im Grunde gleichermaßen liebenswerte Naturen, denen die Bevölkerung Respekt und auch Sympathie entgegenbrachten.

Jeder Baum, jeder Strauch, jede Bank am Seeufer war hier für Sissy voll von Erinnerungen. Immer, wenn sie nach weiter Fahrt oder längerem Aufenthalt in Wien wieder in Possi eintraf, sog sie die Luft mit tiefen Zügen in sich ein und hatte das sie mit tiefer Erleichterung erfüllende Empfinden: nun bin ich wirklich wieder daheim!

Ja, es war sogar so weit gekommen, daß auch ihre beiden Töchter Gisela und Marie-Valerie Schloß Possenhofen als eine zweite Heimat betrachteten und sich darauf freuten, wenn sie ihre lieben Großeltern wiedersehen durften.

Der urwüchsige, trotz seines Alters noch immer kreuzfidele Herzog Max empfing die heimkehrende Schar auch mit ausgebreiteten Armen, als die Kutsche mit den drei Insassen im Schloßhof hielt. Doch Marie-Valerie und Gisi waren diesmal nicht dabei, sondern außer Sissy kamen nur Ida und Marie; Sarolta befand sich noch am Bahnhof, um das Gepäck zu versorgen, das auch noch nach Possenhofen kommen sollte.

Der Herzog umarmte seine Tochter herzlich und küßte sie liebevoll auf beide Wangen.

„Da bist du also wieder, Kind! – Und deine Töchter?"

„Sind in Wien, Papa. Ich konnte sie leider nicht mitbringen."

„Nun, sie werden ja wiederkommen. Vielleicht ist es ganz gut, daß sie daheimgeblieben sind. Die Verhältnisse in Bayern sind im Moment nicht gerade erfreulich."

„Ja, Mama hat mir geschrieben. Was ist los, Papa, was ist mit Ludwig?"

Der Herzog legte seiner Tochter den Arm um die Schulter und führte sie ins Haus. In diesem Augenblick kam ihnen auch schon die Herzogin entgegen.

Wie stets kümmerte sie sich als gute Hausfrau um alles selbst. Auch jetzt kam sie mit umgebundener Schürze direkt aus der Küche, um ihre Tochter willkommen zu heißen, während sich die Hofdamen mit dem Personal die Arbeit teilten, die Koffer auf die Zimmer zu schaffen.

„Joseph, tragen Sie den Koffer nur gleich hinauf; und hier sind auch noch zwei Taschen und mehrere Hutschachteln. Die gehören Ihrer Majestät. Und, Joseph, es kommt noch ein zweiter Wagen mit Frau von Majlrath, der neuen Hofdame. Sie bringt das Hauptgepäck mit."

Der arme Josef wischte sich vorsichtshalber schon im vorhinein den zu erwartenden Schweiß von der Stirn.

„Alsdann, geh'n wir's halt an", meinte er und spuckte sich tatkräftig in die Hände.

Die Lebensweise auf Possenhofen war eher bäuerlich. Nur Frau Ludovica vergaß ihre kaiserliche Verwandtschaft nie, sehr zum Ärgernis ihres Gatten, der die „Großtuerei" nicht leiden konnte.

Schweigend umarmte Ludovica ihre Tochter, küßte sie und betrachtete sie erst einmal, bevor sie etwas sagte.

„Du schaust gut aus, Sissy", stellte sie dann befriedigt fest.

„Servus, Mama", sagte Sissy herzlich. „Es gibt einige beunruhigende Probleme."

„Beunruhigend? Sie sind schon beinahe beängstigend. Niemand weiß, was morgen in Bayern geschehen wird. Papa meint zwar, es würde gar nichts geschehen, aber das ist so seine Art. Er will böse Dinge einfach nicht wahrhaben. Ich hingegen sage dir, daß möglicherweise sogar ein Bürgerkrieg ausbrechen kann."

„Ein Bürgerkrieg?" erschrak Sissy. „Um Himmels Willen."

„Ja, mein Kind, die Lage hat sich in den letzten Tagen dramatisch verschärft. Ludwig ist bereits aus München geflohen."

„Aber Mama", rief Sissy entsetzt. „Das kann doch nicht wahr sein!"

„Das ist es aber. Sissy. Ich sage dir, es liegen böse Dinge in der Luft. Doch komm erst einmal richtig ins Haus, ich werde dir alles erzählen. Und wenn die Lage gefährlich werden sollte, in Possenhofen bist du sicher. Nach München fährst du besser jetzt nicht. Ludwig ist nicht dort, und außerdem kannst du ihm auch nicht helfen. Es könnte höchstens diplomatische Verwicklungen geben!"

Sie führte Sissy über die Treppe nach oben, wo für ihre Tochter noch immer das alte Zimmer reserviert war, das sie einst bewohnt hatte.

Die Zeit schien um viele Jahre zurückgedreht, als Sissy die Tür öffnete und dieses Zimmer wieder betrat. Da lag und stand noch alles so, wie sie es vor der Hochzeit verlassen hatte.

„Hier bleibt alles so, wie es ist. Du bist hier immer daheim, Sissy. Wenn du wiederkehrst, wirst du alles genauso vorfinden, wie du es verlassen hast", hatte ihr die Mutter damals versprochen.

Und dieses Versprechen hatte sie auch gehalten. Sogar die alten Spielsachen, die Puppen und die kleine Puppenküche standen noch auf ihrem Platz, und der alte, ganz zerknautschte Teddybär lachte ihr vom Bücherbrett entgegen.

Die kleine Kuckucksuhr, die Vater Max aus dem Schwarzwald mitgebracht hatte, tickte noch immer. Die Blumen blühten vor dem Fenster, und alles wirkte so still und friedlich, daß Sissy an einen Bürgerkrieg einfach nicht glauben konnte.

Sie ließ sich auf ihr Bett fallen und kuschelte sich glücklich in die hohen, weißen Daunen. Doch dann richtete sie sich nach einem tiefen Seufzer auf, und die Mutter setzte sich mit ernster Miene neben sie.

„Was ist wirklich in Bayern los, Mama?" fragte Sissy, in die Gegenwart zurückfindend.

„Es ist schlimm, mein Kind! Daß Ludwigs Bruder für irr erklärt worden ist, weißt du ja schon. Bedauerlicherweise ist er wirklich geisteskrank, da gibt es keinen Zweifel. Doch bei der letzten Kabinettsitzung wollten die Minister auch Ludwig für verrückt erklären und unter Kuratel stellen lassen."

„Ludwig? Ist denn auch er...?"

„Unsinn, Sissy, er ist es nicht. Ludwig ist ein Sonderling, du kennst ihn ja. Er ist nicht mit normalen Maßstäben zu messen. Aber das ist es nicht, was die Herren Minister und Hofschranzen an ihm stört. Von ihnen aus könnte er weiterhin auf seiner Roseninsel sitzen und Phantastereien spinnen, wenn er nur nicht die unglückselige Angewohnheit hätte, diese Phantastereien auch Wirklichkeit werden zu lassen."

„Ich verstehe nicht, Mama!"

„Aber du kennst doch sein Bauwut, Sissy! Seine Schlösser verschlingen Millionen. Er baut eins nach dem anderen, und eines schöner und prunkvoller als das vorhergehende. Wozu braucht er so viele Schlösser, fragen sich die Leute, und wie kommt der Steuerzahler dazu, sie zu finanzieren? Die Staatskasse ist überfordert, der Finanzminister weigert sich, neue Kredite für den König aufzunehmen, seine Privatschatulle ist völlig leer, mit einem Wort: Ludwig ist bankrott und drauf und dran, auch noch den Staat in den Ruin zu stürzen. Aber er baut weiter!"

„Das also ist es", begriff Sissy.

„Ja, das ist es. Nun haben sie ihn offiziell entmündigt. Angeblich konnten sie nicht anders. Du kannst dir aber doch denken, daß sich ein Mann wie Ludwig dergleichen nicht gefallen läßt. Er setzt sich zur Wehr."

„Das kann ich verstehen..."

„Er fühlt sich nicht nur in seinen Rechten und in seinem Stolz als König gekränkt. Nein, er fühlt sich auch völlig unverstanden. Er ist ein Schöngeist; und er baut, wie gesagt, für die Nachwelt. Eines Tages, soll er gesagt haben, werden seine Schlösser die Juwelen unter den Schätzen Bayerns sein."

„Vielleicht hat er damit sogar recht", meinte Sissy. „Doch es ist so wie immer und überall — der Säckelwart des Staates sieht nur die Finanzlage. Er muß an die Gegenwart denken und nicht an die Nachwelt."

„So ist es. Nun aber wird die Situation allmählich bedrohlich, und zwar für den König selbst. Man wollte ihn bereits gewaltsam festnehmen, entthronen und internieren. Doch Ludwig ist seinen Häschern gerade noch rechtzeitig entwischt."

„Das ist ja beängstigend, Mama!"

„Ich dachte schon, er wäre über die österreichische Grenze hinüber nach Tirol geflohen."

„Dort wäre er in Sicherheit, Mama! Franzl würde ihm sicher Asyl gewähren"

„Vielleicht sogar mehr als das. Ich hoffe sogar, er würde Ludwig Truppen zur Verfügung stellen, um den Aufruhr in Bayern niederzuschlagen."

„Aufruhr? Ich sehe nirgends einen Aufruhr, Mama. Alles ist still und friedlich wie sonst."

„Auf dem Lande ja, aber nicht in München! Die Parteien schüren den Haß gegen den König. Doch das Landvolk hält treu zu ihm. Auf dem Land hat Ludwig seine Verbündeten. Und von dort hat er sich auch eine Schar Getreuer geholt, die mit ihm gemeinsam das Schloß Neuschwanstein verteidigen wollen."

„Wie, er ist in Neuschwanstein, Mama?"

„Ja, er hat die Flucht über die Grenze nicht mehr geschafft. Es ist alles bewacht und abgeriegelt."

„Und was sagt das Volk dazu?"

„Die große Masse steht zum König."

„Dann müßte es ihm doch möglich sein, sich mit Hilfe von getreuen Männern über die Grenze durchzuschlagen."

„Vielleicht; aber Ludwig traut niemandem, du weißt, wie er ist. Er fürchtet überall Verrat und eine Falle."

Sissy zog die Stirne kraus und sann beunruhigt vor sich hin. Die Herzogin hatte alles gesagt, was zu sagen war und schwieg bekümmert.

„Er ist unser Verwandter", sagte sie noch. Und in einem Tonfall, als ob sie von ihrer Tochter Hilfe für deren Cousin erwartete. Und das tat sie wirklich – schließlich war Sissy Österreichs Kaiserin.

„Ich werde Franzl telegrafieren", meinte Sissy entschlossen.

„Ich nehme an, er weiß von der Österreichischen Gesandtschaft in München über die Lage genau Bescheid", sagte die Herzogin.

„Und? – Hat er nichts unternommen?"

„Nicht, daß ich wüßte. Dein Gatte zieht es offenbar vor, sich in Bayerns innere Angelegenheiten nicht einzumischen."

„Aber das kann er in diesem Fall doch nicht tun; wo doch Ludwig so offensichtlich Unrecht geschieht!"

„Möglicherweise fürchtet er einen Protest aus Potsdam."

„Was soll ich denn nur machen?! Ich kann Ludwig unmöglich im Stich lassen!" rief Sissy, sprang auf und lief aufgeregt zum Fenster.

Der Frieden draußen trog. Man hatte einen herrlichen Blick hinaus auf den schimmernden See; und dort lag Ludwigs stille, zauberische Roseninsel...

„Ich kann die gute Laune von Papa nicht verstehen", rief Sissy schließlich heftig.

„Ich auch nicht", nickte die Mutter.

„Und was ist mit dem Adel? Unternimmt der denn gar nichts?"

„Ebensowenig wie dein Papa. Der Adel hat nicht die geringste Absicht, es sich mit der Clique am Hof zu verderben, schon gar nicht mit jenen Leuten, welche die Staatskasse verwalten. Die sind nur zu sehen, wenn sie selbst Geld oder Güter haben wollen. Dann sind sie auch königstreu, vorausgesetzt, daß der König an der Macht ist."

„Und der König ist nicht an der Macht...?"

„Nein, ganz und gar nicht, Sissy! Ich wünschte aber, er käme zurück und zöge diese ganze Sippschaft zur Rechenschaft. Doch leider, wie die Dinge im Moment liegen, muß Ludwig froh sein, wenn er nicht in die Gewalt seiner Widersacher gerät!"

„Sie wollen ihn tatsächlich entmündigen?"

„Und einsperren, wie seinen Bruder Otto. Darüber besteht gar kein Zweifel. Immerhin — ans Leben wollen sie ihm nicht."

Sissy stand am Fenster und starrte hinaus.

„Glaubst du, daß ich nach Neuschwanstein gelangen könnte — daß man mich hineinlassen würde?"

„Du? Du willst zu Ludwig?!"

„Ja; vielleicht finde ich einen Ausweg!"

„Nein, Sissy, das wäre zu gefährlich, mein Kind."

„Aber irgendjemand muß doch etwas für ihn tun!"

„Sicher, Sissy. Aber ich glaube, das wäre nicht das Richtige. Was sollte es ihm schon nützen?"

„Sie würden es nicht wagen, ihn in meiner Gegenwart zu verhaften!"

„Vielleicht; höchstwahrscheinlich würden sie einen solchen Skandal nicht riskieren."

„Genau das überlege ich mir eben, Mama! Das bayrische Kabinett kann so etwas nicht riskieren. Franzl müßte in diesem Fall protestieren, und mit der geheimen Internierung des Königs wäre es ein für allemal vorbei."

„Nun, gar so heimlich würde diese Internierung nicht werden. Es läßt sich nicht vermeiden, daß es an die Öffentlichkeit kommt. Die Drahtzieher gegen den König rechnen jedoch damit, daß die Sache mit dem Irrsinn seines Bruders allgemein bekannt ist, und man ein ärztliches Gutachten nicht anzweifelt, wenn es auch den König für unzurechnungsfähig erklärt."

„Ich gehe nach Neuschwanstein, Mama", erklärte Sissy mit dem Fuß stapfend, „und niemand wird mich davon zurückhalten. Die Festnahme Ludwigs muß verhindert werden!"

„Und Papa?" warf Mama Ludovica ein.

„Papa? Was wird mit ihm sein?"

„Er wird es nicht erlauben, daß du dich so einer Eskalation aussetzt, Sissy."

„Erlauben? Mama, vergiß nicht, daß ich kein kleines Kind mehr bin. Das wird er wohl zur Kenntnis nehmen."

„Das weiß er ohnehin. Aber du kennst ihn, er wird aufbegehren und dich nicht aus dem Haus lassen, wenn er erfährt, was du vorhast."

„Er muß es ja gar nicht wissen", meinte Sissy schlau.

„Und mir wird er den Kopf abreißen, wenn er es erst erfährt; denn er wird mir nicht glauben, daß ich in dieser Sache ahnungslos war."

„Nun, das wirst du schon überstehen", lächelte Sissy. „Das Gewitter zieht vorüber, und Ludwig ist gerettet!"

„Du willst dich also von deinem Vorhaben nicht abbringen lassen?"

„Auf keinen Fall, Mama! So abenteuerlich es auch sein mag, ich sehe keine andere Möglichkeit, Ludwig zu helfen. Ich will zu ihm und mich an seiner Seite den Leuten entgegenstellen, die ihn festnehmen wollen! Wir wollen doch sehen, ob sie es wagen, wenn ich in meiner Eigenschaft als Kaiserin und als seine Verwandte protestiere!"

„Nun, als Kaiserin von Österreich wird man dich wahrscheinlich respektieren."

„Das wird man wohl müssen, Mama!"

„Vielleicht hat man sogar Wünsche an dich."

„Wünsche?"

„Ich könnte mir denken, daß man dich bittet, Ludwig gut zuzureden, sich zu ergeben."

„Das täte ich auf keinen Fall! Das soll man sich nur ja aus dem Kopf schlagen. Wofür hält man mich?"

„Für eine Verwandte, auf die er vielleicht hört. Es könnte sogar sein, daß man dich bloß unter der Bedingung zu ihm läßt, daß du ihm die Aussichtslosigkeit seiner Lage klarmachst."

„Einer Kaiserin von Österreich stellt man keine Bedingungen."

„Das denkst du... Die Praxis sieht aber manchmal anders aus."

„Niemals", rief Sissy zornig und empört.

Aber Ludovica meinte: „Wahrscheinlich wirst du es darauf ankommen lassen müssen. Und jetzt beruhige dich. Dein Vater könnte Verdacht schöpfen, wenn er dich so aufgeregt sieht!"

Und dann hatte Ludovica plötzlich noch eine Frage: „Und deine Hofdamen?"

An diese hatte Sissy noch gar nicht gedacht.

„Du mußt zumindest zwei von ihnen mitnehmen."

„Ida und Marie. Sarolta werde ich hier lassen."

„Wenn das nur gut geht", seufzte die Herzogin.

5. Der unglückliche König

König Ludwig II. von Bayern, der Sohn König Maximilians II. und seiner Gattin Marie, stammte wie Sissy aus dem Wittelsbacher-Geschlecht. Er wurde am 25. August – dem Geburtstag seines Vaters – im Jahre 1845 in Schloß Nymphenburg geboren (es gab allerdings Leute bei Hof, die einander zuflüsterten, an diesem festlichen Tag sei der kleine Ludwig schon achtundvierzig Stunden alt gewesen, und man habe seine Geburt offiziell „verschoben", um dem Volk eine doppelte Freude zu bereiten).

Nun, im Jahre 1886, war der bayrische König einundvierzig Jahre alt, ein kräftiger Mann von eindrucksvollem Äußeren. Seine Barttracht und das Gewand eines Jägers, in dem er sich gerne zeigte, standen ihm gleichermaßen gut. Besonders die Landbevölkerung setzte große Stücke auf ihn, und die Damenwelt fand ihn ausgesprochen interessant und anziehend, obgleich er in den letzten Jahren schon ein Bäuchlein angesetzt hatte.

Ludwigs jüngerer Bruder Otto kam am 27. April 1848, kurz nach den Unruhen, drei Monate zu früh zur Welt, eine Folge der Aufregungen, die seine Mutter in dem Jahr der europäischen Revolutionen durchzustehen hatte. Obwohl ihn die Ärzte für nicht lebensfähig gehalten hatten, wurde er ebenso wie Ludwig ein ausgesprochen hübscher Junge.

Zeitgenossen berichteten, daß die Münchner, die im Schloßpark spazieren gingen, stehen blieben, wenn sie die beiden Prinzen mit ihrer Mutter oder einem Kinderfräulein sahen. Und ganz Bayern setzte seine Hoffnungen auf Kronprinz Ludwig.

In den Morgenstunden des 10. März 1864 starb König Maximilian II., der junge Ludwig legte schon zwei Tage später den Eid auf die Verfassung ab. Durch sein sympathisches Äußeres gewann der „neue" König sofort die Zuneigung seines Volkes. Sissy und Franz Joseph waren die ersten Gratulanten zu seiner Thronbesteigung, die er empfing.

Der schönheitsdurstige Ludwig war von Elisabeth bezaubert; die beiden waren sehr miteinander befreundet, und so war auch Sissy jetzt entschlossen, ihren Cousin aus der Gefahr zu retten.

Eine Freundschaft, welche die Mißbilligung seines Hofes erregte, schloß Ludwig II. übrigens auch mit Richard Wagner, der bereits tot war. Der Komponist nützte die Freigebigkeit und Musikliebe des Königs allzu sehr aus, fand der bayrische Finanzminister. Der König verwirklichte nicht nur Wagners Traum von einem eigenen Festspielhaus in Bayreuth, sondern trug auch wesentlich dazu bei, daß der Komponist sich der Arbeit an seinen Opernwerken widmen konnte.

Trotzdem gelang es Ludwigs Ministern, Wagners Vertreibung aus Bayern durchzusetzen. Was ihnen jedoch nicht gelang, war die Baulust des Königs einzudämmen. Er ließ Prachtbauten wie Schloß Linderhof und Neuschwanstein errichten, die Unsummen verschlangen und in ihrer Ausstattung ihresgleichen suchten.

Da seine Zeitgenossen nicht einsehen konnten, wofür Ludwig diese Bauten brauchte, und befürchteten, des wachsenden Schuldenberges nicht mehr Herr zu werden, erklärten sie ihn kurzerhand mit Hilfe willfähriger Ärzte für unzurechnungsfähig; das klang glaubwürdig, da ja seinen jüngeren Bruder Otto tatsächlich die Wittelsbach'sche Familienkrankheit ereilt hatte: der Irrsinn.

In manchen Punkten hatte das Verhalten des Königs tatsächlich oft Anlaß gegeben, ihn zumindest für einen Sonderling zu halten. In seinem zweiundzwanzigsten Lebensjahr verlobte er sich mit Sophie Charlotte, der jüngsten Schwester von Sissy. Der König setzte den Termin der Hochzeit für den 12. Oktober fest; das war der gleiche Tag, an dem sein Vater sowie auch sein Großvater in den Stand der Ehe getreten waren, und im Sinne der Familientradition wollte es Ludwig ebenso halten.

Schon war alles für eine prunkvolle Hochzeit vorbereitet, als der König ohne Angabe von Gründen von der Verlobung zurücktrat. Damit kompromittierte er grundlos nicht nur Sissys Schwester, sondern es konnte sich auch niemand sein darauf folgendes Verhalten erklären: Der junge König „flüchtete" in die Einsamkeit und blieb sein Leben lang Junggeselle.

Riesige Summen waren für die Vorbereitung der Hochzeit schon ausgegeben worden. Man hatte einen Prunk- und Galawagen für das Brautpaar bauen lassen, ja es waren sogar schon goldene Erinnerungsmedaillen in großer Menge geprägt worden.

Sissy war auf ihn damals ebenso wütend und zornig wie ihre Eltern und ihre unglückliche Schwester Sophie Charlotte gewesen. Der Skandal schlug hohe Wellen.

Die „sitzengelassene" Braut verlobte sich später mit Prinz Ferdinand von Orleans, dem Herzog von Alençon, während Sissys Schwester Marie Sophie Königin von Neapel wurde. Frau Ludovica verstand es, ihre Töchter „standesgemäß" zu verheiraten. Sissys Vater, dem Herzog Max, war das hingegen, wie er sagte, „ganz wurst". Er bildete sich nichts darauf ein, Kaiser, Könige und Herzöge zu seinen Schwiegersöhnen zu haben.

Während sich nun Sissy daran machte, nach Neuschwanstein aufzubrechen, erinnerte sie sich an den festlichen Abend der Hochzeit auf Possenhofen.

Die Heirat des Prinzen von Orleans und Herzog von Alençon mit Sophie Charlotte wurde besonders prunkvoll gefeiert; Marie-Ludovica hatte keine Kosten gescheut. Offenbar wollte sie damit dem König zeigen, daß ihre Tochter nicht länger um den „Verflossenen" trauere.

Das Haus und selbst der Park platzten an diesem Abend fast aus den Nähten. Die Menge der Gäste war nicht übersehbar, der Himmel über dem Schloss war erleuchtet von einem prächtigen Feuerwerk, dessen Krachen zeitweilig selbst die spielenden Musikkapellen übertönte. Man tafelte im Schloß wie im Freien, lachte, tanzte, sang und ließ das Brautpaar hochleben.

Sissy, die zur Hochzeit ihrer Schwester nach Possenhofen gekommen war, wurde die Menge und der Lärm bald zu viel; sie flüchtete hinaus ins Freie und suchte schließlich in einiger Entfernung vom Haus Zuflucht auf einer der Uferbänke.

Die Lichtgarben des Feuerwerks spiegelten sich buntschimmernd in den Wellen. Das Krachen der Raketen war hier natürlich auch deutlich zu hören, aber die Musik und das Stimmengewirr der Gäste klangen nur noch gedämpft herüber.

Sissy starrte auf den See hinaus, auf dem sich plötzlich ein Boot mit zwei Männern näherte. Es kam von Ludwigs Roseninsel. Und tatsächlich war es der König, der ihm bald darauf entstieg; er trug einen mächtigen Rosenstrauß in der Hand. Ludwig wechselte einige Worte mit seinem Ruderer, der daraufhin das Boot ans Ufer zog und davor stehen blieb. Der König hingegen wandte sich dem Schloß zu.

Sissy erschrak und sprang auf. Da bemerkte er sie, zögerte einen kurzen Augenblick und trat dann auf sie zu.

„Du hier?" wunderte er sich.

„Das sollte eher ich fragen", meinte Sissy ebenso verwundert.

„Ich möchte der Braut meine Glückwünsche darbringen! Ich habe deiner Schwester Unrecht getan. Ich weiß, mein Verhalten war nicht zu verzeihen, wenn auch begreiflich. Diese Rosen hier sollen ihr sagen, daß ich alles Glück für ihre Ehe wünsche."

„Aber das kannst du Sophie doch nicht antun", rief Sissy entsetzt. „Begreifst du denn nicht, wie peinlich dein Erscheinen an diesem Abend wäre?"

„Peinlich?" fragte Ludwig verständnislos. „Ich dachte eher, ich sei es ihr schuldig!"

„Aber keineswegs! Die Sache ist erledigt und vergessen. Wenn du kommst, rührst du doch alles wieder auf; rufst die Erinnerung an das wach, was du ihr angetan hast, und noch dazu an dem Tag, an dem sie nur glücklich sein soll!"

„Hm", brummte Ludwig zweifelnd und drehte unschlüssig seinen Rosenstrauß in der Hand.

„Und überhaupt: wieso sagtest du vorhin ‚begreiflich'? Sophie hat sich während der ganzen Zeit eurer Verlobung tadellos benommen. Du aber hast sie in ein schiefes Licht gebracht. Nichts an deinem Verhalten war auch nur irgendjemandem begreiflich; und daß Vater, Mutter und Geschwister dir seither nicht gerade fromme Gefühle entgegen bringen, wirst du vielleicht verstehen."

„Du aber verstehst mich doch, nicht wahr?" fragte

Ludwig, ihr plötzlich ganz nah gegenüberstehend. „Du allein wenigstens, denn du warst ja die Ursache."

„Ich?" staunte Sissy. „Wieso ich? Das mußt du mir erst erklären!"

„Was bedarf es da noch einer Erklärung, Elisabeth," flüsterte der König. „Ich wurde mir in der Zeit meiner Verlobung darüber klar, daß nicht deine Schwester es war, die ich begehrte, sondern du."

„Ludwig!" rief Sissy empört, doch er schnitt ihr rasch das Wort ab.

„Sissy," redete er eindringlich, „Elisabeth — begreife doch endlich! Es ist die Schönheit, die ich liebe. Um der Schönheit Willen baue ich jetzt Herrenchiemsee, das neue Schloß! Aus einer alten Abtei mache ich einen steinernen Traum... Mag es Millionen kosten, was sind schon Geldscheine gegen die Bilder meiner Phantasie, die ich verwirklichen will! Und auch an den Frauen ist es die Schönheit, die ich verehre; und in dir, Elisabeth, vereinen sich Schönheit und Geist. Wir sind zwei Seelen, die in der gleichen Welt beheimatet sind, in einer Welt, welche die Niedrigkeiten dieser Erde, die Gemeinheiten des Menschengeschlechts nicht kennt. Wie hätte ich da deine Schwester zum Altar führen können, während ich doch an dich gedacht hätte, an dich, die du schon gebunden warst!..."

„Ludwig", stieß Sissy hervor und trat erschrocken von ihm zurück, doch er wehrte ab:

„Was fürchtest du? Elisabeth, du hast nichts von mir zu befürchten. Es ist dein Geist, das Wesen in dir, das ich begehre, wenn sich auch freilich mein Auge an deiner äußeren Hülle entzückt. Nein, du mußt es verstehen: Ich war es deiner Schwester schuldig, von diesem Ehebund zurückzutreten. Ich hätte die Lüge nicht ertragen, und Sophie hätte sie nicht verdient...."

Stille stand zwischen ihnen. Hoch über den beiden barst eine Rakete und tauchte den Strand für kurze Augenblicke in ein unwirklich-magisches Licht.

Mit einer müden Handbewegung hob der König den schweren Rosenstrauß.

„Gib' ihn deiner Schwester", sagte er dabei leise, „ich bitte dich. Doch eine Rose behalte. Die ist für dich, – und sie wiegt schwerer als alle anderen! Vergiß es nicht..."

Ohne ein weiteres Wort wandte er sich um und schritt still zu seinem Boot zurück. Sissy hörte ihn noch, wie er den Befehl zur Rückfahrt gab, und bald war das Boot in der Ferne des Sees verschwunden.

Als wäre er eine Gestalt aus einem ihrer Träume gewesen, so war König Ludwig aufgetaucht und wieder gegangen...

Nein, Sissy hatte dieses Erlebnis nicht vergessen. Sie hatte diese Stunde niemals aus ihrer Erinnerung löschen können. Und sie spürte ganz deutlich, daß er sie tatsächlich auf seine Art verehrte.

Doch daß er seine Verlobung ihretwegen gelöst haben wollte, war ihr neu. Arme Sophie... Nie hätte ich gedacht, sagte sich Sissy, daß es zwischen uns eine Art Rivalität geben könnte. Und du, Sophie Charlotte, darfst davon niemals etwas erfahren.

Nachdenklich zog sie eine halb geschlossene Rose aus dem riesigen Strauß und führte sie an ihr Antlitz. Sie duftete schwer und verführerisch. Sie behielt diese

Rose, während ihre Schwester den Strauß in ihrem Brautgemach in einer gewaltigen Vase fand.

„Was für prächtige Rosen", rief Sophie-Charlotte entzückt. „Von wem sind sie? Wer hat sie gebracht oder abgegeben?"

Sissy gab nur eine ausweichende Antwort; Sophie-Charlotte erfuhr niemals, wer der Spender war.

Auf Grund dieses Ereignisses war Sissy lange Zeit die einzige aus der Familie des Herzogs Max in Bayern, welche den Kontakt mit Ludwig aufrecht erhielt, einen Kontakt, der durch eine seltsame Art von Freundschaft getragen wurde.

Franzl, der die Briefe des bayrischen Königs mitunter zu Gesicht bekam, lachte manchmal über die blumenreichen Ausdrücke seiner Verehrung für Sissy und hielt Ludwig für einen Spinner.

Und für einen solchen hielt ihn jetzt die ganze Welt. Nur Sissy sah in ihm einen tiefunglücklichen Menschen, der wie sie mit einem nicht alltäglichen Charakter und Talenten gesegnet war. Wie Sissy schrieb Ludwig Gedichte, wie Sissy war er in alles Schöne vernarrt und ein leidenschaftlicher Bauherr und Freund der Künste. Nun hatte zwar Sissy in ihrem Franzl einen Gefährten, der ihren Überschwang bremste, ins rechte Lot brachte und auch darauf drängte, daß sie über aller Liebhaberei ihre Pflichten nicht vergaß. Auch hatte Sissy ihre Kinder, die sie über alles liebte. Doch König Ludwig hatte nichts von alledem. Nur die Berge und seine Schlösser liebte er. Doch mußte er nicht gerade in diesen leeren, gewaltigen Prachtbauten seine Einsamkeit besonders drückend empfinden?

Und dazu kam noch das Unglück mit seinem Bruder Otto; ja, Ludwig war entsetzlich einsam. Der einzige Mensch, an den er sich geklammert hatte, Richard Wagner, war aus Bayern vertrieben worden; und gerade diese Freundschaft war für ihn besonders wertvoll, hatte sie doch die Entstehung künstlerischer Werke von Weltruf ermöglicht.

Und die einzige Frau, die er auf seine Art verehrte – Elisabeth – war unerreichbar für ihn...

„Ich muß ihm helfen", schwor sich Sissy, „und ich werde es tun!"

Ihrem Vater gegenüber gab sie vor, ihre Jugendfreundin in München besuchen zu wollen.

Der Herzog brachte sie ahnungslos zur Bahn und setzte sie und Ida Ferenczy in den Zug.

6. In der Götterburg

„Ich muß mich genau informieren", erklärte Sissy. „Wir sprechen zuerst in der Gesandtschaft vor. Der Gesandte müßte über alle Vorgänge informiert sein. Vielleicht ist es sogar möglich, Ludwig von München aus zu helfen."

In der Gesandtschaft war man über das unerwartete Erscheinen der Kaiserin überrascht. Sissy verlangte unverzüglich den Gesandten zu sprechen, der sie devot empfing und die beiden Damen bat, Platz zu nehmen.

„Eure Majestät sehen mich in aufrichtiger Sorge um den König", gestand Graf Hohenstein. „Ebensowenig ratsam wie ein persönliches Eingreifen Eurer Majestät in dieser Angelegenheit erscheint mir jedoch ein Eingreifen Österreichs, um dem König zu Hilfe zu kommen."

„Man soll ihn also einfach im Stich lassen?"

„Es ist eine innere Angelegenheit des bayrischen Königreichs, Majestät. Jede Einmischung von außen könnte weitreichende Konsequenzen nach sich ziehen, insbesondere in Bezug auf Preußen. Der König hat die Möglichkeit, sich an sein Volk zu wenden; und ich glaube auch, wenn er das täte, wäre das Kabinett schachmatt gesetzt, oder es käme zum offenen Aufruhr."

„Ludwig ist der letzte, der einen Bürgerkrieg provozieren will. Soweit kenne ich ihn. Erzählen Sie mir genau die Vorgänge, die ihn in diese Lage gebracht haben, so daß er jetzt auf Neuschwanstein wie ein Belagerter sitzt."

„Man hat bei den Gerichten Klagen eingebracht, welche die Millionengrenze übersteigen. Der König hat sich in ungeheure Schulden gestürzt. Und nun hat man auch noch seinen Leibkurier Hesselschwerdt abgefangen, der einen Brief nach Frankreich bringen sollte: Mit Hilfe des Hauses Orleans wollte König Ludwig beim Bankhaus Rothschild einen neuen Kredit aufnehmen. Daraufhin traten die Minister unter dem Vorsitz seines Onkels Prinz Luitpold zu einer geheimen Sitzung zusammen, in der beschlossen wurde, den König für unzurechnungsfähig erklären zu lassen."

„Und glauben Sie, Graf, daß er das wirklich ist?"

„Ich bin kein Arzt, Majestät. Berühmte Ärzte haben

ein Attest ausgestellt, daß der König wahnsinnig sei. Unter anderem enthält es die Unterschrift des Chefarztes der Münchner Irrenanstalten, Doktor Gudden."

„Ach, das Attest gibt es schon ohne irgendeine leibliche Untersuchung?"

„Es wurde aufgrund des Verhaltens des Königs ausgestellt, Majestät", antwortete der Graf düster.

„Aber das ist doch unerhört! Falls ich Sie richtig verstehe, ist er gar nicht untersucht worden?"

„So ist es. Der König hat die Bauern aus der Umgebung zusammengerufen. Als dieser Doktor Gudden mit einer Reihe von Bevollmächtigten der Regierung ins Schloß eindringen wollte, hat er sie festnehmen lassen."

„Das hört sich ja nicht so schlecht an", meinte Sissy beipflichtend. „Und? Demnach ist er ja doch Herr der Lage?"

„Keineswegs. Er behielt diese Leute nur für eine Nacht in Gewahrsam und ließ sie am folgenden Morgen wieder frei. Er scheint zu resignieren. Wie ich hörte, redete er sogar von Selbstmord."

„Selbstmordgedanken! So weit darf es auf gar keinen Fall kommen. Sein Onkel Luitpold will also an die Macht, ich werde mit ihm reden."

„Auf keinen Fall, Majestät! Der Kaiser würde dies absolut mißbilligen."

„Schön, dann fahre ich zu Ludwig. Das hatte ich ohnedies vor. Er wird mich ja wohl hineinlassen."

„Aber was sollte denn das bloß für einen Sinn haben? Sie können ihm ja doch nicht helfen."

„Das wollen wir doch sehen", rief Sissy energisch.

Der Gesandte versuchte vergeblich, sie umzustimmen; sie blieb bei ihrem Entschluß. Ida folgte ihr schweigend, als sie das Gesandtschaftspalais verließ. In einer gewöhnlichen Droschke, die man von der Gesandtschaft aus herbeigerufen hatte, fuhren die beiden Damen zum Bahnhof.

„Was soll denn nun werden, Majestät? Was haben Sie vor?" fragte die Hofdame besorgt.

„Er darf nicht resignieren. Anscheinend fehlt ihm jetzt jemand, der ihm zuredet. Der Mut hat ihn offenbar verlassen; aber das werde ich ändern. Die Grenze zu Tirol ist nicht weit. Es muß möglich sein, hinüber zu gelangen, und ihm notfalls von drüben aus Hilfe zu bringen, wenn es sich als aussichtslos herausstellen sollte, ihn etwa bei Nacht hinüberzuschaffen."

„Majestät, ein solches Unternehmen läßt sich nicht geheim halten; unser Gesandter am bayrischen Hof hat ganz recht, wenn er den Zorn des Kaisers und womöglich noch Schlimmeres befürchtet."

„Ida, verstehen Sie mich doch! Es geht hier um mehr als um einen Rüffel von Franzl, den ich nachher einstecken muß. Und die sonstigen Folgen erübrigen sich und sind hinfällig, wenn es uns gelingt, König Ludwig zu helfen."

„Ja, wenn!"

„Der König wird uns dankbar sein."

„Wenn, Majestät, wenn! Wenn aber nicht, wenn die Sache fehlschlägt, was dann?"

„Sie darf nicht fehlschlagen", erklärte Sissy bestimmt.

„Ich sehe es kommen, daß man uns gar nicht in das Schloß lassen wird."

„Den möchte ich sehen, der es der Kaiserin von

Österreich verbieten will, einen Verwandten, der noch dazu König dieses Landes ist, zu besuchen!" erklärte Sissy entschlossen und wollte keinen weiteren Einwand gelten lassen. Daß es allerdings Probleme geben würde, war ihr klar. Nein, leicht würde es nicht sein, König Ludwig aus seiner Lage zu befreien.

Der König hatte bedenkenlos Schulden gemacht. Wahrscheinlich machte er sich überhaupt keine Gedanken über Geld. Das ging jedoch auch anderen regierenden Häuptern so, deren finanzielle Angelegenheiten stets von Beamten besorgt wurden. Bei Franzl dagegen wirkte sich die Erziehung seiner Mutter aus, die ihn auch noch als Kaiser immer wieder zu äußerster Sparsamkeit angehalten hatte.

So führte denn Franz Joseph noch immer ein spartanisches Leben, und es gab Leute bei Hof, die ihn deshalb für einen Geizhals hielten. Er aß bescheiden, rauchte die billigsten Zigarren und schlief auf einem billigen Eisenbett. Selbst seine Garderobe ließ gelegentlich zu wünschen übrig, obgleich ihm täglich ein Paar neue Schuhe zustand. Er trug jedoch lieber seine alten und bequemen, die Ketterl freilich auf Hochglanz putzen mußte.

Doch eine Gemeinsamkeit gab es zwischen Franz Joseph und Ludwig: Auch Ludwig wanderte gern in einem bequemen Lodenanzug in den Bergen umher. Aber bei festlichen Gelegenheiten liebte er glänzende Uniformen und einen Luxus, der bei weitem über seine Verhältnisse ging.

Die Burg Neuschwanstein befand sich nahe der österreichischen Grenze, und darauf basierte Elisabeths

Plan. Über den Kitzbergsteig brauchte man zu Fuß nicht länger als eine Stunde, um auf Tiroler Boden zu gelangen. Dort wäre Ludwig in Sicherheit. Und von Österreich aus war er dann gewiß auch in der Lage, entsprechende Maßnahmen zu ergreifen, die zur Wiederherstellung seiner königlichen Rechte führen könnten.

Der Ort Hohenschwangau war schon immer Ludwigs Lieblingsaufenthalt gewesen. In seiner Nähe, auf hohen, schroffen Felsen, träumte er von einem Ritterschloß, das alten Sagen entnommen schien. Dieses Schloß entwarf er, und er ließ es bauen, so schwierig dieses Unternehmen auch auszuführen war.

So wurde 1869 der Grundstein zu „Neuschwanstein" gelegt, das heute zu den größten Sehenswürdigkeiten von Europa zählt. Von dem Strom von Touristen, der sich nun alljährlich dorthin ergießt, konnten er und Sissy nichts ahnen. Es wurde ein Bau in romanischem Stil; Bilder aus den deutschen Heldensagen zieren heute noch die Wände. Tannhäuser, die Nibelungen und Parsifal scheinen durch die weiten Säle des Schlosses zu geistern.

Geisterhaft wirkte die Burg auch auf Sissy, als sie die hoch gegen den umwölkten und gewitterschweren Himmel aufragenden Zinnen erblickte.

„Mir ist unheimlich zumute, Majestät", bemerkte denn auch Ida von Ferenczy.

„Unsinn, Ida", rügte sie Sissy, obwohl auch sie ein leises Grauen beschlich.

Bald wurde ihr Wagen von Uniformierten angehalten, und sie wurden zur Umkehr aufgefordert.

„Hier geht es nicht weiter", erklärte ihnen ein Beamter in breitem Dialekt.

Sissy bemerkte sofort, daß ein Münchner Polizist hier seines Amtes waltete, der von Rechts wegen hier gar nichts zu suchen hatte.

„Wie kommen Sie hierher?" fragte denn auch Sissy sofort. „Sie leisten Ihren Dienst doch sonst in der Hauptstadt."

„Das geht Sie gar nichts an, meine Dame. Kehren Sie um und fahren Sie wieder ab; die Gegend um die Burg ist über allerhöchste Verfügung Sperrgebiet."

„Das glaube ich nicht", widersprach Sissy. „Ihr König hat sicher nichts dergleichen verfügt."

„Oho! Wer sind Sie? Ihre Ausweise, aber rasch, wenn ich bitten darf."

„Hören Sie, guter Mann, diese Dame ist Kaiserin von Österreich", griff jetzt Ida von Ferenczy ein. „Und sie hat die Absicht, ihren Cousin Ludwig zu besuchen."

„Wie, die Kaiserin von Österreich? Dann bin ich wohl der Kaiser von China", lachte der Polizist, der sich die Ankunft einer Kaiserin in einem einfachen Gespann und ohne große Begleitung gar nicht vorstellen konnte. „Sie sind verdächtig; ich muß Sie leider festnehmen."

„Bringen Sie mich zu Ihrem Vorgesetzten", verlangte Elisabeth mit solcher Bestimmtheit, daß er stutzte.

„Das werde ich tun, darauf können Sie sich verlassen", brummte er mißmutig, stieg neben den Kutscher auf, und man fuhr über die Zugbrücke bis in den Vorhof des Schlosses, der offenbar bereits von der Münchner Polizei besetzt war.

Rund um das Schloß hielten sich viele Leute aus dem Volk auf: einfache Bauern, Frauen und Kinder. Sie alle wollten ihrem König helfen. In manchen Händen sah man Dreschflegel oder Heugabeln; doch das waren aussichtslose Waffen gegen die Pistolen und Gewehre der Münchner Polizei.

Als Elisabeth abgestiegen war und die Burgwache betreten hatte, trat ihr zu ihrer Überraschung der Münchner Polizeipräsident entgegen, der sie sofort erkannte.

„Majestät" rief er entsetzt. „Sie hier?! Was wollen Sie? Der König ist krank; ich beschwöre Sie, reisen Sie wieder ab! Ich bitte Sie dringend, machen Sie die Situation nicht noch schlimmer, als sie ist."

„Meine Gegenfrage lautet: was tun Sie hier? Wer hat Sie und Ihre Männer hierherbeordert? Der König doch wohl nicht."

„Der Regent Prinz Luitpold hat eine Proklamation erlassen; der König wurde abgesetzt. Wer sich den Befehlen des Regenten widersetzt, hat mit den härtesten Strafen zu rechnen."

„Und wo ist der König jetzt?"

„Hier im Schloß, Majestät. Er weigert sich, seine Gemächer zu verlassen."

„Gut. Ich will zu ihm."

„Majestät, das ist gänzlich unmöglich! Bedenken Sie seinen Zustand!"

„Um mich von diesem Zustand zu überzeugen, bin ich hierhergekommen. Es ist kein offizieller Besuch, falls Sie das beruhigt. Ich bin ganz privat hier und wünsche mein Inkognito zu wahren. Nennen Sie mich auch nicht in Gegenwart anderer Leute ‚Majestät', und nehmen Sie zur Kenntnis, daß ich nichts als einen Verwandtenbesuch vorhabe, den mir niemand, auch nicht der Regent, verweigern kann."

Der Polizeipräsident biß sich auf die Lippen und überlegte. Er sah sich einer so schwierigen Situation gegenüber, daß er nach dem einzigen Rettungsanker griff, der sich ihm offenbar zu bieten schien: nach dem rein privaten Besuch der unerkannt bleiben wollenden Kaiserin.

„Weiß jemand, daß Sie hier sind?" fragte er vorsichtig.

„Niemand, außer meiner Mutter und unserem Gesandten in München; doch beide werden schweigen, wenn Sie keine Schwierigkeiten machen: dafür verbürge ich mich."

„Und einem Gendarmen, der uns hierherbrachte, habe ich es auch gesagt. Der Mann steht da draußen", deutete Ida durch ein Fenster in den Vorhof.

„Nun, daß dieser Mann den Mund halten wird, dafür kann ich bürgen", versicherte der Polizeipräsident, rief den Mann herein und bedrohte ihn mit den fürchterlichsten Strafen, falls er auch nur eine Silbe verlauten ließe.

Nachdem dies erledigt war, wollte Sissy noch Genaueres über die Situation im Schloß wissen und über den Gesundheitszustand des Königs.

Ludwig hatte tatsächlich Doktor Gudden und seine Begleitung im Turmzimmer einsperren lassen; doch er hatte nicht riskiert, sich mit ein paar Getreuen in diesem günstigen Moment über die Grenze durchzuschlagen, sondern den Irrenarzt und seine Begleitung am folgenden Morgen wieder freigelassen. Gudden war daraufhin nach München zurückgekehrt, um sich neue Instruktionen zu holen. Auch wollte er mit einem Krankenwagen und mehreren kräftigen Männern wiederkommen, die den Widerstand des Königs notfalls brechen sollten.

„Das ist ja entsetzlich. Und der König weiß das?"

„Er ahnt es wohl. Er hat nur noch wenige Diener bei sich; das übrige ihm ergebene Personal haben wir schon fortbeordert."

„Er kann sich also nicht mehr verteidigen?"

„Kaum. Sie können jetzt zu ihm. Doch vergessen Sie nicht, was ich zu dem Gendarmen gesagt habe: Sie sind eine adelige Dame aus der Umgebung, und Ihre Begleiterin ist Ihre Dienerin."

Ida wirkte unglücklich. Doch Sissy nickte bloß, und der Polizeipräsident gab ihnen einen Gendarmen mit, der sie bis in den ersten Stock geleitete, wo sie vor einer von innen versperrten Türe stehen blieben.

Die schwere Eichentür gab Sissys Klopfen überlaut wieder, und der Schall fand im Stiegenhaus ein unheimliches Echo.

Schließlich antwortete die brüchige Stimme eines alten Dieners, den Sissy glücklicherweise kannte.

„Ignaz", rief Sissy zurück, „ich bin es — ich will zu deinem Herrn, dem König!"

Daraufhin wurde augenblicklich geöffnet, und die beiden Damen blickten in das fassungslose, von Alter und Gram zerfurchte Gesicht des treuen Mannes.

„Majestät..."

„Ssest", unterbrach ihn Sissy schnell. „Ich bin hier inkognito. Niemand darf es jemals erfahren, schließen Sie schnell die Tür. Wo ist mein Cousin?"

„In der großen Galerie", antwortete der Mann, indem er sofort gehorchte und den schweren Schlüssel zweimal im Schloß umdrehte. „Ich lasse niemanden herein, doch wie lange noch? Seine Majestät wollte kein Blutvergießen; er hätte sich zur Grenze durchschlagen können. Jetzt ist es zu spät, und er denkt an Selbstmord. Welch ein Unglück!"

„Schnell, ich will zu ihm", sagte Sissy zu allem entschlossen. „Vielleicht ist doch noch nicht alles verloren. Kommen Sie, Ignaz! Es wird bald dunkel, und ein Gewitter zieht auf. Kommen Sie!"

Der Alte schüttelte ungläubig, aber dennoch von einem Hoffnungsschimmer erfüllt, den Kopf und ging gebückt und mit müden Schritten voran.

Ein Blitz zuckte vom Himmel und erhellte sekundenlang den Korridor, den sie durchschritten, und dessen Gemälde ein seltsames Leben zu gewinnen schienen, während hohe Spiegel die Bilder der drei Menschen gespenstisch wiedergaben.

7. Die Geister von Versailles

Der König stand mit dem Rücken an einem der hohen Bogenfenster, als sie eintraten. Er hatte viele Kerzen anzünden lassen. Sie brannten in Haltern und auf Kandelabern. Auch die Kronluster schimmerten im Licht unzähliger Kerzenflammen; es schien, als habe Ludwig II. seine Gäste erwartet.

In der Tat wandte er sich um, trat beinahe gravitätisch auf sie zu und breitete seine Arme wie zu einem Empfang aus. Zu seinem Erstaunen sahen Sissy und Ida, daß er einen hermelinbesetzten Prunkmantel über seinem einfachen Jägergewand trug.

„Welche Ehre", rief er mit volltönender, feierlicher Stimme, „daß ihr von meinem Versailles gekommen seid."

Sein Versailles war das Schloß Herrenchiemsee, das er tatsächlich dem Palast Ludwig XIV. nachgebaut hatte. Sein französischer Namensvetter war in vielen Dingen eine Art Vorbild für ihn.

„Cousin Ludwig", trat Sissy schnell auf ihn zu, während draußen der Donner von den Felsen widerhallte, und Blitze die gespenstische Burg umzuckten. „Was treibst du da? Rasch, wir müssen etwas unternehmen! Kannst du dir Frauenkleider beschaffen? Du mußt natürlich deinen Bart abrasieren, damit man dich nicht erkennt. Die Burg hat doch, soviel ich weiß, geheime Ausgänge..."

Sie erstarrte, denn es schien, als blicke Ludwig durch sie hindurch. „Marie Antoinette", redete er sie an, „ich bin entzückt, daß du zum Gastmahl gekommen bist!"

„Marie Antoinette? Ludwig, komm zu dir, die ist lange tot", rief sie entsetzt.

„Oh nein, sie ist nicht tot; sie leben alle. Der Beweis ist, daß du gekommen bist."

„Ludwig, ich bin nicht Marie Antoinette, hörst du? Sie starb auf dem Schafott, durch die Klinge..."

„Wie du, genau wie du durch die Klinge", murmelte der König. „Aber du wirst weiterleben, selbst wenn ich vielleicht schon bald..."

„Oh nein, so darfst du nicht reden, Ludwig! Du sollst nicht sterben, sondern fliehen, die Grenze ist nahe, in einer Stunde sind wir in Österreich, und Franzl wird dich schützen. Du kannst Bayern zurückerobern und die

Verräter bestrafen. Dein Volk steht hinter dir, es liebt dich!"

Lange sah er sie an, dann lächelte er, redete plötzlich ganz vernünftig und küßte ihr galant die Hand.

„Nein", erklärte er bedauernd, „dazu ist es jetzt zu spät. Dann würden Menschen auf Menschen um meinetwillen schießen. Diese Schuld will ich nicht auf mich nehmen. Aber es ist so schön, daß du zu mir gekommen bist..."

Sissy lächelte hilflos.

„Das mußte ich doch wohl als deine Cousine..."

„Deren Seele die Schwester der meinen ist", ergänzte er pathetisch, aber herzlich.

„Aber was kann ich denn nun für dich tun?"

„Nichts... Du kannst aber die ganze Welt wissen lassen, wie man mit einem König verfährt, der nur das Beste wollte."

„Man hat dich für geisteskrank erklärt, wie deinen Bruder Otto!"

„Der arme Otto — manchmal frage ich, ob er nicht klarer sieht als wir alle. Ja, vielleicht existiert die Welt, die er sieht, sogar wirklich, und wir sehen sie bloß nicht. Und was, frage ich mich dann, ist die wahre Wirklichkeit?"

„Das sind Phantastereien, Ludwig. Dazu ist jetzt keine Zeit."

„Aber ich habe sehr viel Zeit", meinte er mit leisem Kopfschütteln, „eine ganze Ewigkeit!"

Und plötzlich wandte er sich wieder dem Fenster zu und starrte hinaus in die von Blitzen erhellte Nacht.

Ida berührte Sissys Arm und warf ihr einen bedauernden Blick zu.

„Ich glaube, es hat keinen Sinn, Majestät", flüsterte sie, „der König will gar nicht gerettet werden. Oder vielleicht hat er auch andere Pläne, bei denen wir ihm nur hinderlich sind."

Und vielleicht, dachte Sissy, ist er wirklich geisteskrank. Dieses Theater vorhin mit Marie Antoinette, die doch längst tot ist. Nun, absonderlich war er schon immer. Er verdrängt seine augenblickliche Lage aus seinem Bewußtsein und flüchtet sich in eine Scheinwelt, erkannte Sissy plötzlich und machte einen letzten Versuch, ihm zu helfen.

Sie trat an seine Seite.

„Ludwig", sprach sie ihn eindringlich an, „ich bin nicht hierhergekommen, um mich von dir fortschicken zu lassen. Es war nicht einfach und sehr riskant."

„Dein Hierbleiben ist noch viel riskanter", meinte er jedoch schroff, „du kannst mir nicht helfen und dir nur schaden. Was willst du also? Mach es nicht noch schlimmer, als es ist!"

Während sie noch unter seinen heftigen Worten zusammenzuckte, umarmte er sie plötzlich und sagte weich:

„Daß du kamst, werde ich nie vergessen, auch im Jenseits nicht. Es gibt eine Treue, die selbst den Tod überdauert. Wir sehen uns wieder, Sissy, in einer besseren Welt, in der alles Häßliche von uns abgefallen ist."

Sissy hörte kaum, wie Ida hinter ihr aufschluchzte. Sie küßte ihn auf seine bärtige Wange.

„Dann also, leb wohl", murmelte sie resignierend.

Die beiden Damen wandten sich zum Gehen. Sissy sah ihre mutige Mission gescheitert.

Der alte Ignaz stand noch wartend an der Tür und öffnete ihnen. Ein heftiger Donnerschlag ließ die Burg erzittern, während sie die Treppe zur Burgwache hinabstiegen.

„Welch ein Unglück", preßte Ida hervor.

In diesem Augenblick sahen sie einige Männer in weißen Mänteln die Treppe emporsteigen. Sie hatten sogar eine Zwangsjacke mit. Sissy und Ida von Ferenczy traten zur Seite und preßten sich atemlos gegen das kalte Mauerwerk.

„Machen Sie auf, ich bin es, Ihr Arzt, Doktor Gudden!" hörten sie einen der Männer rufen, der unmittelbar vor der Türe stehen geblieben war.

Die Tür wurde geöffnet. Ludwig erschien selbst und schaute den Männern entgegen, die ihn gefangennehmen wollten. Unwillkürlich wichen sie zurück vor der imponierenden, hoch aufgerichteten Gestalt des Königs.

Doch Gudden hatte sich rasch gefaßt.

„Majestät", sprach er, „kennen meinen traurigen Auftrag. Vier Ärzte haben ein Attest erstellt, aufgrund dessen Prinz Luitpold die Regentschaft übernommen hat."

„Und was wollen Sie?" fragte Ludwig kurz und gepreßt.

„Majestät, ich habe Befehl, Sie noch heute Nacht nach Schloß Berg zu bringen."

Er blickte vielsagend zu seinen Gefolgsleuten. König Ludwig jedoch winkte mit einer Handbewegung ab.

„Unnötig", erklärte er. „Ich komme freiwillig."

Sie nahmen ihn in die Mitte und führten ihn die

Treppe hinab. Der alte Ignaz lehnte bekümmert an der offenen Eichentür, durch die noch der warme Lichtschein der brennenden Kerzen drang.

Ludwig sah Sissy und Ida von Ferenczy an der Treppenwand stehen. Sekundenlang verhielt er seinen Schritt.

„Betet für mich", flüsterte er ihnen zu, dann ging er weiter.

Die beiden Frauen waren von Doktor Gudden und seinen Begleitern gar nicht beachtet worden. Auch später erfuhr niemand, wer sie waren. Man redete von einer Baronin; andere wieder meinten, es handle sich um Verwandte des alten Ignaz, die nur zufällig ins Schloß geraten und Zeugen des traurigen Vorfalls gewesen seien.

Der Polizeipräsident hütete sich wohl, ihre Namen preiszugeben. Er war vielmehr froh, daß sie unverrichteter Dinge wieder abzogen. Und während Sissy und Ida wohl oder übel die Rückfahrt nach Possenhofen antraten, war ihnen bewußt, zu spät gekommen zu sein.

„Wären wir vierundzwanzig Stunden früher gekommen, Majestät, hätte sich vielleicht noch etwas machen lassen", meinte auch Ida bedauernd. „So aber war es aussichtslos, den König über die Grenze zu bringen."

„Die Burg hat geheime Ausgänge, ich weiß es", widersprach Sissy.

„Schon möglich, Majestät. Aber die Gegend ist doch gänzlich abgeriegelt."

„Drei Frauen wären nicht aufgefallen. Der König hätte niemanden mitnehmen dürfen! – Später, in einiger Entfernung von der Burg, hätten wir gewiß bei Bauersleuten Hilfe gefunden."

„Und wenn die Sache schiefgelaufen wäre — Majestät, ich wage gar nicht, daran zu denken!"

Sissy hob die Schultern.

„Daß es ein Wagnis war, wußte ich. Ich rechnete bloß nicht mit Ludwigs Apathie."

„Ich finde, er hat sehr vernünftig und rücksichtsvoll gegenüber allen gehandelt, die ihm helfen wollten, insbesondere aber uns gegenüber."

„Und man erklärt ihn für geisteskrank!" rief Sissy zornig.

„Er hat uns den Weg gezeigt, wie wir ihm helfen können. Wir müssen von Österreich aus die Presse mobilisieren und einen internationalen Protest hervorrufen. Alle Welt soll erfahren, was hier in Bayern vor sich geht, Majestät!"

Sissy dachte sofort an ihren Sohn Rudolf.

„Dafür ist Rudi zuständig", erklärte sie. „In Pressesachen kennt er sich aus. Da liegt die Sache in besten Händen. Ich hoffe tatsächlich, daß in dieser Angelegenheit noch nicht aller Tage Abend ist."

Herzog Max war noch immer ahnungslos, als die beiden Damen zurückkamen. Auch hegte er noch immer keine sonderlich freundschaftlichen Gefühle für Ludwig, wenngleich ihm dessen Schicksal nicht gleichgültig sein konnte. Nur Mama Ludovica erwartete Sissy gespannt und folgte ihr gleich in deren Zimmer.

„Wie steht es?" fragte Ludovica, kaum daß sie die Tür geschlossen hatten.

„Schlecht, Mama", antwortete Sissy. „Man hat Ludwig nach Schloß Berg gebracht."

„In unsere Nähe also."

„Ich nehme an, daß er dort interniert bleiben soll."
„Was für ein trauriges Pfingstfest... Wenn man ihn wenigstens ihn eines seiner eigenen Schlösser gebracht hätte, nach Herrenchiemsee oder Linderhof!"
„Möglicherweise ist Berg nur als Zwischenstation gedacht. Vielleicht läßt man ihn gänzlich in einem Sanatorium verschwinden."
„Er ist ein König, Sissy! Nein, das kann man nicht tun. Wahrscheinlich läßt man ihn auf Schloß Berg. Übrigens hat Ludwig auch von anderer Seite Hilfe erhalten. Graf Dürkheim hat sich an Bismarck gewandt und setzt nun in München alle Hebel in Bewegung."
„Das ist gefährlich", meinte Sissy. „Gefährlich für den Grafen, finde ich."
„Er riskiert nicht mehr, als du riskiert hast. Es gibt doch noch treue Seelen, die in dieser schweren Stunde zu Ludwig halten."
In der Umgebung von Reutte hatten sich unterdessen bewaffnete Bauern versammelt, um den König auf seinem Weg nach Schloß Berg zu befreien. Doch der vorsichtige Doktor Gudden ließ den König auf Umwegen zum Starnberger See bringen. Schloß Linderhof kam als Internierungsort schon deshalb nicht in Frage, weil es schwer zu bewachen war, und Informationen vorlagen, daß jenseits der Grenze sich Freiwillige sammelten, die dem gefangenen König helfen wollten. Schloß Berg hingegen war jener Ort, an dem Ludwig seine Jugend verbracht hatte, und man hoffte, daß ihm der Aufenthalt dort nicht allzu schwer fallen würde.
Aber man hatte bloß zwei Zimmer für ihn vorgese-

hen, deren Fenster in aller Eile vergittert worden waren. Für später plante man Erleichterungen.

Man fuhr die ganze Nacht durch, der König allein in einem Wagen, aber unter schwerer Bewachung.

Es war Pfingstsamstag, als man in Berg ankam. Ludwig begrüßte das Personal des Schlosses freundlich, war allerdings von der nächtlichen Reise müde. Er machte einen durchaus normalen Eindruck, wie alle Leute später versicherten, und stimmte auch sofort dem Vorschlag Guddens zu, sich zu Bett zu legen und erst einmal auszuschlafen.

Er schlief bis gegen zwei Uhr morgens. Ludwig erhob sich und ging ruhelos in seinem Schlafzimmer auf und ab, zu dem vergitterten Fenster starrend, vor dem bald der Morgen grauen würde.

Ein Pfingstsonntag-Morgen in Gefangenschaft und der Freiheit für immer beraubt! Welche Gefühle mochten den König in dieser Nacht beherrscht, welche Entschlüsse mochte er gefaßt haben?

Als es hell war, verlangte Ludwig nach seinem Kammerdiener und dem Friseur. Er wollte in die nahe Dorfkirche zum Feiertags-Gottesdienst.

Die beiden Wärter, die den König bewachten, holten Doktor Gudden, der erst geweckt werden mußte.

„Es tut mir leid, Majestät diesen Wunsch abschlagen zu müssen. Wir haben den Kammerdiener nicht mitgenommen, er ist zu alt. Und der Friseur ist heute nicht nötig; Majestät können nicht in die Kirche, Majestät sind krank!"

In Wahrheit fürchtete er, daß die Bevölkerung erkennen würde, daß der König ganz und gar keinen geisteskranken Eindruck machte. Nach langem Hin- und Wider erklärte er sich jedoch zu einem Morgenspaziergang mit dem König im Schloßpark bereit, nahm aber sicherheitshalber zwei Wärter mit, die den beiden auf Schritt und Tritt folgen mußten.

Der Irrenarzt ahnte nicht, was der König mit diesem Spaziergang bezweckte. Sie gingen ganz friedlich nebeneinander, setzten sich auf eine Bank und schauten auf den See hinaus. Der König ließ dabei erkennen, daß es ihm gar nichts ausmache, eine Weile richtig auszuspannen. Nach der Rückkehr ins Schloß telegrafierte Doktor Gudden befriedigt nach München, die Dinge nähmen eine günstigen Verlauf, und es gäbe keinerlei Grund zur Beunruhigung.

Der selbsternannte Regent Prinz Luitpold, der Onkel des gefangenen Königs, nahm diese Nachricht erleichtert entgegen.

Ludwig wurde das Mittagessen auf seinem Zimmer serviert. Er fragte den Diener mißtrauisch, ob es das gleiche Essen sei, das auch der Arzt vorgesetzt bekäme, oder ob etwa für ihn etwas hineingetan worden sei. Der Diener, der das Essen aus der Küche gebracht hatte, verneinte mit Bestimmtheit und weigerte sich auch nicht, selbst von den Speisen zu kosten.

Danach war Ludwig beruhigt und aß. Er fürchtete eine Droge, unter deren Einwirkung man ihn dem Volk gezeigt hätte.

Der König aß mit gutem Appetit. Er war nicht deprimiert, sondern schien während des Essens intensiv nachzudenken. Schließlich verlangte er einen Mann zu sprechen, der im Schloß nach wie vor beschäftigt war. Er hatte ihn bei seiner Ankunft unter der Dienerschaft gesehen und setzte in dessen Ergebenheit keinen Zweifel.

„Man soll den Kontrolleur Zanders zu mir bringen", sagte er zu dem Diener, der die Speisen abräumte. „Sagen Sie, daß der König ihn zu sprechen wünscht."

Die Dienerschaft, welche den König zu betreuen hatte, war an strikte Weisungen gebunden, an die sich nicht zu halten niemand wagen durfte. Daher meldete der Diener dieses Verlangen auch sofort Doktor Gudden. Dieser ging kopfschüttelnd zu Ludwig und wollte ihm klarmachen, daß er ihm diesen Wunsch nicht erfüllen könne.

So gefügig sich Ludwig bei dem Spaziergang auch gezeigt hatte, diesmal kam es zu einem heftigen Wortwechsel. Schließlich sah Gudden ein, daß es klüger war, den König nicht zu verstimmen.

„Also gut, Zanders darf kommen", gab er nach. „Doch nicht länger als zehn Minuten; Majestät sind sehr erholungsbedürftig", setzte er scheinheilig hinzu.

Tatsächlich wurde der Kontrolleur geholt; es dauerte fast zwanzig Minuten, bis er erschien. Offenbar hatte ihn Gudden eingehend instruiert, denn der vierschrötige Zanders warf mißtrauische Blicke zu dem Guckloch in der Türe, durch das man sie offensichtlich beobachtete.

Doch der König ergriff ihn energisch beim Arm, zog ihn von der Türe fort in einen Winkel und fragte hastig und mit gedämpfter Stimme: „Wie stark ist das Schloß bewacht? – Schnell Zanders, reden Sie!"

8. Das Drama von Schloß Berg

Ludwig erhielt eine Auskunft, die ihn angenehm überraschte.

„Es sind nur acht Polizisten hier stationiert, Majestät", versicherte Zanders und betrachtete mißtrauisch die vergitterten Fenster.

„Ja, schauen Sie nur, wie man Ihren König hier behandelt! — Was denken Sie, würden diese Polizisten gegebenenfalls von der Schußwaffe Gebrauch machen?"

„Warum, weshalb sollten sie das?" fragte der Kontrolleur entsetzt. „Nein! Majestät sind des Lebens sicher, will ich doch hoffen."

„Ich meine, falls ich versuchen sollte, zu fliehen."

Die Augen Zanders weiteten sich.

„Ich glaube nicht, Majestät, auf den König schießt man doch nicht. Im Gegenteil, Majestät fänden überall bereitwillig Hilfe!"

„Ich danke Ihnen, Zanders. Mehr wollte ich von Ihnen nicht wissen. — Von meinem Personal aus Neuschwanstein hat man niemanden hierher gebracht, auch nicht meinen Kammerdiener Ignaz?"

„Nein, Majestät. Bis jetzt habe ich zumindest noch keinen gesehen."

Der König nickte und brummte nachdrücklich etwas in seinen Bart, was Zanders nicht verstehen konnte. Schließlich fragte er noch nach dem Wetter.

„Es sieht nach Regen aus, Majestät", berichtete der Kontrolleur, „schwere Wolken bedecken den Himmel, wie Majestät selbst durch das Fenster sehen können."

Gudden holte Zanders selbst ab und fragte nach dem Befinden des Königs. Ludwig bedankte sich beinahe freundschaftlich für das Entgegenkommen des Arztes und schien bester Laune zu sein. Er meinte nur, daß er vor dem Zubettgehen seiner Gewohnheit gemäß noch einen Spaziergang machen müsse, weil er sonst nicht einschlafen könne.

„Aber es wird regnen, Majestät", wandte Gudden ein und fühlte sich ein wenig unbehaglich. Diese Auskunft schien den König in seiner Absicht nur noch zu bestärken.

„Ausgezeichnet", versetzte er. „Bei Regen macht mir das Spazierengehen besonderen Spaß; ich liebe den Regen und die Einsamkeit, Doktor! Danach schlafe ich sicher prächtig. Wissen Sie, ich bin meinem Onkel Luitpold fast dankbar. Nun hat er den Ärger mit dem Regieren, und ich kann endlich ausspannen."

Gudden verließ mit Zanders den Raum. Die Wachen blieben vor der Tür, deren Schlüssel der Arzt im Schloß umdrehte. Von Zeit zu Zeit mußten die Wachen durch das Guckloch schauen, um nach dem Befinden des Königs zu sehen.

„Hat er irgend etwas Besonderes wissen wollen?" fragte Doktor Gudden.

„Er hat sich nach dem Wetter erkundigt – wegen seines Abendspaziergangs", antwortete Zanders ausweichend. „Und dann zeigte er mir noch die Gitter am Fenster und meinte, daß diese doch wohl unnötig seien, da das Schloß doch bewacht sei."

„Die Gitter stören ihn also? Hm, vielleicht kann man sie später wieder entfernen lassen, wenn er sich weiterhin so gut in seine Lage findet", meinte Gudden und sandte kurz darauf ein Telegramm an Prinz Luitpold, der über die Situation auf Schloß Berg laufend informiert sein wollte.

>Alles in bester Ordnung —
>Patient gefügig —
>es ist nichts zu befürchten
>
>Dr. Gudden

Unbequem war für ihn nur, den König auf seinem Abendspaziergang begleiten zu müssen, aber schließlich wurde er ja gut bezahlt. Und er wußte, daß Ludwig auf dem Spaziergang bestehen würde.

Nach dem Abendessen machte er sich zu diesem Rundgang bereit. Es war warm, und der Regen nicht allzu heftig. Er ging zu den Zimmern des Gefangenen, klopfte an und meldete, daß er fertig sei.

„Ich warte bereits auf Sie, Doktor", antwortete der König, der sich offensichtlich auf den Spaziergang freute. Gudden nahm das als gutes Omen und befürchtete keine Schwierigkeiten, sodaß er die beiden Wärter zurückließ, die ihr Mißfallen über eine Parkwanderung im Regen zum Ausdruck brachten.

„Ihr könnt hier bleiben", sagte er. „Wir sind spätestens um acht wieder zurück."

Die Männer sahen noch, wie die beiden das Haus verließen, nachdem sie ihre Schirme aufgespannt hatten. Einträchtig spazierten sie in den regennassen Abend hinaus und schlugen die gleiche Richtung ein wie schon am Vormittag.

Offenbar war dies ein Spazierweg, den der König schon vor vielen Jahren immer gern eingeschlagen hatte; schließlich hatte er hier seine Jugend verbracht, und ganz sicher kannte er jeden Weg und auch die Umgebung von Schloß Berg ganz genau.

Vom Turm der Ortskirche schlug es schließlich acht; der Regen trommelte immer heftiger gegen die Scheiben. Im Schloß wartete man bereits beunruhigt auf den König und Doktor Gudden.

Besonders der Kontrolleur war schon recht unruhig. Er überlegte sich jetzt jedes Wort, das der König mit ihm gewechselt hatte.

„Nun müßten sie doch eigentlich bald kommen", meinte er zu den beiden Wärtern, die der Arzt zurückgelassen hatte.

Die saßen unterdessen in der warmen Küche und unterhielten sich beim Kartenspielen. Das lange Fortbleiben des Königs und Doktor Guddens regte sie nicht sonderlich auf.

„Sie werden schon kommen, sobald sich der König tüchtig ausgelaufen hat. Den ganzen Tag in so einem Zimmer zu sitzen, würde Ihnen auch keinen Spaß machen, Herr Zanders."

Das mußte er freilich zugeben; überhaupt fand er die Behandlung des Königs schändlich und nahm sich vor, die Dorfbevölkerung darüber zu informieren, was sich hinter den Mauern von Schloß Berg abspielte.

Die Zeiger der Uhr rückten indes unerbittlich weiter, und die beiden Spaziergänger kehrten noch immer nicht zurück. Die Nacht brach über den Schloßpark herein, und da der Himmel mit schweren Regenwolken bedeckt war, wurde es zwischen den alten, dicht belaubten Bäumen stockdunkel.

Um halb neun meinten alle außer Zanders, daß die Erwarteten nun wohl jeden Moment auftauchen würden. Doch als es von der Dorfkirche her neun Uhr schlug, beschloß Doktor Guddens Assistenzarzt, den Park absuchen zu lassen.

„Los, Leute, zündet Laternen an und sucht nach den beiden", befahl Dr. Müller den Wärtern sowie auch den Polizisten, die daraufhin ausschwärmten. Man sah die Lichter ihrer Laternen und hörte ihre Stimmen; etliche riefen laut nach Doktor Gudden und dem König, ohne eine Antwort zu erhalten.

Sie kehrten alle nach einer Weile unverrichteter Dinge zurück. Doktor Müller, der sie mit Ungeduld erwartet hatte, war beunruhigt.

„Das ist doch nicht möglich", rief er aus. „Zanders, Sie kennen den König am längsten. Kommen Sie mit mir, wir gehen den Weg ab, den sie vermutlich genommen haben."

Zanders nickte; der Doktor schlüpfte in einen Regenmantel, und begleitet von den Wärtern und den paar Polizisten machten sie sich neuerlich auf den Weg. Zanders übernahm die Führung.

„Er ging gern diesen Weg am Seeufer entlang", meinte er und schritt mit erhobener Laterne voran.

Es regnete stark. Die Männer, die ihn und Doktor Müller begleiteten, fluchten heimlich über den König und auch über das Wetter. Der Weg am Seeufer brachte sie zu der Bank, auf der Doktor Gudden und der König am Vormittag gerastet hatten.

„Da sind ihre Schirme!" rief Zanders aus.

Die Schirme waren aufgespannt; sie lagen im Abstand von einigen Metern voneinander entfernt im nassen Gras der Böschung, die hinab zum Seeufer führte.

„Mein Gott", rief der Assistenzarzt aus, dem in diesem Moment ein schrecklicher Verdacht kam.

Ohne ein weiteres Wort stürzte er den anderen voran und lief zum Wasser. Doch der See lag dunkel vor ihnen, und nichts war zu erkennen als ein Licht, das offenbar von einem Boot ausging, das nicht weit vom Ufer entfernt auf dem Wasser schwamm.

„Ein Fischer", rief Zanders, „das ist ein Fischer!"

Der Assistenzart zögerte keinen Augenblick. Er legte die Hände an den Mund und brüllte auf den See hinaus:

„Hallo, kommen Sie hierher, schnell!"

Auch die anderen riefen mit voller Lautstärke nach dem Fischer, der nicht wenig fluchte, da ihm dadurch seine Fische verscheucht wurden. Schließlich aber kam er doch zum Ufer.

„Was gibt es, was ist los?" fragte er ungehalten und er schrak, als ihm mitgeteilt wurde, daß man sein Boot brauche, um den König und Doktor Gudden zu suchen.

Außer ihm hatten aber nur noch Dr. Müller und Zanders darin Platz. Der Fischer stieß von dem seichten Ufer ab, und man begann den See abzusuchen. Die Laternen lieferten freilich nur spärlich Licht.

Dennoch fand man bald Doktor Guddens Leiche. Als man ihn aus dem Wasser zog, sah man, daß sein Gesicht über dem rechten Auge aufgeschlagen war; offenbar von einem Fausthieb, den ihm der König im Kampf um seine Freiheit versetzt haben mußte. Der Tote hielt ein

Stück Stoff in seinen Händen, die so fest geschlossen waren, daß sich ihr Griff gar nicht lösen ließ.

„Das ist ein Stück von einem Rockkragen", erkannte Zanders, „ja, das stammt vom Rock seiner Majestät!"

„Furchtbar", stöhnte der Doktor. „Und wo ist der König?"

Der Tote wurde zunächst an Land gebracht, da das Boot bereits bedenklich unter der zusätzlichen Last schwankte.

„Schafft ihn ins Haus", befahl der Assistenzarzt den Pflegern. „Wir müssen nach dem König weitersuchen; es ist keine Zeit zu verlieren!"

Von neuem ruderte der Fischer mit seinen beiden Begleitern den Kahn auf den See hinaus. Wieder suchten sie am Ufer unter überhängendem Buschwerk und zwischen dem Schilf nach Ludwig. Der Grund des Sees war hier mit Schlinggewächsen überwuchert, die für jemanden, der durchs Wasser zu waten versuchte, gefährlich werden konnten.

Tatsächlich fand man den König wenig später. Er trieb mit dem Gesicht nach unten und die Arme weit von sich gestreckt, knapp unter der Oberfläche.

„Hier ist er! Rasch, vielleicht kann er noch gerettet werden!"

Man hob auch den schweren, triefenden Körper des Königs in das Boot, den Doktor Müller sofort wiederzubeleben versuchte, was jedoch erwartungsgemäß vergeblich war.

Zanders war schreckensbleich, und Doktor Müller hatte die schwere Aufgabe, den Tod seines Vorgesetzten und vor allem des ihnen anvertrauten Monarchen nach München melden zu müssen; er befürchtete sogar Konsequenzen, obwohl er an dem Geschehen völlig unschuldig war.

Und wie würde die Bevölkerung den Tod des von ihr so verehrten Bayernkönigs aufnehmen? Würde man überhaupt glauben, daß es ein – ja, was war es überhaupt gewesen? Auf welche Weise war der König denn umgekommen?

„Ich weiß ja gar nicht, was ich melden soll", meinte der Doktor sorgenvoll. „Was war es nun? Ein Selbstmord? Hätte sich denn der König, nachdem er Doktor Gudden niedergeschlagen hatte, nicht ohne weitere Schwierigkeiten retten können?"

Der Kontrolleur versicherte Doktor Müller, daß dies sicherlich möglich gewesen wäre; denn entlang des Ufers bis über das Ende des Schloßparks hinaus gäbe es keine tiefere Stelle, und der König hätte Zeit genug gehabt, außerhalb des Parkgebietes an Land zu gehen und im Dorf Schutz zu suchen.

Ja, hatte er denn das nicht vorgehabt? Was war bei seinem Vorhaben schief gelaufen? Wie kam es, daß er den Tod im Wasser fand?

Der Assistenzarzt mußte sich eingestehen, daß er auf diese Fragen keine Antwort wußte.

Und auch die am Vormittag des Pfingstmontags eintreffende Untersuchungskommission aus München konnte das Rätsel nicht lösen.

9. Die letzte Rose

Die Nachricht vom Tod des Königs ging wie ein Lauffeuer durch das Land, und es knüpften sich die verschiedensten Spekulationen daran.

Daß es ein gewaltsam herbeigeführtes Ende war, stand außer Zweifel. Die Frage war nur: Hatte er freiwillig den Tod im Starnberger See gesucht, oder war sein Ende eine Folge seines Kampfes mit Doktor Gudden? Hatte der König dabei eine Verletzung erlitten, etwa einen Stich mit einer Injektionsnadel, der ihm wenig später sein Bewußtsein raubte, so daß er ertrank und seine Flucht nicht mehr fortsetzen konnte?

Denn daß er vorgehabt hatte, zu fliehen, war ja wohl gewiß. Wahrscheinlich hatte er sogar schon bei seinem morgendlichen Spaziergang mit dem ahnungslosen Dr. Gudden die Gelegenheit dazu ausgekundschaftet.

Sissy, wieder in Possenhofen, telegrafierte an die Gesandtschaft in München und bat um nähere Informationen. Sie erfuhr aber nicht wesentlich mehr, als wenig später auch schon die Zeitungen berichteten.

Der Tod des Königs und der Doktor Guddens würden wohl für immer ein Rätsel bleiben, denn es gab keine Zeugen. Doch die am folgenden Tag vorgenommene Suche nach Spuren am Seeufer und auf dem Seegrund ermöglichte eine gewisse Rekonstruktion des Herganges, denn der vom Regen aufgeweichte Boden hatte die Fußspuren der beiden Männer so gut bewahrt, daß sich Münchner Kriminalisten, die man hinzugezogen hatte, ohne weiteres ein Bild machen konnten.

Der König war rechts von Doktor Gudden auf der Seeseite bis zu der Bank gegangen, hatte dann plötzlich seinen Regenschirm weggeworfen und war zum See hinabgestürmt. Doktor Gudden hatte jedoch die Situation augenblicklich erfaßt, warf den Schirm fort und stürzte König Ludwig nach.

Im Wasser bekam er ihn dann zu fassen; er packte ihn am Rockkragen, doch der König verfügte über beträchtliche Kräfte. Er stieß den Doktor mit solcher Gewalt von sich, daß in dessen fest verkrampften Fingern Stoffteile des Kragens blieben.

Was aber war dann noch passiert? Doktor Gudden hatte eine Schlagverletzung über dem rechten Auge sowie einen eingerissenen Fingernagel an seiner rechten Hand. Der König selbst zeigte außer dem beschädigten Rock keine Spuren eines Kampfes.

Hatte er in einem Anfall von Mutlosigkeit resigniert? Oder etwa den Irrenarzt getötet, und als ihm diese Tat voll bewußt wurde, Selbstmord durch Ertrinken begangen? – Eines stand fest: Zanders hatte recht, wenn er meinte, daß der König leicht das Ufer wieder erreicht hätte, wenn er gewollt hätte.

Noch am Abend des Pfingstmontags wurde die Überführung der Leiche König Ludwigs von Schloß Berg in die Münchner Residenz angeordnet.

Zugleich mit dem Toten kamen ganze Scharen der Landbevölkerung.

Es gab heftige Debatten, und eine Welle des Unmuts erhob sich gegen den Regenten Prinz Luitpold, den Onkel des unglücklichen Königs. Zu seiner Rechtfertigung ließ Luitpold sofort die Gutachten der Ärzte veröffentlichen und erklärte, daß er im Interesse sowohl Bayerns als auch Ludwigs nicht anders habe handeln können: Die schleichende Entwicklung einer Geisteskrankheit sei von Fachleuten schon lange erkannt worden.

Ludwig war also — zumindest offiziell — ein Opfer des traurigen Wittelsbacher Erbes, vor dem sich nicht nur Sissy fürchtete, sondern auch ihr Sohn, der Kronprinz von Österreich-Ungarn.

Der Kaiser entsandte ihn als offiziellen Vertreter nach München zu den Beisetzungsfeierlichkeiten.

Inzwischen war auch Sophie Charlotte, Sissys Schwester, einstige Braut König Ludwigs und nunmehrige Herzogin von Alenčon, in Possenhofen eingetroffen.

„Sophie, wir wollen nach München fahren, nicht wahr?" meinte Sissy.

„Ja", nickte Sophie, „ich möchte ihn gleichfalls noch einmal wiedersehen. Ich habe ihm alles verziehen und will nun endgültig von ihm Abschied nehmen."

Der tote König war in seiner Schloßkapelle aufgebahrt. Der Sarg stand auf einem hohen, kerzenumschimmerten Katafalk, flankiert von der Ehrenwache der Garde und inmitten eines Meeres von Blumen.

Tausende zogen an ihm vorbei, um noch einen letzten Blick auf ihn zu werfen. Ludwig lag mit geschlossenen Augen in der Tracht der Ritter des Hubertusordens, dem er angehört hatte, und hielt ein Schwert im Arm.

„Zwei Tage vor seiner Festnahme hat man von ihm noch Entscheidungen und Unterschriften verlangt — und von heute auf morgen sollte er plötzlich wahnsinnig geworden sein? Wenn man, wie es heißt, die Entwicklung zum Wahnsinn schon lange bemerken konnte, wieso wurde er nicht früher abgesetzt?"

So ähnlich lauteten die Fragen und Kommentare, die man überall in Bayern hören konnte.

Die alte Königsmutter Marie konnte erst recht an keinen Selbstmord ihres Sohnes glauben. Sie sandte ihren Sohn, den Erzherzog Karl-Theodor, nach Possenhofen.

„Meine Mutter denkt, man hätte den König mit voller Absicht ins Wasser gestürzt und ertränkt", berichtete dieser.

Interessanterweise kam Kronprinz Rudolf, der nun gleichfalls in Possenhofen eintraf, mit ähnlich lautenden Informationen aus Wien.

„Diese Version steht aber in einem klaren Gegensatz zu den Berichten der Komission in Berg", meinte Erzherzogin Gisela. Sie war wie Marie-Valerie nicht gerade glücklich darüber, daß ihr Ferienaufenthalt in Possenhofen bei den Großeltern durch dieses Ereignis verdorben wurde.

Denn nun war nur mehr die Rede von Kränzen, von einer Seelenmesse, die Sissy für Ludwig lesen lassen wollte, und von passender Trauerkleidung.

Sophie Charlotte konnte jedoch Ludwig nicht noch einmal wiedersehen, denn sie wurde krank und mußte das Bett hüten.

„Mach dir nichts draus", meinte Sissy beruhigend, „wahrscheinlich ist es besser so. Die Trauerfeier hätte dich gewiß nur aufgeregt. Was mich betrifft, so will ich der Beisetzung gar nicht beiwohnen; dazu ist ja Rudi da. Nein, ich möchte ihn privat noch einmal sehen. Und deshalb rudere ich jetzt mit Gisela und Valerie hinaus zur Roseninsel."

„Zur Roseninsel, weshalb Majestät?" fragte Sarolta Majlrath überrascht.

„Das können Sie nicht wissen", lächelte die Kaiserin versonnen, „denn Sie sind ja noch nicht lang bei mir. Vor langer Zeit hat mir Ludwig eine Rose geschenkt, und nun soll er eine von mir erhalten. Nur eine! Doch sie muß eine von jenen Rosen sein, die auf seiner geliebten Insel blühen. Die hat er am meisten geliebt."

Sarolta verstand nicht, worauf Sissy mit diesen Worten anspielte, doch sie hielt es für besser, keine weiteren Fragen zu stellen.

Kurz vor Abgang des Zuges machte Sissy ihre Worte wahr. Sie ruderte noch einmal zu der stillen, verträumten Insel hinaus, die Ludwig, der Romantiker auf dem Königsthron, in ein Rosenparadies verwandelt hatte. Sissy suchte lange, bevor sie eine brach. Diese glich in Farbe und Form jener, die sie einst von Ludwig erhalten hatte, und die sie noch immer besaß, wenn auch getrocknet und zwischen die Blätter eines alten großen Buches gepreßt.

Dann verabschiedete sie sich von ihren Eltern und ihrer Schwester Sophie Charlotte, die in Possenhofen bleiben wollten; Sissy beabsichtigte nämlich, von München direkt nach Wien weiter zu reisen, wo Franzl schon sehnsüchtig auf sie wartete.

Rudolf sah sehr schlecht aus. Er war abgemagert und blickte unruhig umher.

Auf Sissys Frage nach seinem Befinden gab er eine ausweichende Auskunft: „Danke, Mama, ein wenig abgespannt, aber sonst ganz in Ordnung. Wenn ich nur schon diese Beisetzung hinter mir hätte, dann wäre mir wohler!"

„Auch das geht vorüber, Rudi. Schau, für Ludwig ist schon das ganze Leben vorbei. Und wer weiß, vielleicht ist es sogar das Beste für ihn, wie es gekommen ist."

„Warum so sentimental, Mama? Warte nur, bis du wieder in Wien bist; Papa freut sich schon auf die Riesenüberraschung, die er dir bereiten will."

„Was für eine Überraschung denn?"

„Rede, Rudi, wir sind ja ganz gespannt!" rief Marie-Valerie, und auch Gisela versuchte, ihrem Bruder das Geheimnis zu entlocken, doch vergeblich, er blieb hart.

In München trennte man sich. Am frühen Morgen jenes Tages, an dem die feierliche Beisetzung Ludwigs in der bayrischen Königsgruft stattfinden sollte, ließen die Wachen die Kaiserin und ihre beiden Töchter in die noch menschenleere Schloßkapelle ein. Vor dem Schloß drängten sich schon die Menschen, doch hier knisterten nur die Kerzen rund um den Sarg, beleuchteten die wie zu Stein erstarrten Gesichter der Ehrenwache und das bleiche Antlitz des toten Königs.

„Leb' wohl, mein Seelenfreund", flüsterte Sissy leise, „wenn dich auch sonst niemand in dieser Welt verstanden hat, ich tat es, und das hast du gewußt. Hier, nimm die Rose von deiner Insel als letzten Gruß von Elisabeth."

Und diese Rose blieb die einzige Blume in seinem Sarg, als sich der Deckel über ihm schloß.

„Zum Bahnhof", befahl Sissy dem Kutscher, als sie wieder draußen waren. Denn es drängte sie plötzlich, die bayrische Hauptstadt, die im Schmuck ihrer Trauerfahnen so düster wirkte, so schnell wie möglich zu verlassen.

Erst im Zug atmeten sie und ihre Begleiterinnen wieder auf, wie von einem Alpdruck befreit. Sissy hatte vergeblich in Ludwigs Zügen eine Antwort auf ihre Fragen zu lesen versucht; dieses bleiche Gesicht hatte ihr sein Geheimnis nicht verraten; die Lippen Ludwigs waren für immer verstummt, und die Umstände seines Todes wurden niemals aufgeklärt.

Als sie in Wien den Bahnhof verließen, war es ihnen, als kämen sie in eine andere und heiterere Welt. Und Franzl strahlte über das ganze Gesicht, als er Sissy umarmte.

„War Frau Schratt auch brav, hat sie gut auf dich aufgepaßt?" neckte ihn Sissy.

„Das hat sie, und ich glaube, wir beide haben Grund zur Dankbarkeit. Doch nun ruhe dich erst einmal aus; aber nicht zu lange, denn ich habe eine Überraschung für dich und kann es kaum mehr erwarten."

„Rudi hat sie mir schon angekündigt", meinte Sissy gespannt. „Was ist es denn?"

„Nun, du wirst es bald sehen!"

Wenige Stunden später bewunderte sie an Franzls Seite das prächtige Gebäude im Lainzer Tiergarten, das er für sie und sich hatte bauen lassen.

„Für stille Stunden, fürs Wochenende und als Alterssitz", meinte er bescheiden. „Heute wollen wir es gleich einweihen, Sissy. Komm nur mit hinein und schau dir alles gut an. Übrigens wollen wir heute Abend hier schon übernachten."

„Aber ich habe ja gar nichts mit", wandte sie erstaunt und beglückt ein.

„Mach nur die Schränke in deinem Schlafzimmer

auf", lachte er. „Da ist alles drin, was du brauchst. Ich hoffe, Frau Schratt hat nichts vergessen!"

Und dann saßen sie am Abend bei Kerzenschein, bloß zu zweit, beim Diner.

Sie waren allein, nur füreinander da, und die Jahre schienen zurückgedreht, es war wie in alten Zeiten, am Anfang ihrer Liebe.

„Franzl, ich bin glücklich", flüsterte sie und küßte ihn.

„Mehr wollte ich auch gar nicht, Sissy", meinte er und trank ihr zu. „Prost, mein Engel, auf noch viele schöne, glückliche Jahre!"

Plötzlich wurde Sissy ernst.

„Wir wollen auch nicht das Glück unserer Kinder vergessen", meinte sie. „Einen Wunsch habe ich noch, und ich bitte dich, ihn mir zu erfüllen. Dann wird dieser Abend einer der schönsten meines Lebens sein. Laß Gisela und Marie-Valerie nach ihrem Herzen wählen, Franz! So wie es uns vergönnt war, sollen auch sie ihr Glück in der Ehe mit einem Menschen finden, den sie wirklich lieben."

Was blieb dem Kaiser übrig, als es zu versprechen?

3. Teil

1. Wiener Tratschereien

Kurz vor Ende der Burgtheater-Spielzeit 1886/87 wurde Kathi vom Publikum sehr gefeiert. Sie spielte eine Hauptrolle in einem Schauspiel von Augier, „Das Haus Fourchambault". Die Direktion liebte französische Stücke, und Ohnet's „Der Hüttenbesitzer" – auch mit der Schratt in der weiblichen Hauptrolle – hielt sich schon die längste Zeit mit nachhaltigem Erfolg im Spielplan; auch der Kaiser hatte dieses Stück schon mehrmals gesehen. Besonders der Umstand, daß Kathi immer häufiger bei Hof zu Gast war, gab natürlich Anlaß zu Spekulationen und Tratsch, und dies nicht nur in den Garderoben des Burgtheaters. Offensichtlich erfreute sich die Schauspielerin nicht nur der besonderen Gunst des Kaisers, sondern auch der Kaiserin. So versuchte man, ob man nicht mit ihrer Hilfe beim Kaiser Vorteile erlangen könnte.

Doch Kathi lehnte solche Ansinnen strikt ab; sie wollte sich nicht zur Zwischenträgerin von Bittgesuchen, Vorschlägen und Wünschen machen und konnte das auch gar nicht. Sie wollte nicht einmal ihre besondere Stellung zu ihrem eigenen Vorteil nutzen. Die Gunst des Kaisers und der Kaiserin erschien ihr als wundervolles Geschenk überraschend in den Schoß gefallen. Und das Glück ist ein Vogerl, gar lieb, aber scheu, hieß es im Volkslied. Um keinen Preis wollte sich Kathi diese hohe Gunst verscherzen.

Sissy und besonders Franzl empfanden ihre Besuche als angenehme Abwechslung in ihrem täglichen Einerlei. Die Baronin besaß eine gute Beobachtungsgabe und verstand es ausgezeichnet, Menschen und deren Verhalten zu schildern. Damit amüsierte sie nicht nur den Kaiser und die Kaiserin; sie vermittelte ihnen auch manche Aufschlüsse über die Reaktionen der Bevölkerung auf verschiedene Ereignisse, wie etwa Franzls Thronrede zur Eröffnung der zwölften Session des Reichsrates oder den Besuch Kaiser Wilhelms II., vor allem aber über den Staatsbesuch Franzls in Rußland im April.

Dieser Besuch war schon in Kremsier vereinbart worden und sollte der Festigung der Beziehungen zwischen Österreich-Ungarn und dem riesigen Zarenreich dienen. Das Winterpalais in Petersburg erlebte bei dieser Gelegenheit große, festliche Tage, und Zarin Alexandra fand den österreichischen Kaiser „sehr charmant". Eine gewaltige Truppenparade auf dem Marsfeld sollte Franzl nicht ohne Hintergedanken die Schlagkraft der Armeen des Zaren vor Augen führen; tatsächlich besaß Rußland ein gewaltiges Potential an Soldaten, Franzl wußte aber auch, daß der äußere Eindruck trog. Das Heer war bei weitem nicht so gut ausgerüstet, wie man es ihm hier vorführte.

Die Wiener aber hielten nach Kathis Meinung von den Russen gar nichts: wahrscheinlich wären sie im Kriegsfall mit Leichtigkeit zu besiegen. Und im übrigen interessierte die Leute weit mehr die neue Operette, die der Strauß-Schani eben komponierte, oder der ewige Krach zwischen Alexander Girardi und seiner raffinierten Frau, der Schauspielerin Helene Odilon.

Sissy war froh, daß sie an diesem spektakulären Petersburger Ereignis nicht teilnehmen mußte. Die Ärzte hatten ihr eine Kur verordnet, und sie war zusammen mit Sarolta Majlrath nach Herkulesbad gefahren.

Sarolta freute sich, wieder in ihre ungarische Heimat zu kommen, und Sissy fühlte sich stets in Ungarn wohl. Und die Kurgäste wiederum waren angenehm überrascht über das Auftreten von Sissy.

Wer die Kaiserin für reserviert oder gar hochnäsig gehalten hatte, mußte sich sehr wundern. Sie ließ sich auf der Kurpromenade von Kindern ansprechen, die ihr Blumensträußchen brachten, und plauderte mit den Kurgästen.

„Die ist ja richtig nett und natürlich!" war die allgemeine Meinung.

Sissy war in Herkulesbad wegen ihrer Gelenksschmerzen; das Reiten war für sie ein wenig schmerzhaft geworden. Aber sie konnte stundenlang über die Wege der Kurpromenade laufen. Nur Sarolta bekam davon mitunter Blasen an den Füßen.

Besser wurde es erst, als Gisela und Marie-Valerie zu Besuch kamen.

„Nun, wie verläuft deine Kur, Mama?" fragte Gisela besorgt, nachdem sie einander herzlich begrüßt hatten.

„Danke Gisi, es geht mir ganz gut", antwortete Sissy aufrichtig. „Und der Kurarzt ist auch recht zufrieden mit mir. Was gibt es Neues in Wien?"

„Oh, die Leute tratschen. Neulich traf ich Frau Schratt im Schönbrunnerpark. Sie hat mir einen ganzen Strauß Blumen aus der Gärtnerei für Papa mitgegeben und läßt auch dich schön grüßen. Sie lamentiert ein bisserl; die Kollegen vom Theater wollen alle, daß sie sie bei Papa protegiert; sie wollen bessere Gagen, oder gar einen Orden oder Adelstitel. Aber Frau Schratt sagt, daraus wird nix, sie würd' nie eine Protektionsmutter abgeben, die Leut' sollen selber um Audienz ansuchen."

Sie erzählte das so drastisch, daß Sissy hellauf lachen mußte.

„Und sonst reden die Leut' nichts?" fragte Sissy.

Marie-Valerie staunte: „Sind doch Wiener, die reden immer. Auch über dich, Papa und Frau Schratt. Und besonders der Fürst Montenuovo, der säh' es am liebsten, wenn die Frau Schratt nicht mehr käme."

„Der Montenuovo sieht keinen außer sich selbst gern in der Nähe von Papa", meinte Sissy treffend. „Da hört man besser gar nicht hin, aber man muß vorsichtig sein."

„Ja, das habe ich neulich auch zu Rudi gesagt. Es sind jetzt dauernd Spitzel hinter ihm her, hat er sich beschwert. Er hat neulich einen am Kragen gepackt und durchgebeutelt... Er will nicht immer und überall beobachtet werden. Der arme Confident wird nachher von seinem Vorgesetzten einen gehörigen Rüffel eing'steckt haben. Er hätte ja nicht bemerkt werden dürfen! Der Montenuovo sagt, es geschehe alles wegen Rudis Sicherheit. Auch der Johann Salvator steht unter Beobachtung."

Bei der Erwähnung des Namens „Salvator" wandte sich Marie-Valerie ab und blickte zu Boden. Sissy entging dies nicht.

„Ist irgendetwas passiert?" fragte sie vorsichtig.

„Ja, dieses Ungeheuer von einem Fürst... Ich glaube, daß er hinter dem Plan steckt, daß man mich mit dem sächsischen Prinzen verheiraten will."

„Wer hat das erzählt?" erkundigte sich Sissy mitfühlend.

„Papa hat es mir ‚beigebracht', wie er sich ausdrückte. Es hat ihm offenbar leid getan, daß er das tun mußte. Mama, was soll ich tun? Ich möchte diesen Sachsen nicht."

„Aber du kennst ihn doch noch gar nicht."

„Aber er kommt ja noch heuer nach Wien, auf ‚Brautschau', wie es so schön heißt", schluchzte Marie-Valerie in ihrer Bedrängnis und warf einen hilfeflehenden Blick auf ihre Mutter, daß Sissy nicht anders konnte, als sie an sich zu drücken.

„Aber Herzerl", sagte sie und strich ihr beruhigend übers Haar. „Weißt du, was ich glaube? Daß aus dem Plan des guten Montenuovo nichts wird. Der Fürst denkt dabei an das Reich, mußt du wissen, und für das Reich hätte diese Heirat vielleicht ihre Vorteile. Aber schließlich sind wir keine Sklaven, die man ohne weiteres verschachern kann. Wir haben auch ein Anrecht auf uns selbst, und das wollen wir uns nicht nehmen lassen. Hast du übrigens den Erzherzog inzwischen wieder gesehen?"

Marie-Valeries Wangen wurden blutrot.

„Woher weißt du, Mama?" fragte sie stockend.

Sissy lachte: „Stell' dir vor, ich weiß es, und brauche dazu gar keine Spitzel, wie der Fürst... Ich weiß es schon eine ganze Weile und kann dich beruhigen. Der Franz Salvator gefällt mir, er ist ein netter, junger Mann. Und nun möchte ich dir noch etwas verraten, Valerie: Der Papa hat mir in einer guten Stunde versprochen, daß er keine von euch – merkt euch das gut, was ich jetzt sage – aus welchen Gründen auch immer zu einer Heirat zwingen wird, die ihr nicht wollt. Das war, als wir unseren ersten Abend in der Hermesvilla verbrachten", fügte sie versonnen hinzu. „Damals haben wir uns daran erinnert, mit welchen Schwierigkeiten wir vor unserer Ehe zu kämpfen hatten. Und so hat er mir versprochen, daß ihr es nicht schlechter haben sollt. Es ist schon schlimm genug, daß Rudi Stephanie aus politischen Gründen heiraten mußte. Er hat halt in den sauren Apfel gebissen, weil er der Kronprinz ist."

Marie-Valerie blickte hoffnungsvoll auf.

„Mama, wirst du mit Papa darüber reden? Ach, es wäre alles einfacher, wenn ich nicht ausgerechnet die Tochter vom Kaiser wär'..."

„Nun, wenn du eine Demoiselle vom Ballett wärst wie die Angebetete von Salvators Bruder Johann, dann wär' die Sache wohl noch viel schlimmer", lachte Sissy.

„Mama, wirst du mit Papa darüber reden?" drängte Marie-Valerie nochmals.

„Nun, hast du's ihm denn noch nicht selbst gesagt? Und er auch nicht? Ein Held scheint dein Franz nicht zu sein."

„Nein, Papa weiß noch gar nichts, weder von mir noch von ihm. Ich traue mich nicht, Mama. Und der Franz weiß das schon mit dem Prinzen von Sachsen. Der ganze Hof weiß es, und alle sind schon neugierig auf den Prinzen, bloß ich nicht!"

„Mein armer Schatz", schloß Sissy ihre Tochter neuerlich in die Arme. „Ich kann mir vorstellen, wie dir zumute ist. Aber sei ohne Sorge. Wenn sich dein Franz nicht traut, ich fürcht' mich nicht vor Papa; ich werde mit ihm reden, und der Sachse kann bleiben, wo der Pfeffer wächst!"

Da umarmte Marie-Valerie Sissy ganz stürmisch.

„Du bist doch die beste Mama auf der Welt", rief sie und küßte sie.

„Nur nicht übertreiben", lachte Sissy. „Denk an die arme Frau Feifal; nun ist meine Frisur wieder ganz kaputt."

Gisela lachte. Es war ganz offensichtlich, daß die Welt von diesem Augenblick an für ihre Schwester nur noch eitel Sonnenschein war.

Marie Valerie läutete auch gleich nach Briefpapier, setzte sich hin und schrieb an den Erzherzog, daß er nun Aussichten habe, der Schwiegersohn des Kaisers zu werden. „Wird das ein Aufsehen in Wien geben, wenn erst unsere Verlobung bekannt wird", meinte sie aufgeregt zu Gisela. „Das wird ja dann eine echte Überraschung; jetzt rechnet ja die ganze Welt damit, daß ich armes Hascherl den verflixten Sachsen heiraten muß."

„Papa wird es mit dem Montenuovo nicht ganz leicht haben", meinte jedoch Gisela bedächtig.

„Ach, Unsinn! Der Papa ist Kaiser; und ein Kaiser darf sein Wort niemals brechen, schon gar nicht, wenn er es der Kaiserin gegeben hat", beharrte Valerie.

Sie wollte sich diesen schönen Sonnentag auf keinen Fall durch neue Bedenken trüben lassen.

Dennoch hatte Gisela nicht unrecht, wenn sie auf die Macht des Fürsten und seiner Clique hinwies. Eine Macht, gegen die Rudolf nun schon seit langem mit wechselndem Erfolg ankämpfte.

Auch Sissy dachte an diesem Tag noch mehrmals an die bevorstehende Machtprobe; es würde schwierig werden, der Fürst würde das Scheitern seines Heiratsplanes nicht ohne weiteres hinnehmen. Der Fürst war ein geschickter Diplomat und verstand es, verschiedene Interessen gegeneinander auszuspielen. Er war der Obersthofmeister und seit einiger Zeit auch der oberste Verwalter der Hofbühnen, somit auch ein Vorgesetzter von Kathi. So versuchte er, ihr das Leben sauer zu machen, weil ihn ihr Einfluß auf den Kaiser störte.

Er war ein Mann, der niemanden neben sich dulden wollte. Sogar dem alten Kammerdiener des Kaisers, Ketterl, bereitete er Schwierigkeiten.

Außerdem lehnte er alle Neuerungen und Strömungen seiner Zeit ab und fühlte sich am sichersten im Sattel, wenn alles beim Alten und für ihn überschau- und lenkbar blieb. In diesem Punkt verstand er sich mit dem Ministerpräsidenten Graf Taaffe ausgezeichnet.

Auf ungarischem Boden war Sissy dem Einfluß des Wiener Hofes weitgehend entzogen. Sie war hier die Königin der Ungarn, und ihre Sicherheit oblag den Budapester Stellen, die ein wenig geschickter vorgingen als die Wiener. Sie fühlte sich daher viel freier und genoß die Bewunderung und Zuneigung der Ungarn.

Doch die schönen Tage von Herkulesbad gingen bald zuende. Gisela und Marie-Valerie reisten ab, und auch Sissy packte wieder die Reiselust.

Diesmal wollte die ‚Reiserin' nach Rumänien. Es zog sie in die Märchenwälder dieses Reiches im Osten Europas, in denen eine gekrönte Fee lebte, eine „Vilja", wie sie sich selbst nannte.

Noch in Herkulesbad kaufte sich Sissy eines der weinrot gebundenen Bändchen mit Goldschnitt, die jetzt in den Damensalons der Gesellschaft fast überall zu finden waren.

Die Königin von Rumänien war zugleich auch Dichterin. Unter dem Namen „Carmen Sylva" schrieb sie ihre Lyrikbände, und unter diesem Namen kannte sie jetzt die ganze Welt. Wenn Sissy Carmen Sylvas Gedichte las, fühlte sie sich innerlich zu ihr hingezogen und seelenverwandt.

Doch zum Unterschied zu der Königin der Rumänen dachte die Kaiserin von Österreich nicht im entferntesten daran, ihre Gedichte drucken zu lassen und der Öffentlichkeit anzuvertrauen, was sie fühlte und dachte. Zwar wußte man, daß Elisabeth Gedichte schrieb, aber nur wenige Vertrauenswürdige durften einige von diesen lesen.

Sie setzte sich mit diesem Bändchen auf eine Bank der Kurpromenade und schlug den neuen Gedichtband Carmen Sylvas auf. Ihre Gedanken wanderten schon voraus, begaben sich bereits auf die Reise nach den fernen Wäldern der Vilja.

Carmen besang mit großer Vorliebe die Erhabenheit und die Schönheiten der Natur, und darin fühlte sich Sissy mit ihr wesensverwandt. Deshalb freute sie sich auch schon auf eine persönliche Begegnung mit der Dichterin auf dem Königsthron.

Doch sollte diese Begegnung nicht durch offizielle Zeremonien belastet werden. Wie Carmen Sylva suchte auch sie immer wieder Stille und Einsamkeit. Und deshalb wünschte sich Sissy, Carmen Sylva unbemerkt von Menschen und Presse irgendwo in den weiten Wäldern Rumäniens zu treffen, die oft noch richtige Urwälder waren.

Carmen Sylva war auf den Vorschlag, einander zu treffen, sofort eingegangen, und Sissy hatte schon ein

Schreiben der Königin in Händen, das ebenso privat war wie die bevorstehende Begegnung der beiden Frauen.

Die Kurverwaltung von Herkulesbad hätte den berühmten Gast noch gerne länger gesehen; denn Sissys Anwesenheit hatte sich wie ein Lauffeuer herumgesprochen. Sie wirkte wie ein Magnet. Alle Hotels waren ausgebucht, alle wollten die beliebte Königin der Ungarn sehen, ihr begegnen und womöglich sogar mit ihr sprechen. Auch aus Wien waren Schaulustige gekommen, und natürlich waren auch Reporter aufgetaucht; und so kam es, daß Sissy allmählich bei ihren anfangs noch ungestörten Promenaden einen täglich wachsenden „Kometenschweif" von Menschen hinter sich herzog und bald keinen Schritt mehr tun konnte, ohne beobachtet zu werden.

„Ein Grund mehr von hier abzureisen, Sarolta", äußerte sie sich daher zu ihrer Hofdame ungehalten. „Anfangs war es hier richtig nett, doch allmählich fängt es an, ungemütlich zu werden. Das muß ein Ende haben. Wir reisen ab!"

„Ich lasse alles vorbereiten, Majestät."

„Gut. Flüchten wir in die Wälder der Carmen Sylva. Das Wetter ist herrlich, und es sieht ganz danach aus, als ob es auch so bleiben würde. Ich freue mich schon sehr auf die dichtende Königin!"

2. Zwei Königinnen

Herkulesbad lag nahe an der Grenze zu Rumänien, an der entlang dichte Wälder gute Luft und angenehmen

Schatten spendeten. Manch ein Spaziergang hatte Sissy und Sarolta in die Nähe dieser Wälder gebracht, und auch der Ort, an dem das Treffen mit Carmen Sylva stattfinden sollte, war nicht weit von der Grenze entfernt und lag mitten im Wald.

Sissy und Sarolta ließen ihr Gepäck im Hofzug, der in einer kleinen Bahnstation einer vereinsamten Gegend blieb, wohin sich solche Züge nahezu nie verirrten. Dementsprechend staunte auch das Stationspersonal über die Pracht auf Rädern, die sich da ihren Augen darbot und die fast über ihre Begriffe ging.

Die Königin der Rumänen hatte sich mitten im Wald ein Blockhaus bauen lassen, in dem über das Jahr ein alter Ziegenhirt lebte, der seine Tiere auf einer Waldwiese weidete. Er sah aus wie ein Greis aus einem Märchen. Er hielt das Blockhaus instand und sorgte für die Königin, wenn sie sich hierher zurückzog.

In diesem Haus gab es nichts anderes zu essen als frische Ziegenmilch, selbstgebackenes Brot, Beeren und hin und wieder frisch geschossenes Wild, das die Königin selbst erlegte. Sie lebte hier tatsächlich oft wochenlang wie eine Einsiedlerin. In der Stille dieser Wälder entstanden ihre Märchen- und Sagenbücher, ihre Erzählungen und ihre Lyrikbände, und wenn sie hier leben und schreiben konnte, war sie glücklich.

Elisabeth Ottilie Louise von Wied-Neuwied war ihr Mädchenname, als sie, eine Fürstentochter, am 15. November 1869 König Carol I. von Rumänien heiratete. Als sie als neuvermählte Königin das Schloß Sinaja bezogen hatte, war sie sechsundzwanzig Jahre alt. Nun war sie vierundvierzig und in ihrer Ehe nicht glücklich geworden. Denn der König hatte überhaupt nichts für Dichtung, Musik und Kunst im allgemeinen übrig. Er mußte sich auch tagtäglich mit den Problemen eines Bauernvolkes herumplagen, das ihn wegen seiner praktischen Fähigkeiten durchaus schätzte, die aus fernen Landen gekommene Königin hingegen wie ein Wundertier betrachtete.

Carmen Sylva dagegen nahm sich der vernachlässigten heimischen Künstler an, widmete sich der Brauchtumspflege und rief soziale Stiftungen ins Leben. Insbesondere sammelte sie unermüdlich Sagen, Volksmärchen und Legenden aus ihrer neuen Heimat, die aber kaum je über deren Grenzen hinaus schon zu ihrer Zeit bekannt geworden wären, hätte sie sie nicht niedergeschrieben und mit Hilfe eines Berliner Verlegers in Buchform verbreitet.

Dem Zauber der unberührten, tiefen Wälder dieses Landstrichs war Carmen Sylva hoffnungslos verfallen; und auch Sissy bekam ihn zu spüren, als sie und Sarolta die Pferde bestiegen, die an der Bahnstation für sie bereitgehalten waren.

Ein bärtiger Forstmann sollte sie zum Blockhaus der Königin führen.

„Wir reiten etwa zwei Stunden, Majestät", erklärte er ehrfürchtig. „Ein Wagen kommt da nicht durch. Die Waldpfade sind zu schmal. Man kann nur reiten."

„Oh, das macht mir nichts aus", versicherte Sissy, „ich reite gern und fühle mich wohl im Sattel."

Die beiden Frauen bestiegen die Pferde; der Förster setzte sich an die Spitze. Ein gutmütiges Packpferd wurde mit dem notwendigen Gepäck für einen Aufenthalt von einigen Tagen beladen. Einer der beiden bewaffneten Reiter, die eher wie die Angehörigen einer in den Wäldern hausenden Räuberbande als wie die Eskorte einer Kaiserin wirkten, bildeten den Schluß der kleinen Kavalkade, die sich nun in Bewegung setzte.

Sie kamen durch ein kleines Dorf, dessen Bewohner ehrfürchtig vor den strohbedeckten, meist nur aus Holz oder Lehm gefertigten, niedrigen Häusern standen und grüßten. Während der Förster hochmütig durch das Dorf ritt, winkte Sissy den Leuten freundlich zu.

Auf dem sanft ansteigenden Wiesenland weideten Kühe, Schafe und Ziegen. Kurz vor dem Waldrand versperrte ein Hirtenbub den Pfad, der eine Tonschüssel voll Ziegenmilch den beiden Damen zur Begrüßung entgegen hielt.

Der Bub war nicht gerade wie ein Hofpage gekleidet, aber er strahlte großes Selbstbewußtsein aus. Sarolta ekelte sich vor der Milch, und der Forstmann versuchte, den Buben zu verscheuchen. Doch Sissy nahm die Milch dankbar an, trank und gab dem Jungen eine Münze.

„Das ist Gastfreundschaft, die man annehmen muß!" erklärte sie.

Der Bub lachte glücklich, obwohl er kein Wort verstanden hatte. Wenig später umfing sie die grünschimmernde Stille der Wälder. Gewaltige Baumstämme ragten gegen den Himmel. Der Wald war erfüllt von Vogelgezwitscher und anderen Tierlauten. Er wurde immer dichter, der Pfad schmäler, und oft mußten sich die Reiter vor tief herabhängenden Ästen und Laubwerk bükken, um durchzukommen. Sarolta sah sich oft genug furchtsam um, wenn sie verdächtige Tierlaute hörte.

Sissy dagegen fühlte sich wohl, sog tief die würzige Luft ein und empfand Ehrfurcht und Dankbarkeit gegenüber dem Schöpfer.

„Hier ist es herrlich", meinte Sissy nach der Begrüßung entzückt. „So möchte ich auch leben!"

„Es ist mir leider nicht allzu oft vergönnt", gestand die Königin. „Es geht mir wie dir, gegen meinen Willen muß ich viel Zeit in der Residenz verbringen mit Empfängen, bei Kongressen, Einweihungen von Schulen, Spitälern, Brücken, Bahnhöfen und anderem, bei dem man offenbar glaubt, nicht ohne die Königin auskommen zu können. Du weißt ja, wie dies ist; man muß Spitäler besuchen, an Komitees für die Wohlfahrt teilnehmen, Ausstellungen eröffnen und Reden halten. Kein Tag vergeht ohne diesen Unsinn. Die paar Wochen, die ich mich hierher fortstehlen kann, sind redlich verdient."

„Und hier schreibst du?"

„Nicht nur hier; aber am liebsten, weil ich die dazu nötige Ruhe habe. Hier bin ich allein mit dem Alten und seinem Buben und sehe die Gesichter der Höflinge nicht. Vor allem aber bin ich allein mit meinem Herrgott und den Gedanken, die er mir eingibt, sie strömen mir förmlich zu aus dem Wald!"

„Ich beneide dich", gestand Sissy.

Sie hatten das Du-Wort schon in ihren Briefen gefunden und suchten nun gegenseitig in den Gesichtern und Blicken des anderen zu lesen.

„Das ist Sarolta von Majlrath, meine Begleiterin", stellte Sissy ihre Hofdame vor. „Ich habe nur sie mitgenommen. Sie ist die jüngste meiner Hofdamen. Alle

übrigen brauche ich nicht. Nicht einmal Frau Feifal."
„Wer ist Frau Feifal?"
„Meine Friseuse."
Carmen Sylva lachte: „Nein, die brauchst du hier wirklich nicht. Wir haben übrigens auch kein Badezimmer, aber eine Quelle mit eiskaltem Wasser. Ich bade oft darin – es ist wunderbar erfrischend!"
„Wir werden es ausprobieren", freute sich Sissy.
Vergnügt betraten sie das Blockhaus.
„Wie bist du eigentlich zu deinem Pseudonym gekommen?" wollte Sissy wissen.
Die Königin zeigte auf ein Blatt Papier, das sie an die Wand geheftet hatte. Es war ein Gedicht darauf zu lesen, und Sissy fand in den Reimen die Antwort auf ihre Frage:

> Carmen heißt Lied, und Sylva heißt Wald.
> Von selbst gesungen das Waldlied schallt;
> Und wenn ich im Wald nicht geboren wär'
> So säng' ich die Lieder schon längst nicht mehr.
> Den Vögeln hab' ich sie abgelauscht,
> Der Wald hat alles mir zugerauscht,
> Vom Herzen gab ich den Schlag dazu.
> Mich singen der Wald und das Lied zur Ruh'!

„Das ist schön", gestand Sissy bewundernd.
„Von der Art gibt es noch viel mehr", meinte die Königin. „Das kommt ganz von allein; und du, du schreibst doch auch?"
„In Herkulesbad war ich sehr fleißig", erzählte Sissy, „zumindest zu Beginn. Dann später, als immer mehr Neugierige in der Nähe waren, ging's nicht mehr so

recht. Aber hier, denke ich, wird mir schon noch was einfallen."

„Fein", meinte die Königin. „Dann können wir ja einen Wettstreit der Dichterinnen veranstalten. Vorher aber wollen wir uns stärken, nicht wahr?"

Dagegen hatten Sissy und Sarolta nichts einzuwenden. Und wie Sissy heimlich gehofft hatte, gab es tatsächlich frisches Bärenfleisch; einer der Jäger hatte das Glück gehabt, einen mächtigen Burschen zur Strecke gebracht zu haben.

Es schmeckte vortrefflich. Sissy verstand das Mahl wohl zu würdigen, und auch Sarolta zierte sich nicht. Sie aßen mit den bloßen Fingern und knabberten dazu würzig schmeckendes, grobkrustiges Bauernbrot. Zu trinken gab es Rotwein; es war ein herrliches Mahl!

„Daran sollte sich unsere Hofküche ein Beispiel nehmen", rief Sissy.

Carmen Sylva schmunzelte verständnisvoll: „Mit der unseren ist es auch nicht viel besser. Immer diese faden Mayonnaisen..."

Das Blockhaus war innen geräumiger, als man von außen besehen annehmen konnte. Dennoch hatten Sissy und Sarolta nur einen gemeinsamen Raum für sich, wo sie jedoch auf einfachen Betten herrlich schliefen. Es war schon heller Tag, als sie am folgenden Morgen aufwachten. Carmen Sylva planschte bereits im kalten Quellwasser.

Der Alte wies Sissy und Sarolta den Weg. Er ging nicht bis zur Quelle, und die beiden merkten bald, warum. Die Königin badete nackt, sie stand bis zum Hals im Wasser einer von Sprudeln und Plätschern erfüllten Grube. Sie sah wie eine richtige Nixe aus, als sie sie lachend begrüßte.

„Kommt nur herein, hier sieht uns niemand!" rief sie und winkte einladend. „Das Wasser enthält Mineralien. Ich möchte es einmal untersuchen lassen. Ich bilde mir ein, daß es Heilkräfte hat. Es schmeckt richtig säuerlich, wenn man davon kostet."

Sissy mußte freilich Sarolta erst gut zureden, bevor sich diese verschämt entkleidete und danach eiligst ins Wasser stieg.

„Brrr!" rief sie denn auch gleich entsetzt. „Das ist ja kaum auszuhalten!"

„Ihr müßt euch tüchtig bewegen; hernach wird es warm auf der ganzen Haut, und ihr werdet spüren, wie es wohltut!"

Sissy beherzigte denn auch sogleich den Rat der Königin; doch Sarolta fand wenig Vergnügen an dem Bad in der Quelle und krabbelte auch bald zähneklappernd aufs Trockene.

„Nun, es ist nicht jedermanns Sache", meinte Sissy begütigend. Das Frühstück aber wärmte und versöhnte Sarolta wieder.

Carmen Sylva arbeitete gerade an einem großen Roman, der den Titel „Astra" trug. Nebenbei entstanden wie immer zahllose Gedichte. Erst vor einem Jahr waren vier dicke Bände mit Gedichten erschienen; der Verleger hatte ihr geschrieben, daß er nun bereits die zweite Auflage davon vorbereite. Die Königin war als Dichterin sehr erfolgreich.

„Warum willst du deine Gedichte nicht auch veröffentlichen?" fragte sie Sissy. „Die Antwort, die du mir zu dieser Frage geschrieben hast, ist unbefriedigend. Dein Amt als Königin füllt dich nicht aus; du bist nicht dazu geboren. Du bist ein Naturkind wie ich und fühlst dich in den goldenen Fesseln der Hofetikette nicht wohl. Du suchst, dem zu entkommen, auf Reisen, beim Sport und in der Liebe zu deinem Mann, deinen Eltern und Kindern. Aber das Veröffentlichen von Gedichten könnte dir gleichfalls viel geben; du teilst dich dadurch mit. Glaube mir, schreiben, um gelesen und verstanden zu werden, ist nicht das gleiche, wie wenn man schreibt und wieder wegschließt, was man zu Papier gebracht hat."

Das sah Sissy wohl ein. Doch sie schüttelte den Kopf.

„Wenn ich gestorben und begraben bin", meinte sie, „mag man meine Gedichte meinetwegen lesen. Jetzt aber – nein! Ich möchte mich nicht ‚mitteilen', wie du es nennst."

„Du bist ein Feenkind", lächelte Carmen Sylva, „das sich nicht offenbaren will."

„Weil mich ja doch niemand versteht", meinte Sissy.

„Laß' doch sehen, was du in Herkulesbad geschrieben hast", bat Carmen Sylva.

Sissy kramte ihr Notizbuch hervor, und Carmen Sylva entzifferte die flüchtig hingeworfenen Zeilen:

> Oh, Schwalbe, leih mir deine Flügel
> Und nimm mich mit ins ferne Land!
> Wie selig sprengt' ich alle Zügel,
> Wie wonnig jeder Fessel Band.
> Und schwebt' ich frei mit dir dort oben,
> Am ewig blauen Firmament,
> Wie wollte ich begeistert loben
> Den Gott, den man ‚die Freiheit' nennt!

Carmen Sylva gab das Buch nachdenklich zurück.

„Nun", meinte sie, „das verstehe ich sehr gut... Doch für eine Kaiserin und Königin sind das etwas sonderbare Worte... Der Gott, den man ‚die Freiheit' nennt. Ich verehre ihn gleichfalls, diesen Gott. Ich treffe ihn auch Tag für Tag, hier im Walde. Aber du erwartest ja von ihm offenbar noch mehr."

„Eben", nickte Sissy. „Und deshalb will ich nicht, daß jemand das liest. Du kannst dir nicht vorstellen, welche Schwierigkeiten ich hätte, wenn Fürst Montenuovo dergleichen zu Gesicht bekäme! Nur leider ist mein Rudi nicht so vorsichtig wie ich; er sagt zu offen, was er denkt, und bringt es noch dazu in die Zeitung." Carmen Sylva wußte das sehr wohl. Sie hatte gerade durch den Kronprinzen sehr gute Kontakte zur „Freien Presse", die gelegentlich auch von ihr Aufsätze, Feuilletons und Gedichte veröffentlichte.

In den folgenden Tagen gingen Sissy und Carmen Sylva auch einmal auf die Jagd; aber dann kam es, wie es kommen mußte: König Carol wünschte die Kaiserin zu empfangen.

Dagegen ließ sich nichts unternehmen. Es war nur ein Glück, daß der Hofzug bereitstand. Er konnte nun auch gleich Königin Carmen Sylva in die Residenz bringen.

„Und ich hätte noch so gerne", meinte Sissy, „ein paar ungestörte Tage in dem herrlichen Wald verbracht!"

3. Es spukt auf Sinaia

Ida von Ferenczy hatte während Sissys Abwesenheit zusammen mit Baron Nopcsa für die Ordnung im Hofzug gesorgt, und so war alles für Sissys Rückkehr bereit; doch die Ankunft der Königin von Rumänien, die so gänzlich formlos eintraf, versetzte beide, besonders den Baron, in Aufregung.

„Wir hatten leider keine Möglichkeit, Sie vorher zu verständigen, Baron", meinte Sissy. „Tun Sie doch nicht so entsetzt; die Königin ist ein schrecklich lieber Mensch und ebensowenig auf Förmlichkeiten versessen wie ich. Übrigens, liebe Ida, habe ich Ihnen eine kleine Überraschung mitgebracht. Ich fand sie im Wald. Ist sie nicht süß?"

Sie hielt Ida von Ferenczy eine verschnürte Schachtel hin, in der sich offensichtlich etwas hin- und herbewegte. „Ein Eichhörnchen vielleicht?" fragte Ida erfreut, denn sie hatte für diese kleinen Nagetierchen eine Vorliebe.

„Nicht gerade. Machen Sie's doch auf!" forderte Sissy sie auf.

Ida öffnete die Schnur, hob den Deckel und fiel mit einem entsetzten Aufschrei in den nächsten Stuhl.

„Um Himmels Willen! Majestät, sie ist ohnmächtig!" rief der Baron entsetzt, griff selbst nach der Schachtel und wäre beinahe umgekippt.

„Eine Schlange! Majestät, eine Schlange!!" schrie er und warf das kleine Ungeheuer samt Schachtel kurz entschlossen aus dem nächsten Waggonfenster.

Sissy sah, wie ihr Geschenk in hohem Bogen auf der Böschung des Bahndamms landete, während Sarolta ihr Riechfläschchen hervorholte, um Ida ins Bewußtsein zurückzurufen.

„Majestät, wie konnten Sie ihr das nur antun", meinte sie dabei vorwurfsvoll. „Sie hat ein schwaches Herz; das ist wahrhaftig kein gelungener Scherz gewesen!"

„Ich habe es gar nicht als Scherz gemeint", entgegnete Sissy bedauernd, „und daß sie beim Anblick einer kleinen Ringelnatter gleich in Ohnmacht fallen würde, habe ich mir auch nicht gedacht. Das war ja noch ein Schlangenkind, ein Baby. Und von Gift keine Rede... Ich habe es selbst unter einem Strauch gefunden. Ich wollte ihr eine Freude machen!"

„Ich fürchte, das ist nicht ganz geglückt", meinte der Baron und fächelte der Bewußtlosen eifrig frische Luft zu.

„Schnüren Sie ihr doch das Mieder auf, Frau von Majlrath", riet kopfschüttelnd Königin Sylva. „So ein Getue wegen einer harmlosen Natter, die keinem Menschen etwas zuleide tut!"

„Schlange bleibt Schlange", meinte der Baron giftig.

„Und Mensch bleibt Mensch", versetzte die Königin. „Fragt sich nur, wer von beiden mehr Schaden anrichtet..."

Ida war inzwischen wieder zu sich gekommen und entschuldigte sich, als sie vernahm, daß es bloß eine harmlose Ringelnatter gewesen war.

Während für die Unterbringung der Königin gesorgt wurde, saß Carmen Sylva mit Sissy im Salonwagen.

„Die Sache mit der Schlange", meinte Sissy nachdenklich, „war wirklich dumm von mir. Ich hätte die Ferenczy besser kennen müssen. Schließlich ist sie schon viele Jahre in meinem Dienst. Allerdings hat sie sich bisher nicht so zimperlich gezeigt."

„Ein Mißgeschick", meinte Carmen Sylva, „das noch dazu auf einem Irrtum beruht. Ich bin sicher, sie dachte, die Schlange wäre giftig."

„Man schenkt doch niemandem eine Giftschlange, es sei denn, daß man ihn töten will", meinte Sissy kopfschüttelnd. „Und Ida und ich sind doch Freundinnen."

„Nun, der Baron hat ja dafür gesorgt, daß die Ursache des Übels schnell beseitigt wurde. Das beste ist daher, die ganze Sache zu vergessen."

„Das arme Tier..."

„Es hat sich gewiß nichts getan. Es landete im Gras und wird nun für sein Fortkommen sorgen. Jedenfalls geht es ihm besser, als wenn es in Gefangenschaft geraten wäre. Wie hättet ihr es denn gefüttert? Der gute Baron wäre sicher nicht für die Ringelnatter Mäuse jagen gegangen!"

Bei dieser Vorstellung mußten sie beide herzlich lachen, und damit war der Vorfall erledigt.

König Carol bereitete Sissy und ihrem kleinen Gefolge einen Empfang mit Pauken und Trompeten. Sein Schloß erhob sich auf steilen Felsen, und auf den zu Tal führenden Serpentinen hatte die berittene Garde Aufstellung genommen. Die reich bestickten, bunten, prächtigen Uniformen ließen die abenteuerlichen Reiter mit ihren Kosakenmützen und Schnurrbärten überaus kriegerisch erscheinen. Der König selbst hatte seine Galauniform an und empfing seinen hohen Gast an der Freitreppe des Palastes.

„So ein Empfang", staunte Sissy, während König Carol ihr galant die Hand küßte. „Dabei bin ich ja bloß privat hier."

Was der König daraufhin sprach, ging in heftigem Trommelgerassel und ballernden Salutschüssen unter. Doch da er überaus erfreut lächelte, mußte es wohl etwas für Sissy höchst Schmeichelhaftes gewesen sein. Augenscheinlich war er von der Besucherin entzückt, weit weniger jedoch von Baron Nopcsa, der beim ersten Salutschuß vor Schreck fast seinen Zylinder fallengelassen hätte.

Noch am gleichen Abend fand ein prächtiges Diner statt, für das mehrere Ochsen geschlachtet worden waren. Es gab ein gewaltiges Feuerwerk, und im Hofe des Schlosses führten Tanzgruppen Volkstänze vor; ein von der Königin eingeführter Brauch, der als sehenswerte Bereicherung zum festlichen Abend beitrug. Mit ihren bunten Trachten und in den zu zündenden Rhythmen gezeigten Tänzen boten diese Gruppen ein Bild, an dem sich Sissy gar nicht satt sehen konnte. Begeistert klatschte sie Beifall. Das war auch eine ganz andere Unterhaltung als eine Darbietung des Burgtheaters – mit oder ohne Kathi Schratt...

Gegen Mitternacht begab man sich schließlich zur Ruhe, und Sissy suchte ihr Appartement auf.

Sie war müde, wollte nun nichts als schlafen und am folgenden Morgen einen Brief an Franzl schreiben. Sie hatte im Reich König Carols und seiner dichtenden Gefährtin auf dem Königsthron mancherlei gesehen und erlebt, was sie Franzl erzählen wollte.

Sie dachte auch noch über die Gespräche nach, die sie

mit der Königin über die Dichtkunst geführt hatte. Als sie begonnen hatte, Lyrik zu schreiben, hatte sie sich Heinrich Heine zum Vorbild genommen. Der Dichter galt ihr lange Zeit hindurch als unerreichbares Ideal; seine Verse schienen ihr als das Schönste vom Schönen. Doch im Lauf der Zeit hatte sich dieser Eindruck gewandelt, und je mehr sie sich davon freimachte, seine Wortwahl zu kopieren, und begann, eigene Formen zu finden, um so fremder wurde er ihr. Ja, sie fand sogar nun manches von dem, was er schrieb, kitschig, abgeschmackt, der Mode seiner Zeit allzu angepaßt.

In dieser Nacht nun, als sie abgespannt von den durchlebten Festlichkeiten die Decke über die Ohren zog und nichts als einschlafen wollte, beschlich sie plötzlich ein Grauen. Sie hatte das Gefühl, in dem dunklen Zimmer nicht mehr allein zu sein, und wußte zugleich, daß ihr Besucher aus einer anderen Welt kam.

Der Gast aus dem Jenseits war Heinrich Heine.

Er stand hell schimmernd an ihrem Bett. Entsetzt riß sie die Augen weit auf, hoffend, daß das Spukbild verschwinden möge.

„Was willst du von mir?" stieß sie hervor.

Heine beugte sich über sie; sie glaubte die Eiseskälte seiner Nähe zu spüren, die sie erschauern ließ.

„Ich will deine Seele aus deinem Körper reißen", sprach der Geist, „und ihn dafür mit meinem Sein besetzen. Deine Seele soll ruhelos sein, wie es jetzt die meine ist; die meine hingegen wird von nun an in deinem Körper weiterleben. Sträube dich nicht, Elisabeth; durch mich wirst du unsterbliche Werke schaffen!"

„Ich will aber nicht", wehrte Sissy seinem Willen, „ich

will ich sein und niemand sonst. Und was ich schreibe, soll aus meinem Geist kommen; der deine ist mir fremd und soll es bleiben!"

Das Antlitz des toten Dichters verzerrte sich schrecklich, und Sissy schrie auf. Die nebenan schlafende Marie Festetics erwachte von dem Schrei, warf schnell ihren Schlafmantel über und ergriff das Nachtlicht, das auf ihrer Kommode brannte.

Sie fand Sissy hoch aufgereckt in ihrem Bett sitzend und schweißbedeckt.

„Oh, Marie", stöhnte sie, „gut, daß Sie kommen! Heine war hier."

„Wer, Majestät? Welcher Heine?"

„Nun, welcher schon – der Dichter."

„Aber der ist doch längst tot!"

„Es war sein Geist, der von mir Besitz ergreifen wollte. Ich habe es aber nicht zugelassen, ich habe mich mit all meinen inneren Kräften dagegen gewehrt."

Ungläubig starrte Marie Festetics die Kaiserin an. Da trat auch Ida Ferenczy in das Gemach. Sie war gleichfalls durch die lauten Rufe der Kaiserin erwacht und voll Sorge um Sissy hierhergeeilt.

„Majestät – was ist passiert?" wollte sie wissen.

„Mir ist Heinrich Heine erschienen", murmelte Sissy, noch immer um Fassung ringend. „Er stand hier, direkt vor meinem Bett! Er wollte von mir Besitz ergreifen. Aber wahrscheinlich hatte ich schlecht geträumt."

„Sicherlich, Majestät", rief Marie, die annahm, daß Sissy ganz einfach die fetten Speisen an der Tafel König Carols nicht gut bekommen seien.

„Das ist gar kein Unsinn", erklärte Ida zu ihrer Überraschung. „Man kennt solche Fälle. Man nennt das ‚Besessenheit', wenn man von einem fremden Geist beherrscht wird."

„Aber das ist doch Aberglaube!"

„Nennen Sie es, wie Sie wollen, aber das gibt es wirklich, und Majestät hat das einzig Mögliche in so einem Fall getan, nämlich ihre ganze innere Abwehrkraft zu mobilisieren."

„Ich danke Ihnen, Ida", seufzte Sissy erleichtert, „daß wenigstens Sie mir glauben und mich nicht für verrückt halten. Ich habe Verrückte genug in der Verwandtschaft und möchte nicht auch noch für geisteskrank gelten!"

Marie warf einen seltsamen Blick auf sie. Sissy spürte ihn und nahm sich zusammen. Das fehlte ihr ja noch, daß man womöglich mit ihr verfuhr wie mit König Ludwig und seinem armen, kranken Bruder Otto! „Geht schlafen", sagte sie deshalb und überwand ihre Furcht, nun wieder allein in dem dunklen Zimmer bleiben zu müssen.

„Nein, Majestät", widersprach Ida. „Ich bleibe hier. Ich lege mich auf das Sofa. Ich weiß, wie das ist, und halte dieses Ereignis, ob es nun ein Traum war oder nicht, für eine Warnung vor etwas Schlimmem, das auf uns zukommen wird."

„Wir befinden uns also in einem Spukschloß", stellte Marie Festetics verärgert fest. „Werden wir noch lange hierbleiben, Majestät?"

Sie sehnte sich schon nach Wien.

Sissy lächelte: „Sie können dem Baron sagen, daß er alles für unsere baldige Abreise vorbereiten soll."

Marie nickte erleichtert.

Am folgenden Morgen war Sissys nächtliches Erlebnis natürlich Gegenstand des Tischgesprächs beim Frühstück. Sissy hatte es gar nicht erwähnen wollen, aber Ida von Ferenczy brachte die Sprache darauf.

Carmen Sylva, die ganz zwanglos erschien und sich mit an den Tisch setzte, wehrte die Hofdamen ab, die sich höflich erheben wollten. „Bleiben Sie nur sitzen, meine Damen. Worüber haben Sie übrigens gerade gesprochen? Es schien mir recht interessant, Ihren Mienen nach zu schließen."

Ida erzählte nun von Sissys Traum. Die Königin hörte sich die Geschichte ruhig an und nickte dann nur zu ihrer aller Erstaunen.

„Ich hatte einen ähnlichen Traum", erzählte sie, „da hatte Heine mir das gleiche Ansinnen gestellt."

„Das ist ja richtig unheimlich", gestand Marie Festetics. „Vielleicht war es gar kein Traum. Vielleicht spukt es wirklich in diesen alten Mauern?"

„Wenn, dann glaube ich nicht, daß es sich um einen ortsgebundenen Spuk handelt", meinte die Königin. „Zumindest nicht, was Heinrich Heine betrifft. Der sucht sich seine Opfer offenbar aus. Und er ist keines von den Schloßgespenstern, die es der Sage nach auf Sinaia geben soll, von denen mir übrigens noch keines begegnet ist."

„Ein Schloßgespenst haben wir auch, in der Hofburg in Wien", erzählte Sissy. „Es ist dies die ‚Weiße Dame'. Man erzählt, daß sie auf dem Dach des Schlosses erscheint und auch in den Gängen und Zimmern spukt, wenn dem Haus Habsburg Unheil droht."

„Ein Familiengespenst also", meinte Königin Carmen Sylva.

„Ich verstehe nichts von Gespenstern und will auch gar nichts davon wissen", meinte Marie von Festetics. „Und ich finde es ganz richtig, daß Seine Majestät spiritistische Sitzungen in der Hofburg und in Schönbrunn oder Laxenburg einfach verboten hat. Was soll es denn überhaupt bringen, wenn man mit Toten redet?"

„Ja, Franzl hat dafür nichts übrig", nickte Sissy. „Und an die ‚Weiße Dame' glaubt er auch nicht. Ich denke da anders; ich weiß, daß es Dinge zwischen Himmel und Erde gibt, von denen sich unsere Schulweisheit nichts träumen läßt, wie Shakespeare sagt."

„Oh ja, die gibt es", nickte Carmen Sylva ernst und nachdenklich.

„Und", fuhr Sissy fort, „einen Wunsch habe ich noch: Die ‚Weiße Dame' möge nicht so bald in unserer Hofburg erscheinen. Von mir aus braucht sie niemals zu kommen. Nie!"

4. Ein Fest für ganz Österreich

Wenige Wochen später konnte man in der „Neuen Freien Presse" in Wien einen Artikel über Kaiserin Elisabeths Besuch auf Schloß Sinaja lesen. Sissy hingegen war schon wieder in Bayern.

Sie schien sich die Vorhaltungen der rumänischen Königin zu Herzen genommen zu haben. Sie dichtete nun nahezu unaufhörlich. Marie-Valerie und Gisela waren bei ihr und staunten über so viel Schaffensdrang. Dazu kam noch, daß ihre Mama die Gedichte nun per Kurierpost nach Wien in die Staatsdruckerei bringen ließ. Dort wurden sie gesetzt, und es wurde jedes Gedicht nur auf ein einziges Blatt gedruckt. Danach wurden die Blätter in eine eiserne Kassette verschlossen; die Setzer aber mußten sich durch einen Eid verpflichten, über Art und Inhalt der Gedichte Stillschweigen zu bewahren.

„Nach meinem Tod soll man sie drucken", verfügte die Kaiserin, „und der Erlös soll politisch Verfolgten zugute kommen, Menschen, die wie ich die Freiheit lieben."

Gisela fand das ein wenig überspannt. Marie-Valerie hingegen meinte, es sei ganz gut, wenn Mama sich auf diese Weise beschäftige. Das vertreibe ihr die düsteren Gedanken, die sie manchmal bedrückten.

In der Tat hatte Sissy, seit sie in jener Nacht auf Sinaja Heinrich Heine an ihrem Nachtlager zu sehen glaubte, Stunden, in denen sie sich düsteren Zukunftsgedanken hingab. In ihrer bayrischen Heimat hoffte sie am ehesten, davon loszukommen; doch der Anblick des Starnbergersees, der die Roseninsel umschloß, erinnerte sie an die Tragödie des Königs Ludwig.

Am 18. August fand sich die ganze Familie zu Franzls Geburtstag in Ischl zusammen. Es sollte eine große Feier werden, denn auch Rudolfs Geburtstag fiel in den August.

Doch des „Kaisers Geburtstag" war nicht nur ein Familienfest für Franz Joseph und seine Angehörigen. Es war auch ein Feiertag für die Völker Österreich-Ungarns, und so hatten die Kinder von Krakau bis hinab nach Triest an diesem Tage schulfrei; die Häuser zeigten schwarzgelben Flaggenschmuck – dies waren die Farben der Habsburger –, und überall fanden große Feiern statt.

Die Pfarrkirche von Ischl, in der ein Festgottesdienst gehalten wurde, konnte die Menschenmenge kaum fassen. Vorne beim Hochaltar kniete die kaiserliche Familie auf ihren Betstühlen. Alle sangen ehrfürchtig zum dröhnenden Klang der Orgel die Haydn-Messe mit, und nachdem der Pfarrer der Gemeinde seinen Segen erteilt hatte, die Hymne:

> Gott erhalte, Gott beschütze
> Unsern Kaiser, unser Land!
> Mächtig durch des Glaubens Stütze
> Führt er uns mit weiser Hand.
> Laßt uns seiner Väter Krone
> Schirmen wider jeden Feind!
> Innig bleibt mit Habsburg's Throne
> Österreichs Geschick vereint!

Als der Kaiser das Gotteshaus verlassen wollte, gab man ehrerbietig den Weg frei und bildete eine Gasse bis hinauf zum fahnengeschmückten Platz vor der Kirche; rings um Ischl dröhnten die Böllerschüsse zum sonnigen Augusthimmel.

Erzherzog Franz Salvator war auch geladen. Er und Marie-Valerie warfen einander sehnsüchtige Blicke zu, als sie sich an der Tafel in der Kaiservilla schräg gegenüber saßen.

Franzl merkte das gar wohl, doch er tat, als sähe er es

nicht; vor kurzem hatte er ein ernstes Gespräch wegen seiner Tochter und des sächsischen Prinzen mit dem Ministerpräsidenten und Fürst Montenuovo gehabt. Beide Herren meinten, daß man den angesagten Besuch des Prinzen nun nicht länger hinauszögern könne; wobei ihr Plan sehr deutlich wurde: Die ‚Sächsische Heirat' sollte um jeden Preis zustande kommen.

Marie-Valerie ahnte nichts von dem Unheil, das sich über ihr und Franz Salvators Haupt zusammenbraute. Valerie baute auf das Versprechen, das ihr Vater der Mutter damals in der Hermesvilla gegeben hatte.

Und in der Tat war es dieses Versprechen, das die beiden Verliebten vor einem Scheitern ihrer hoffnungsvollen Zukunftspläne bewahrte.

Kathi hatte die der Kaiservilla nahe gelegene ‚Villa Felicitas' gemietet und kam nachmittags zum Tee herüber, während der Kronprinz und Franz Salvator spazierengingen. Dabei unterhielten sie sich über die nicht gerade rosige politische Lage.

Franz Salvator wollte dem Deutschen Kaiser seine Dienste anbieten und in dessen Armee eintreten. „Doch dann könnte es ja eines Tages passieren, daß ich gegen die Österreicher und meine eigenen Verwandten ins Feld ziehen muß", äußerte er seine nunmehrigen Bedenken. „Österreich und Deutschland sind zwar im Bunde, aber..."

„Ja, gewiß", meinte Rudolf. „Dieser Bund gefällt mir so wenig wie dir. Ich wäre lieber mit Frankreich und England verbündet als mit Preußen... Auf jeden Fall wäre aber der Zar ein übermächtiger Gegner. Wir wären nicht imstande, auch nur halb so viele Soldaten ins

Feld zu schicken wie er, wenn es darauf ankommt."

„Hoffentlich kommt es nie so weit."

„Man muß auf alles gefaßt sein."

„Ja, das muß man; und deshalb werde ich meinen Plan fallen lassen, aber dein Papa hat ja anscheinend keine rechte Verwendung für mich."

„Für mich auch nicht", lachte Rudolf bitter.

„Nun, du bist doch der Thronfolger!"

„Und was ist das schon? Einer, der in einem Vorzimmer sitzt und wartet, bis er an die Reihe kommt. Und daß dies geschieht, dazu muß erst der eigene Vater sterben." Rudolf fühlte sich wirklich nicht wohl in seiner Haut. Man konnte es ihm ansehen. Er sah kränklich und überraschend gealtert aus. Franz Salvator betrachtete ihn mit gerunzelter Stirn. Der Kronprinz wollte ihm gar nicht gefallen.

In der Kaiservilla unterhielten sich inzwischen Sissy, Kathi und Franzl bei Kaffee und Guglhupf über die Zukunft von Marie-Valerie.

„Ischl ist voll von Prominenz; alle Welt ist hier: der Strauß, der Girardi, Maler, Dichter, Journalisten, Fabrikanten."

„Ja, ja", nickte der Kaiser zu dem Bericht von Kathi. „Und alle glauben, ich hätte keine Probleme. Ich weiß nun wirklich nicht, wie ich es der armen Kleinen beibringen soll."

Sissy setzte klirrend ihre Tasse ab und spitzte die Ohren.

„Meinst du etwa Marie-Valerie?" fragte sie aufhorchend.

„Wen sonst", brummte Franzl griesgrämig. „Seit Wochen geht schon diese Debatte um die „Sächsische Heirat". Ich kann den Prinzen nicht länger hinhalten, das wäre ja ein Affront ersten Ranges!"

„Warum ihn hinhalten?" meinte Sissy. „Laß ihn ruhig kommen und sag ihm, daß die Kleine bereits verlobt ist."

„Wenn ich das tue, trifft den Montenuovo glatt der Schlag", versicherte der Kaiser.

„Damit würde mir der Fürst die allergrößte Freude machen", lachte Kathi aus vollem Halse. „Verzeihung, Majestät, aber das wäre wahrhaftig kein Unglück!"

„Das sagen Sie", brummte Franzl. „Sie sind ja auch nicht der Kaiser..."

„Nein, im Ernst", beharrte Sissy auf ihrem durchaus seriös gemeinten Vorschlag. „Sie sollen sich verloben; ist das nicht ihr gutes Recht? Ich kann mir nicht vorstellen, daß der Prinz dann noch die Geschmacklosigkeit besäße, auf seiner Werbung zu beharren. Vergiß nicht, was du mir versprochen hast, Franzl!"

Der Kaiser warf einen sehnsüchtigen Blick nach draußen. Ihm schien es plötzlich in der Villa zu warm zu werden.

„Manchmal möcht' ich am liebsten auf und davon", gestand er.

„Das Glück unserer Kinder geht mir über alles", versetzte Sissy standhaft." Wir dürfen uns da von niemandem dreinreden lassen, Franzl!"

„Das ist ein Standpunkt", meinte er, „den sich jeder andere leisten kann, nur ein Kaiser nicht. Der Kaiser muß in allem und jedem das Wohl seines Volkes im Auge haben, denke an den Krönungseid."

„Aber das betrifft doch nicht unser Privatleben, Franz."

„Eine kaiserliche Familie hat kein Privatleben", erklärte er bitter. „Unser Rudi gehörte dem Volk von dem Moment an, da er geboren wurde. Schon diese Geburt war ein ‚offizieller Akt', das weiß doch niemand besser als du. Und als ich zur Welt kam – so hat mir meine Mutter erzählt –, dauerte es vier Tage von morgens bis spät abends, bis sämtliche Honoratioren und solche, die sich dafür hielten, das Kreißzimmer passiert hatten. Meine arme Mutter und ich wurden von allen begafft."

„Verstehst du nun, weshalb Rudi und ich stets von ‚Freiheit' reden?" meinte Sissy ernst.

„Freiheit – was ist Freiheit? – Wir sind ja dazu da, Freiheit zu schaffen; für die anderen, nicht für uns selbst. Wem irgendwo in der Monarchie durch irgendeine Behörde Unrecht geschieht, der kommt zu mir... Ich muß dann alles wieder ins rechte Lot bringen und dem Bürger sein Recht verschaffen. Wenn im Reichsrat eine Partei die andere zu benachteiligen sucht, oder die Beschlüsse nur auf Augenblickserfolge abzielen und nicht die zukünftige Entwicklung berücksichtigen, wer hat dann sein Veto stets eingelegt? Der Kaiser. Dazu ist er da. Lebten wir in einer Republik, ginge längst alles drunter und drüber, denn in den Republiken ist keiner da, der darauf achtet, daß das Gesamtwohl vor dem Vorteil einzelner Gruppen oder gar Personen steht", meinte Franz Joseph überzeugt.

„Du weißt selbst, daß das Theorie ist, Franzl. Du müßtest ja allwissend sein, könntest du das wirklich tun."

„Natürlich kann ich nicht überall sein, mein Engel. Aber ich bemühe mich, mein Bestes zu geben. Mehr kann wirklich niemand, als aus ehrlicher Absicht das Menschenmögliche tun; das ist meine Absicht, und darum bemühe ich mich. Ich habe mir mein Amt nicht ausgesucht und mich nicht dazu gedrängt oder wählen lassen; es war die Vorsehung, das Geschick; Gottes Wille war es, der mich dazu bestimmt hat. Ich versuche, das Beste daraus zu machen, doch als Mensch kann ich nur hoffen, daß ich genügend Kraft und Verstand habe, die richtigen Entschlüsse zu fassen und durchzusetzen."

Seine Stirn lag in schweren Falten, und Sissy wußte, daß er es aus ganzer Seele ehrlich meinte. Sie drückte bewundernd und mitfühlend seine Hand. Das war der Kaiser, den sein Volk liebte, und der seinerseits wieder bereit war, sein persönliches Glück zu opfern für Volk und Land.

„Man kann Sie nur bewundern, Majestät."

Da stand plötzlich die Stimme von Kathi im Raum. Daß sie anwesend war, hatten Franz und Sissy fast vergessen, so still und unaufdringlich hatte sie sich verhalten. Aber sie brach dennoch mit diesen Worten den Bann.

„Da ist doch nichts zu bewundern, meine beste Freundin", meinte Franzl einfach. „Ich tu' doch bloß meine Pflicht! Wir haben fast sechshundert Jahre lang die Geschicke dieses Reiches gelenkt und es unserer übernommenen Aufgabe gemäß als Wahrer und Mehrer des Reiches getan. Österreich lebt im Wohlstand, ist mächtig und geachtet. Schaut euch Wien an, wie es war, und wie es heute ist! Und so, wie es unter meiner Regierung entstand, wird die Residenzstadt unseren Kindern und Kindeskindern als Wohnung dienen. Die alten Wälle sind gefallen, der Donaustrom wurde reguliert, ich habe den Wienern die Hochquellbrunnen geschenkt. Dieses Reich hat nun ein Eisenbahnnetz, das selbst über den Brenner, den Arlberg und den Semmering führt. Ich habe Hochschulen, Akademien und Museen geschaffen und Österreichs Beitrag zur Erforschung unbekannter Gebiete ermöglicht: Unsere stolze „Novara" umsegelte die ganze Welt..."

Der Kaiser hatte sich in gerechten Eifer geredet, so, als wollte er sein Lebenswerk gegen Andersdenkende und Zweifler verteidigen. Zu diesen „Andersdenkenden" gehörten freilich Sissy und Rudolf, sein Sohn.

Vor allem Rudolf war die Verfassung, auf Grund derer der Kaiser regieren mußte, ein Dorn im Auge. Den Interessen des Kaisers von Österreich standen häufig genug die des Königs von Ungarn im Wege, von den Böhmen und anderen Nationalitäten erst gar nicht zu reden. Als einzige mögliche Lösung aus diesem steten Dilemma erschien Rudolf eine Europäische Union freier Staaten nach amerikanischem Muster, freilich den Verhältnissen und Erfordernissen des Kontinents angepaßt. In dieser Union konnte es sowohl Monarchien als auch Republiken geben, die ihre Repräsentanten in ein gemeinsames, überregionales Parlament entsendeten. Über diesem sollte als Mann des Ausgleichs, der nach jeder Richtung hin für Gerechtigkeit sorgte, der Kaiser stehen.

Das waren moderne Gedankengänge, sie waren ihrer Zeit weit voraus und erschienen erzkonservativen Kreisen, die um den Bestand ihrer alten Rechte und Privilegien fürchteten, als höchst gefährlich. Aber auch auswärtige Regierungen und Monarchen, die durch ihre Spitzeldienste die Ansichten des österreichischen Thronfolgers kannten, mußten im Falle des Gelingens solcher Pläne naturgemäß um ihr bisheriges Ausmaß an Souveränität fürchten. Und sie würden wohl kaum gewillt sein, dies zu akzeptieren.

Franz Joseph erkannte die Gefahren, die sein Sohn mit jugendlichem Sinn heraufbeschwor. Er hatte ihn oft genug vor den möglichen Folgen gewarnt. Aber nach einer vorübergehenden Phase der Beruhigung als Folge seiner Erkrankung war Rudolf in letzter Zeit in seinem Freundeskreis wieder aktiv geworden.

Dieser Umstand erfüllte den Kaiser mit größerer Sorge als das Heiratsproblem von Marie-Valerie. Aber zu Sissy sagte er kein Wort davon, da er sie nicht beunruhigen wollte. Er versuchte zwar, Rudolf besser überwachen zu lassen, doch der Kronprinz fand immer wieder Mittel und Wege, sich dieser lästigen Aufsicht zu entziehen.

Rudolf drohte Gefahr sowohl vom Ausland als auch aus Kreisen im Reiche selbst, und manche seiner heimlichen oder auch offenen Gegner handelten in der ehrlichen Überzeugung, Kaiser und Krone vor gefährlichen Experimenten schützen zu müssen. Das galt auch für den künftigen Thronerben, der ihnen manchmal ebenso verdächtig und unbegreiflich erschien, wie einst König Ludwig manchen Bayern.

Floß nicht das gefährliche Blut der Wittelsbacher auch in seinen Adern? Was war zu erwarten und zu befürchten, wenn er eines Tages an die Macht käme? Der künftige Wunschkaiser mancher Kreise war der lebenslustige, zu jedem Spaß bereite und unaufhörlich für Gesprächsstoff sorgende Erzherzog Otto. Der würde wahrscheinlich leicht zu lenken sein, weil er nachgiebig war und allen Schwierigkeiten aus dem Weg ging.

Mit Reformplänen beschäftigte er sich sicher nicht. Seine Gesellschaft auf seinem zum Lustschloß ausgebauten Gut Schönau bei Wien, Schrammelmusik und hin und wieder auch Reisen füllten ihn aus. Sein Kunstinteresse konzentrierte sich auf das Ballett; er fand Tänzerinnen interessanter als die Probleme der hohen Politik. In seiner Art war er ein liebenswürdiger Lebenskünstler, bei dem die Kongresse eher getanzt und nicht getagt hätten.

Elisabeth versuchte, das Gespräch dieses Festtags in seine ursprünglichen Bahnen zu lenken. Sie kämpfte um das künftige Glück ihrer Tochter Marie-Valerie.

Verspätet erschien plötzlich die Kronprinzessin. Sie war von einem Spaziergang mit einem Strauß frisch gepflückter Blumen zurückgekehrt.

„Rudolf spricht kaum mehr mit mir", beschwerte sie sich. „Ich habe das Gefühl, überflüssig zu sein. Wahrscheinlich bin ich es auch."

„Wie traurig", meinte Sissy, die durch diese Klage Mut zu einem neuen Vorstoß für ihre Tochter Marie-Valerie schöpfte. „Das kommt davon, wenn Staatsinteressen bei einer Heirat im Vordergrund stehen!"

„Ja, man hat mich auch nicht gefragt", unterstützte Stephanie Sissy. „Ich war noch ein Kind und konnte mich nicht zu Wehr setzen. Aber Marie-Valerie und

Franz Salvator sollten den Staatsinteressen nicht geopfert werden!"

„Das meine ich auch", lächelte Sissy, dankbar für diese Unterstützung.

„Dann sollte man sie auch heiraten lassen", erklärte Kathi. „Auch bei uns am Burgtheater heißt es doch so schön: ‚Das Publikum hat's gern, wenn sich die Paare finden'..."

5. Das Traumschloß

Noch immer war man in Ischl. Am 21. August hatte nämlich auch Rudi Geburtstag. Daß am gleichen Tag übrigens auch Franz Salvator einundzwanzig Jahre alt wurde, hätte der Kaiser beinahe übersehen. Sissy erinnerte ihn daran, und Franzl gratulierte auch dem jungen Mann, der sein Schwiegersohn werden wollte, recht herzlich.

Marie-Valerie und auch Sissy warteten darauf, daß der Erzherzog die günstige Gelegenheit ergreifen würde, um die Hand Marie-Valeries anzuhalten. Auch Franz Joseph sah das kommen; doch er hatte in dieser Angelegenheit noch keinen Entschluß gefaßt und rettete sich in ein Gespräch über belanglose Dinge. Franz Salvator begriff betreten und wagte kein weiteres Wort.

Die Blicke, die er und Marie-Valerie wechselten, sprachen von ihrer Enttäuschung. Sie entgingen auch dem Kaiser nicht; doch er tat, als wisse er von den Herzensnöten der beiden jungen Leute nichts, Sissy war verärgert, doch Franzl setzte sich zu ihr und legte begütigend seine Hand auf ihren Arm.

„Kommt Zeit, kommt Rat", gab er ihr zu verstehen. „Auch ich denke an das Glück unseres Kindes, genau wie du. Aber du weißt ja, daß das bei uns nicht so einfach ist wie bei anderen Leuten. Vielleicht, Sissy, daß es zu Weihnachten klappt. Und da gibt's ja auch ein Geburtstagsfest, nämlich deines."

„Da bin ich schon Fünfzig", sagte sie und ärgerte sich noch mehr.

„Erst Fünfzig", lachte Franzl.

Seufzend wechselte sie das Thema: „Sind unsere schönen Tage von Ischl vorbei, fahre ich wieder nach Griechenland. Herr von Warsberg kennt sich in griechischer Geschichte sehr gut aus und wird mich zu den historischen Stätten führen."

„Und ich hoffte, du kämest im Herbst mit nach Reichenau", meinte Franzl nun seinerseits enttäuscht.

In Reichenau an der Rax war der Kaiser sehr gerne. Die nahegelegene Villa Wartholz war kaiserlicher Besitz, und von dort aus ging Franzl hin und wieder gern auf die Jagd. Nach all der unendlich langen Schreibtischarbeit zog es ihn oft in den Wald; hier genoß er die frische Luft, und die Jagd war der Ausgleich, den er immer wieder benötigte. Da er ein hervorragender Schütze war, bereitete sie ihm große Freude.

Sissy allerdings lehnte das Schießen auf Tiere ab. Sie liebte diese viel zu sehr. Für sie war die Villa ein Ausgangs- und Endpunkt ausgedehnter Spaziergänge; sie ging oft halsbrecherische Felssteige, sehr zum Entsetzen ihrer Begleiterinnen, ohne die sie keinen Schritt tun durfte.

Doch Sissy zog es wieder in die Ägäis hinaus, zu ihrer heimlichen Trauminsel Korfu, wo in ihren Gedanken schon ein Schloß im Stil eines antiken Tempels entstand.

Franzl, der ihr mit der Hermesvilla ein so prächtiges Geschenk gemacht hatte, ahnte von ihren heimlichen Wünschen und Träumen nichts. Bedeutete doch der Bau auf Korfu nichts anderes, als daß sie alljährlich lange Zeit hindurch getrennt sein würden. Denn Franzl konnte ja unmöglich mit all seinen Regierungsgeschäften nach Korfu übersiedeln!

Sissy wollte die Studienreise nach Griechenland dazu nutzen, um sich nach einem geeigneten Bauplatz umzusehen. Denn sie war fest entschlossen, ihren Traum zu verwirklichen.

Diesmal nahm sie auch die alte, jetzt schon fast taube Landgräfin Fürstenberg wieder mit, außerdem Ida von Ferenczy, Sarolta von Majlrath und Maria von Festetics. Die große Reise zu den griechischen Inseln wurde auf dem ‚Greif' unternommen, einem schon bejahrten Kahn. Der ‚Greif' war zu diesem Zweck auf Hochglanz renoviert worden und lag nun schimmernd weiß lackiert in Triest vor Anker.

Baron Nopcsa erwartete die kleine Gesellschaft bereits zusammen mit dem Freiherrn von Warsberg. Warsberg war nicht nur österreichischer Konsul in Athen, sondern beschäftigte sich sehr mit der klassischen griechischen Geschichte.

So begann eine Entdeckungsfahrt auf den Spuren Homers. Doch das Wetter war elend, es gab Sturm und Regen, und die Mannschaft des ‚Greif' war über diese Kreuzfahrt wenig erbaut. Auf Scheria pflückte Sissy einen riesigen Blumenstrauß genau an jenem Platz, wo Odysseus einst an Land gegangen und Nausikaa begegnet war. Diese Blumen sandte sie von Athen aus nach Österreich. Sie standen schon halb verwelkt etliche Tage danach auch auf Franzls Schreibtisch, und er betrachtete sie sorgenvoll und mißvergnügt.

„Was kann dir diese Fahrt bei dem schlechten Wetter in Griechenland schon geben, mein Engel?" schrieb er sich für die Blumen bedankend an Sissy. „Komm doch heim, nach Wien! Dein Franzl wartet auf dich!"

Und er erfuhr im Antwortbrief, daß sie erst an ihrem Namenstag zurück kommen werde.

Und bis dahin war es noch lang; denn Elisabeth stand ja erst am 19. November auf dem Kalenderblatt.

Korfu... Korfu im Regen. Elisabeth fand es dennoch wunderschön. In ihren Gedanken lebte sie in der Antike, als eine Sappho, die von einem steilen Felsen aus aufs Meer hinunterblickte und ins Reich der Phantasie entrückt ihre Dichtungen zu Papier bringen würde.

Sie übersah in ihrer Begeisterung jedoch die schlechte Laune der Reisegesellschaft und der Mannschaft des ‚Greif'. Diese gab die Schuld an den für das alte Schiff nicht risikolosen Kreuzfahrten dem Konsul Warsberg, der der Kaiserin immer wieder sehenswürdige Stätten und Denkmäler einer großen Vergangenheit zeigen wollte.

Sissy fand seine Erzählungen und schwärmerischen Schilderungen so spannend, daß sie oft glaubte, die Helden der Antike seien eben erst hier gewesen und könnten ihnen jeden Augenblick wiederbegegnen. Sie war vom Konsul begeistert.

Die Reise nach Griechenland war für vierzehn Tage geplant, doch nun waren sie schon drei, vier Wochen unterwegs, und immer wieder gab es Neues zu sehen. Auch das Wetter besserte sich allmählich, und so fiel der Abschied von der Ägäis schwer.

Aber daheim wartete ja Franzl voll Ungeduld, und es warteten auch Pflichten auf die Kaiserin...

„Konsul, ich möchte auf Korfu bauen. Ich möchte Sie bitten, sich nach einem Bauplatz für mich umzuschauen. Sie kennen meine Vorstellungen und Pläne. Auf Korfu zu leben, ist mein großer Wunsch. Hier möchte ich einmal alt werden..."

„Majestät können sich auf mich verlassen", versicherte der Freiherr verständnisvoll. „Ich werde nach Wien berichten, sobald ich etwas in Erfahrung bringe, und mir auch erlauben, geeignete Vorschläge hinsichtlich der Gestaltung der Anlage zu machen. So wie ich Majestät verstanden habe, soll sie ja im Stil der Antike entstehen."

„So ist es, Herr von Warsberg. Ich möchte dieses Lebensgefühl kennenlernen. Es muß ein ganz anderes gewesen sein, als es die Menschen von heute empfinden. So ganz losgelöst von der Eile und Hast unserer Tage, deren Göttin ja die Technik geworden ist. Es vergeht kein Tag ohne neue Erfindungen, und niemand weiß, wohin das alles noch führen soll, und ob es auch wirklich zum Wohl der Menschheit ist."

„Nun, Majestät sind im Irrtum, wenn Sie glauben, daß die Menschen der Antike ein allzu beschauliches Leben geführt haben. Denken Majestät bloß an die fortgesetzten, grausamen Kriege. Und lesen Majestät einmal bei Platon nach... die damaligen Politiker kämpften offenbar mit den gleichen Problemen wie die von heute. Die Zeiten haben sich wohl gewandelt, die Menschen in ihren positiven und negativen Eigenschaften sind gleich geblieben."

Als der Greif heimwärts in See stach, saß Sissy recht gedankenverloren auf seinem Verdeck und schaute in jene Richtung, in der Korfu lag. Die Insel war nicht mehr zu sehen, und sie hatte das Gefühl, als gäbe es den Ort, an dem sie wirklich glücklich sein könnte, nur in ihrer Phantasie.

Welche Hoffnungen hatte doch Franzl an die Hermesvilla geknüpft, die so viel Geld und Mühe gekostet hatte! Und Sissys Traumschloß im Mittelmeer, würde es die Hoffnungen erfüllen, die sie in dieses vorläufig nur in ihren Gedanken existierende Bauwerk setzte?

Sissy wußte es nicht. Nun fuhr sie heimwärts. Und von Wien ging es wie alljährlich zur Weihnachtszeit zu ihrem lieben Gödöllö, um dort den Heiligen Abend und ihren fünfzigsten Geburtstag zu feiern...

Ich werde eine alte Frau, sagte sie sich. Eine kindische, alte Frau, in deren Gehirn noch die Wünsche und Träume eines jungen Mädchens sind. Armer Franzl, ich glaube, du hast es mit mir wirklich nicht leicht!"

Es waren trübe Gedanken, die sie an diesem Nachmittag an Deck des ‚Greif' beherrschten, der sie mit jeder Umdrehung seiner Schiffsschrauben dem Heimathafen Triest näher brachte.

Und wahrscheinlich, fuhr sie in ihren selbstquälerischen Vorwürfen fort, bin ich auch gar keine so gute Kaiserin, wie manche Leute, besonders in Ungarn, meinen. Franzl denkt zuerst an alle anderen und dann erst an sich selbst. Ich aber bin schrecklich selbstsüchtig!

Es war letzten Endes die Aussicht auf den bevorstehenden fünfzigsten Geburtstag, mit dem sie in Hinblick auf ihr Alter eine Art von Schmerzgrenze erreichen würde, die sie so trübe stimmte, so daß es auch ihren Hofdamen nicht möglich war, sie in eine bessere Laune zu versetzen. Nur die alte Gräfin Fürstenberg sorgte immer wieder für unfreiwillige Heiterkeit, da sie trotz ihres Hörrohres selten etwas verstand.

„Majestät, warum so traurig?" fragte die alte Dame teilnehmend und nahm in einem Liegestuhl neben Sissy Platz.

„Es sind mir so verschiedene Dinge eingefallen", meinte Sissy. Die Landgräfin fuhr erschrocken in die Höhe.

„Wie, Majestät, Ihnen sind Ringe hineingefallen, doch nicht etwa ins Wasser!"

„Ach, liebste Landgräfin, Sie verstehen wieder einmal alles verkehrt."

„Majestät haben recht, ich bin nicht sehr gelehrt. Hoffentlich waren die Ringe nicht wertvoll. Ein Taucher würde sie ja auch gar nicht wiederfinden, da unten auf dem Meeresgrund. So tief kommt er ja gar nicht."

„Landgräfin, die Angelegenheit mit den Ringen können Sie vergessen."

„Ja, ja, am Ende würde er sogar von einer Seeschlange oder einem anderen Meeresungeheuer gefressen. Sowas soll es ja da unten geben!"

Der Landgräfin sträubten sich die Haare bei dieser

Vorstellung. Nun aber lachte Sissy, und die trüben Gedanken waren ein wenig verdrängt.

Ob das Traumschloß je wirklich gebaut werden würde? Je weiter sie sich von Korfu entfernten, um so ferner und unwirklicher erschienen Sissy all diese Wunschträume.

Und die Realität: das waren Franzl, ihre Kinder, der Hof mit seinen Freuden und Widrigkeiten und schließlich die vielen Pflichten einer Kaiserin. Und eine Pflicht als Mutter: Das Versprechen, daß ihre Tochter den Franz Salvator heiraten könne. Franzl mußte nun endlich seine Einwilligung zur Verlobung von Marie-Valerie mit Franz Salvator geben.

Weihnachten muß er es tun, an meinem Geburtstag kann er es mir nicht verweigern, sagte sich Sissy. Und was kann es Schöneres geben, als eine Verlobung gerade am Heiligen Abend?

Sie nahm sich nun fest vor, diese Heirat unbedingt durchzusetzen. Vorausgesetzt – und plötzlich hegte sie diese Befürchtung –, daß nicht während ihrer Abwesenheit von Wien in der Hofburg etwas passiert war, wovon sie jetzt noch nichts wußte.

Aber dann würde es mir Franzl doch geschrieben haben, sagte sie sich vertrauensvoll. Aber würde er wirklich? Wie, wenn es ihm zu unangenehm war, ihr mitzuteilen, daß „die anderen" den Sieg davon getragen hatten?! Nun, das entsprach sicher nicht seiner Art. Aber er war ja auch nur ein Mensch und vielleicht auf Grund des Alters schon des Kämpfens etwas müde.

Nun, sie waren eben beide nicht mehr zwanzig, als sie noch geglaubt hatten, in jugendlichem Ungestüm alle

Hindernisse überwinden zu können. Damals hatten ihre Herzen gesiegt. Inzwischen aber hatten sie allzu oft erkannt, daß man sich mit Kompromissen zufrieden geben muß.

Aber Marie-Valerie war noch jung, und sie hatte ein Anrecht auf ihr Glück. Doch der Gedanke, daß etwas Unwiderrufliches inzwischen passiert war, ließ Sissy Meile um Meile zählen, die sie noch vom Festland trennte. Ungeduld erfaßte sie; nun auf einmal konnte es ihr gar nicht schnell genug gehen, wieder nach Wien zu kommen. Ach Franzl, du weißt ja gar nicht...

Auch Franzl sehnte Sissys Rückkunft herbei, wenn auch aus einem anderen Grund. Die Wiener fingen an, sich über ihr langes Fernbleiben vom Hof lustig zu machen. Und die häufigen Besuche Kathis beim Kaiser ließen das Gerede auch nicht gerade verstummen. Sie hatte übrigens bereits einen Spitznamen erhalten. Allgemein wurde sie nur die „Gnädige Frau" genannt.

Sissy wurde in Wien jedenfalls von Franzl herzlich empfangen, und gleich in der ersten Stunde ihres Beisammenseins brachte sie das Problem der Verlobung von Marie-Valerie zur Sprache. Franzl runzelte seine Stirne, denn er hatte noch immer keine endgültige Entscheidung getroffen...

Rudi, den Sissy gerne begrüßt hätte, war wieder einmal auf der Jagd in den Karpaten.

„Er hat übrigens in Preßburg die Baronin Vetsera getroffen", erfuhr die Kaiserin über ihre Hofdame Ida Ferenczy.

Nach längerer Zeit hörte Sissy diesen Namen wieder, doch sie dachte sich nichts dabei, während er bei Ida offenbar unliebsame Empfindungen hervorrief.

Sissy besuchte die Kronprinzessin, die eben Klavierstunden nahm.

„Es ist schrecklich", beschwerte sich diese, „aus der unter unserem Appartement gelegenen Hofküche dringt stets der unangenehme Speisegeruch zu uns herauf, man kann kaum die Fenster öffnen. Und dann hat Rudi mich ein paarmal in Lokale mitgenommen, in denen unmögliche Menschen verkehren, Mama!"

„Was war denn in diesen Lokalen los?" fragte Sissy ein wenig neugierig.

„Nun, die Leute, mit denen er sich einläßt, sind gesellschaftlich nicht tragbar", erwiderte Stephanie. „Da bin ich doch völlig fehl am Platz! Seit neuestem gehört ein Fiaker – verstehst du? – ein Fiaker zu diesem Kreis! Ein dicker Mensch, der noch dazu Bratfisch heißt! Wie kann man bloß einen solchen Namen haben! Und solche Manieren!"

„Ich werde mit Rudi sprechen", meinte Elisabeth begütigend. „Ich kenne diesen Herrn Bratfisch nicht, und auf Grund seines Namens soll man sich sicher kein Urteil bilden. Ich weiß auch nicht, was Rudi an ihm findet, und wie er wirklich zu ihm steht. Vielleicht nimmt er bloß seine Dienste in Anspruch."

„Nun, ich kann dir schon sagen, wie diese ‚Dienste' aussehen! Rudi läßt sich von diesem Mann zu allerlei obskuren Lokalen fahren... Auch zu solchen, die ich lieber nicht näher beschreiben will. Vor fünf Uhr morgens kommt er kaum jemals heim. Und besonders liebt er es, sich von Bratfisch die primitivsten Gassenhauer vorsingen zu lassen..."

„Stephanie, ich kann das nicht beurteilen. Ich kann

nur mit meinem Sohn darüber sprechen. Wenn dieser Bratfisch eine Art Volkssänger ist – Volkslieder sind nicht unbedingt primitiv."

„Er singt nicht nur Volkslieder, Mama. Er singt Zoten. Ich habe ihn einmal gehört und wäre vor Scham am liebsten versunken..."

„Stephanie, Männer sehen das vielleicht gar nicht so..."

„Mama, du versuchst ganz umsonst, deinen Sohn zu verteidigen."

Stephanies überaus strenge Erziehung ließ sie vielleicht manches viel ärger als nötig beurteilen, dachte Sissy; doch sie blieb nicht länger, sondern verabschiedete sich mit dem beunruhigenden Gefühl, daß es in Rudis Ehe nun ernsthaft kriselte.

6. Ein Lebensabschnitt

Als sie noch die kleine Sissy gewesen war, die zu Weihnachten unterm Christbaum mit ihrer neuen Puppe und der winzigen Puppenküche gespielt hatte, hatte sie sich einmal darüber beschwert, daß ihr Geburtstag ausgerechnet auf den Heiligen Abend fiele.

„Andere Kinder", hatte sie damals gemeint, „kriegen ein Geburtstagsgeschenk extra!"

„Aber dafür bringt dir das Christkind ja doppelt so viel als so vielen anderen Kindern", hatte Mama Ludovica damals gesagt, während Papa Maximilian herzhaft gelacht hatte.

Dieses Weihnachtsfest des Jahres 1887 in Gödöllö war ein besonderes: Es war zugleich auch das Fest ihres „Fünfzigers", und sie hätte es aus diesem Grund am liebsten gar nicht gefeiert.

Nein, dies war kein Weihnachtsfest wie die vorangegangenen. Sissy deckte dennoch auch heuer wieder den Gabentisch für ihre Lieben im Salon und bereitete auch eigenhändig die große Tafel mit den Geschenken für das Hauspersonal unten in der Halle des Schlosses vor. Wie jedes Jahr sollte es auch eine Bescherung für die bedürftigen Menschen der Gegend geben, welche ihre wohltätige Königin nicht genug preisen konnten. Und da waren ja auch noch Rudolf und Stephanie, denen sie gut zureden wollte, um sie einander wieder näherzubringen. Vor allem aber sollte endlich der Herzenswunsch ihrer Tochter Marie-Valerie erfüllt werden, und es gelang ihr, Franzls Herz endgültig zu erweichen.

„Gib deine Einwilligung, Franz", bat sie, „das wäre mein und Valeries schönstes Weihnachtsgeschenk!"

Und unterm Lichterbaum sagte der Kaiser dann schmunzelnd: „Übers Jahr machen wir's offiziell. Doch wenn ihr euch heuer ganz privat einander versprecht, hab' ich dagegen nichts einzuwenden!"

Überglücklich küßte einander das junge Paar, und Sissy hatte Tränen in den Augen.

„Auch deine Eltern, Valerie, haben aus Liebe geheiratet, und du bist ein Kind dieser Liebe. Sie ist im Herzen deines Vaters und deiner Mutter lebendig wie am ersten Tag. Nicht wahr, liebste Sissy, mein Engel?"

Sissy sagte nichts, sie küßte ihn nur. Und so wie sie und Franzl einander in die Arme schlossen, um sich auch künftig beizustehen und Freud und Leid dieses Lebens gemeinsam zu tragen, umarmten einander auch der junge Erzherzog und Marie-Valerie.

Hell klangen die Gläser, und es perlte der Sekt, während von der nahen Kirche die Weihnachtsglocken zur Mette läuteten.

Sissy hatte einen leichten Schwips; sie sah die Dinge nun auf einmal wieder rosig. Ihr Herzenswunsch war erfüllt, und sie spürte die wärmende und schützende Liebe ihres Mannes als eine der großen Gnaden, die ihr der Himmel erwiesen hatte.

Nur Rudi warf einen Schatten auf diesen Abend. Sein Blick war unruhig, seine Wangen bleich und eingefallen. Immer deutlicher kam Sissy zu Bewußtsein, daß er kränklich aussah. Er schob es auf einen Katarrh, den er sich bei der Jagd in den Karpaten zugezogen habe.

„Ich habe noch immer ein bißchen Fieber, Mama", gestand er, „aber das wird wieder vorübergehen, und bald bin ich wieder wohlauf und zu allem bereit, wozu ich bereit sein muß", sagte er orakelhaft.

„Aber wozu willst du denn bereit sein, Rudi?" fragte Sissy verwundert über seinen seltsamen Gesichtsausdruck.

„Nun, auf mancherlei, Mama."

„Du sprichst in Rätseln... Was soll das bedeuten?"

„Vielleicht wirst du es eines Tages wissen. Heute ist nicht der Tag, darüber zu sprechen."

„Ich finde dich reichlich seltsam, Rudi", gestand Sissy befremdet. „Gibt es etwas, wobei ich dir helfen kann?"

„Nein, Mama. Niemand kann mir helfen. Ich muß allein damit fertig werden."

Es sollte wenig mehr als ein Jahr vergehen, bis sich Sissy wieder an dieses Gespräch erinnerte.

In diesem einen Jahr ereignete sich viel in Sissys Leben. Sissy reiste wieder einmal nach England; in London packte sie die Einkaufswut, und sie besuchte nicht nur die großen Kaufhäuser, sondern betrat auch mit großem Vergnügen mehrere Antiquitätenläden und Kunsthandlungen, um für die Hermesvilla einige Sachen einzukaufen.

Von London fuhr sie nach Wien, wo Franzl sie in der Hermesvilla erwartete. Auch Rudi war da. Er sah noch schlechter aus als zu Weihnachten in Gödöllö. Auf seine Gesundheit angesprochen versicherte er ihr, daß alles in Ordnung, und er nur ein wenig überarbeitet sei.

Rudolf beunruhigte sie. Sie hatte den Eindruck, daß er ihr etwas verschwieg. Sie setzte sich in eines ihrer Zimmer mit dem Blick auf den Tiergarten und las in einem Byron-Band; Heine hatte sie nach ihrem unheimlichen nächtlichen Erlebnis im bulgarischen Königsschloß nicht mehr angerührt. Doch Byron vertiefte bloß ihre depressive Stimmung, obwohl es draußen Frühling war, und die Natur in all ihrer Pracht erwachte.

Rudolf trat ein; er mußte in die Stadt und kam, um sich zu verabschieden.

„Wie doch alles vergänglich ist", meinte Sissy und reichte ihm bedrückt die Hand. „Sieh doch nur, Rudi, all die Blüten draußen im Park, sie werden sterben, und die Blätter werden fallen. Wie kurz wird der Sommer sein, und dann wird all die Pracht wieder vergehen. So wie auch unser Leben, Rudi. Wenn man die Fünfzig überschritten hat, denkt man schon manchmal daran.

Rudi, versprichst du mir, auf Marie-Valerie und Gisi zu achten, wenn ich eines Tages nicht mehr sein sollte? Sei gut zu deinen Schwestern, mein Sohn!"

Rudolf verzog sein Gesicht zu einer seltsamen Grimasse.

„Mama, du machst dir unnötige Sorgen", meinte er gepreßt. „Schau in den Spiegel, du bist das Leben selbst. Du wirst mich noch überleben."

Er ließ Sissy gar keine Zeit, auf den merkwürdigen Scherz zu antworten, sondern wandte sich um und ging. Sissy sah den Fiaker, den er bestieg, durch die breite Allee dem Tor des Lainzer Tiergartens zufahren. Auf dem Kutschbock saß ein feister Geselle, der eine dicke Virginia rauchte; er gehörte ganz gewiß nicht zum Personal des Hofes, und Sissy fiel ein, daß dies wohl der Mann mit dem merkwürdigen Namen sein müsse – wie hieß er doch gleich? – Bratfisch!

Am 20. Mai 1888 sollte die Enthüllung des Maria Theresien-Denkmals zwischen den beiden Museen stattfinden. Große Feiern waren geplant; galt doch diese Kaiserin als die „Mutter Österreichs". Doch am Tag davor zogen die Deutschnationalen vor das noch verhüllte Denkmal und entfachten einen lautstarken Wirbel, bis die Polizei einschritt und die Demonstration energisch auflöste.

Bei der Hoftafel nach der großen Feier hielt Rudolf mit seiner Meinung nicht zurück.

„Wer finanziert denn diese ‚Deutschtümler', die alles unter der Herrschaft der Hohenzollern vereinigt haben wollen? Wir wissen doch längst, daß diese schändliche Agitation von der Deutschen Botschaft ausgeht. So sehen unsere Verbündeten aus, Papa, so sind sie wirklich! Am liebsten würden sie Österreich schlucken. In Königgrätz haben sie ja schon den Anfang gemacht. Die ganze Hetze, die sie in Böhmen betreiben, zielt doch nur darauf ab, das Habsburgerreich zu zerstören und uns zu stürzen!"

„Rudi", rügte der Kaiser, „du redest wieder einmal zu viel. So einfach, wie du die Dinge siehst, sind sie nicht."

„Inwiefern sind sie schwierig, Papa? Stell dir vor, wir würden das gleiche in Berlin probieren; dann wäre wohl Feuer am Dach, wie? Uns liegen doch eindeutige Berichte vor, Papa, und wenn dir die deinen noch nicht reichen, dann stelle ich dir auch noch meine zur Verfügung."

Es war totenstill an der Tafel geworden.

„Ich weiß", meinte der Kaiser ernst, „daß du einen privaten Informantenring aufgezogen hast. Ich kann es dir nicht verbieten, aber ich muß dich immer wieder zur Vorsicht mahnen. Unsere Gegner arbeiten nicht immer so offen wie gestern; das war ja nur Propaganda für die Öffentlichkeit. Viel gefährlicher ist, was im Geheimen geschieht, und da arbeiten nicht nur unsere lieben ‚Verbündeten' gegen uns! Es gibt Leute, die vor nichts zurückschrecken, Rudi! Ein Menschenleben gilt ihnen nichts, auch nicht das eines Monarchen oder eines Kaisersohnes."

„Ja", knurrte Rudi, „da hast du recht, wir sitzen auf einem Pulverfaß. Eines Tages wird es explodieren, und dann brennt die ganze Welt..."

„Ich hoffe noch immer, daß die Vernunft siegt",

meinte der Kaiser mit gerunzelter Stirn und trank bedächtig.

Sissy hatte bei diesem Gespräch das Gefühl, dieses Haus, diese Stadt verlassen zu müssen, um irgendwohin zu flüchten, wo es diese Intrigen, Machtkämpfe und Kriege nicht gab.

Aber wo war ein solcher Ort? War es Korfu?

Im August tauchten nicht nur der sächsische Kronprinz in Ischl auf, sondern auch der König von Portugal samt Sohn zählten zu den Gästen der Kaiservilla. Und die beiden jungen Herren zeigten ganz offen ihr Interesse an Marie-Valerie.

Bei passender Gelegenheit ließ Marie-Valerie dann eine Bemerkung fallen, daß sie schon mit väterlicher Zustimmung so gut wie versprochen sei. Dann wurden die jungen Herren mit einemmal still und verlegen; doch Sissys Charme gelang es, keine echte Peinlichkeit aufkommen zu lassen. In leichtem Plauderton erzählte sie von ihrer Liebesheirat, und daß Marie-Valerie es ebenso halten werde.

Am Weihnachtsabend des Jahres 1888 wurde die Verlobung bekannt gegeben. Bei Sekt und dem Schimmer der Weihnachtskerzen von Gödöllö tauschten Marie-Valerie und der Prinz von Toskana ihre Ringe aus.

Doch vorher geschah noch einiges; Sissys Besuch in Bayreuth etwa, wo sie Cosima, die Witwe Richard Wagners, kennerlernte und mit ihr nicht nur über den Meister, sondern auch über dessen verstorbenen königlichen Freund und Gönner Ludwig sprach. Cosima war noch immer voll Zorn über die Intrige, welcher der König ihrer Meinung nach zum Opfer gefallen war.

„Wie hat man doch dagegen gewettert, daß er das Festspielhaus bauen ließ", rief sie aus. „Und heute? Aus der ganzen Welt pilgert man hierher. War dies etwa eine ‚Verrücktheit' oder gar ‚Verschwendung'?! Und Ludwigs Schlösser werden einmal die Perlen in der Krone Bayerns sein. Die Nachwelt wird sein Werk zu schätzen wissen..."

Auch nach Korfu zog es sie wieder. Konsul Warsberg, hatte inzwischen schon Verschiedenes hinsichtlich des Bauprojektes unternommen

Dort lernte Sissy Dr. Thermojannis kennen, den sie mitnahm und engagierte, damit er ihr Griechisch beibrachte. Er fing bald an, von seiner Schülerin zu schwärmen, was Franzl nicht wenig belustigte, da der Jurist doch weit jünger als Elisabeth war.

Oft sah man die beiden schon am frühen Vormittag durch den Schönbrunnerpark pilgern, wobei der junge Grieche stets lebhaft deklamierend seinen Unterricht erteilte. Eines Tages sah die Landgräfin Fürstenberg den beiden kopfschüttelnd nach und meinte, nun sei es wohl bald so weit, daß jedermann bei Hof griechisch lernen müsse, doch Griechisch käme ihr nun einmal spanisch vor...

Sissy aber verband mit diesen Lektionen eine praktische Absicht. Wenn sie tatsächlich jedes Jahr etliche Monate auf Korfu leben wollte, war es für sie äußerst nützlich, die Landessprache zu beherrschen. Und das Leben im warmen, sonnigen Korfu konnte ihrer Gesundheit nur nützen. Sie hustete häufig und hatte während der Wintermonate Gelenksschmerzen. Das junge Mädchen, das einst voll Lebenslust über die Wiesen rund um Schloß Possenhofen getollt war und sich vergnügt auf der Schaukel am Seeufer himmelwärts geschwungen hatte, war sie nun einmal nicht mehr...

Der arme Doktor Thermojannis pflückte Sissy Blümchen und fing eines Tages sogar an, Gedichte zu schreiben. Leider waren sie nicht so schön wie die von Lord Byron oder Heinrich Heine, von der Dichtkunst der alten Griechen erst gar nicht zu reden. Und Sissy blieb auch gänzlich unnahbar und ließ ihn grausam leiden.

Möglicherweise bemerkte sie auch seine Schwärmerei wirklich nicht. Sie trug Trauer um den Tod ihres Vaters und sorgte sich um das täglich kälter werdende Verhältnis zwischen Rudi und Stephanie. Die Kronprinzessin konnte man stundenlang Klavier spielen hören, oder sie vergrub sich in ihre Bibliothek. Saß man gemeinsam an der Tafel, sprach sie mit Rudi nur selten. Danach verschwand Rudi meist eilig in seinem Arbeitszimmer. Häufig aber war er auch gar nicht in Wien.

Ihren Repräsentationspflichten entzog sich Stephanie nie. Sie war in dieser Hinsicht brav und fügsam und tat, was von ihr erwartet wurde, doch ohne innere Anteilnahme.

Am 2. Dezember wurden es dann vierzig Jahre, daß Franzl den Thron bestiegen hatte.

„Nur keine Feiern", bat er sich aus, und um alle diesbezüglichen Pläne von vornherein zu durchkreuzen, reiste er mit Frau und Kindern nach Miramar, um dort die „gefährlichen Tage" zu verbringen, an denen in Wien mit nicht endenwollenden Huldigungen zu rechnen gewesen wäre.

Hier ergriff nun Sissy die gute Gelegenheit, um Franzl

ihr Bauprojekt vorzutragen. Die Gelegenheit war insofern günstig, als der Konsul gerade in Triest war. Franzl ließ ihn kommen und hörte sich stirnrunzelnd alles an, was er und Sissy ihm zu sagen hatten.

„Es wird ein Heidengeld kosten, Sissy", brummte er „Nun, dann wird unsere Privatkasse eben bluten müssen. Du kannst dir aber denken, mein Engel, daß ich nicht gerade glücklich darüber bin. Ich hatte gehofft, wir würden in der Hermesvilla... Korfu, Sissy, ist mir ein bißchen zu weit; ich kann mir nicht für viele Wochen Urlaub nehmen. Das kann jeder Schuster in Österreich, nur ein Kaiser nicht."

Aber er gab seine Einwilligung, und der Freiherr sah sich beauftragt, das „Achilleion" zu bauen, wie Sissy ihr Traumschloß nennen wollte. Dem armen Warsberg stand damit noch ein spätes Lebenswerk bevor, eine Aufgabe, an die er sich nur der Kaiserin zuliebe wagte.

„Und wenn Valerie nun auch noch heiratet", murmelte der Kaiser mehr zu sich selbst, „bin ich wohl ganz allein..."

Am Weihnachtsabend in Gödöllö bezeichnete Sissy Franz Salvator auch als Räuber.

„Du hast mir meine liebe Valerie geraubt, du Böser", scherzte sie mit einer heimlichen Träne im Auge.

Franzl aber meinte: „Nun wird es Zeit, die Hochzeit zu terminieren. Sissy, was ist los mit dir? Schau unser Kind an: Marie-Valerie macht gar keinen traurigen Eindruck!"

Und so war es auch. Selbst Rudolf und Stephanie waren an diesem Abend, den sie — selten genug – gemeinsam in Gödöllö verbrachten, in ausgelassener Stimmung.

Sissy riß sich schließlich zusammen.

„Zu Neujahr packe ich unser Brautpaar und fahre mit den Kindern zu Großmama", erklärte sie. „Nun ist es schließlich offiziell!"

Und die Gläser klangen hell aneinander.

7. Die Weiße Dame

Sie blieben zum Dreikönigsfest in Possenhofen. Danach fuhr Sissy nach München, um dort ihre Freundin Irene Paumgarten zu besuchen. Schon auf dem Weg dorthin dachte sie über ein Ereignis nach, dem Franzl keinerlei Bedeutung beigemessen hatte. Halb ärgerlich, halb mit Humor hatte er die Geschichte abgetan, und nur Sissys Fürsprache war es zu danken, daß der „Verursacher" der Geschichte, die kurz nach Allerheiligen heimlich die Runde durch die ganze Hofburg gemacht hatte, keine Unannehmlichkeiten bekam. Die Dinge lagen nun schon mehr als acht Wochen zurück. Sissy beschloß, sie ihrer Freundin Irene zu erzählen:

Vom Turm der nahen Michaelerkirche verhallten zitternd die zwölf Glockenschläge der Mitternacht. Es war kalt, zu kalt für die Jahreszeit. Es war erst kurz nach Allerheiligen, aber der Posten, der im inneren Burghof Wache stand, sah, wie sich wäßrige, große Flocken in den feinen Regen mischten, der sein Uniform durchnäßte. Sie tanzten in einem zauberischen Reigen durch den Schein der Laternen, die den Burghof mehr schlecht als recht erhellten.

Der Posten hieß Josef Wondruska. Alle nannten ihn „Peppi". Er gehörte dem Wachkommando des k. und k. Deutschmeisterregiments an, das für die Sicherheit der Wiener Hofburg und ihrer Bewohner verantwortlich war. Peppi stammte aus Brünn. An einem dienstfreien Nachmittag hatte er im vergangenen Sommer eine nette, junge Gasthausköchin kennengelernt, die auch aus Böhmen stammte. In den letzten Wochen hatte er sich mehrmals überlegt, ob Bozena, deren Zwetschkenknödel ihn zum Schwärmen brachten, nicht eine Frau fürs Leben wäre.

In einem Jahr würde er abmustern. Zwar hatte er das Schneiderhandwerk erlernt, aber vielleicht konnten sie neben der eigenen Werkstatt, von der er träumte, auch noch eine kleine Gastwirtschaft aufmachen, wenn sie fleißig sparten!

Die rosige Zukunft, die er sich ausmalte, war das wirksamste Gegenmittel gegen die üble Laune, die ihn immer befiel, wenn er bei solch üblem Wetter Wache „schieben" mußte. Voll Sehnsucht dachte er an die hölzerne Pritsche in der Wachstube, auf die er sich in einer Stunde, wenn er abgelöst war, wieder hinlegen durfte – in voller Uniform, wie das auf Wache nicht anders üblich war. Dafür hatte er morgen, wenn die Mannschaft wieder in die Kaserne einrücken mußte, dienstfrei. Und dann gab es ein Wiedersehen mit Bozena... Es war richtig unheimlich in dem nachtdunklen Burghof, in dem nichts zu hören war als die Schritte der Wachtposten und das Pfeifen des Windes, der um die hohen Dachfirste und Schornsteine strich. Unwillkürlich blickte er nach oben und erschrak. Automatisch riß er seinen Karabiner von der Schulter, doch er brachte ihn nicht in Anschlag, denn das wäre sinnlos gewesen.

Hoch oben auf dem Dachfirst, genau dort, wo zwei Stockwerke tiefer der Kaiser und die Kaiserin schliefen, sah Wondruska eine weiße, schemenhafte Gestalt, die sich deutlich bewegte. Wondruska hängte zögernd den Karabiner wieder über und starrte wie gebannt nach oben.

Abergläubische Furcht beschlich ihn. Gegen das, was sich dort oben zeigte, hatten Kugeln keine Macht, und auch Mut nützte nichts.

Denn das war die Weiße Dame der Habsburger; sie erschien immer, wenn Schlimmes bevorstand.

Wondruska hatte oft genug von der Weißen Frau gehört, doch gesehen hatte er sie noch nie. Er hatte auch nicht angenommen, daß es jemals der Fall sein würde. Einmal, als die Kameraden über das Gespenst geredet hatten, hatte der Wachkommandant sie kräftig zusammengeschrieen und abergläubische Memmen geheißen; seither wurde nur noch verstohlen von dem Phantom getuschelt, und das war wohl auch besser so.

In diesem Augenblick wünschte sich aber Wondruska den Wachkommandanten zur Stelle, damit sich dieser davon überzeugen könne, was wahr an der Geschichte war. Nun hüllte eine dichte Rauchschwade aus einem der Schornsteine den Dachfirst ein, und als sie sich wieder verzog, war die Weiße Frau verschwunden.

Wondruska atmete erleichtert auf. Als die Inspektion kam, meldete er „Keine besonderen Vorkommnisse", weil er einen Rüffel fürchtete, hätte er berichtet, was er mit eigenen Augen gesehen hatte.

Der Kaiser stand wie jeden Morgen um vier Uhr auf; er hatte nicht in Schönbrunn übernachtet, sondern war gegen seine Gewohnheit in der Hofburg geblieben. Heute war Audienztag, und er mußte vorher noch die Minister zum Vortrag empfangen Während die Stadt noch schlief, begann er an seinem Schreibtisch die Audienzliste zu studieren und die Akten zu lesen, die zu jedem, der empfangen werden sollte, bereit lagen. Denn er mußte wissen, weshalb sie zu ihm kamen, ob sie von ihm eine Entscheidung oder die Erfüllung einer Bitte verlangen wollten. An die dreihundert Leute der verschiedensten Stände hatten sich heute angesagt.

Sissy erhob sich um fünf; sie machte ihre Turnübungen und ließ die leidigen Prozeduren des Kämmens und Schnürens über sich ergehen. Noch vor dem Frühstück machte sie sich mit ihren Hofdamen auf den Weg in die Burgkapelle, um die Messe zu hören.

Auf dem Weg dorthin hörte sie die Damen hinter sich tuscheln. Auf irgendeine Weise hatten sie von den nächtlichen Erlebnissen des Wachpostens Wondruska erfahren. Tatsächlich hatte dieser einem Kameraden unter dem Siegel der Verschwiegenheit anvertraut, daß er die Weiße Dame gesehen habe. Der aber hatte Wondruskas Geheimnis ausgeplauscht, und nun machte die Geschichte die Runde durch die ganze Hofburg. Heimlich, hinter vorgehaltenen Händen, wurde sie weiter erzählt.

Es zeigte sich eine Falte des Unmuts auf Sissys hoher Stirn.

„Festetics, was ist los?" fragte sie ihre Erste Hofdame.

„Das Gespenst, Majestät", preßte Marie hervor. „Die Weiße Dame zeigte sich wieder, heute Nacht... Majestät wollten vor drei Tagen nicht glauben, daß ich sie gesehen hätte. Nun war es ein Deutschmeister, der Wache stand... Das hat nichts Gutes zu bedeuten. Österreich und dem Kaiserhaus droht Unheil..."

Sissy war erblaßt. Doch sie schüttelte unwillig den Kopf.

„Unsinn", sagte sie. „Und kein Wort davon dem Kaiser... Er will nichts dergleichen hören. Wahrscheinlich hat der Mann nichts als Rauch gesehen, und unser Schicksal liegt in Gottes Hand."

Und festen Schritts lenkte sie ihren Weg in die Burgkapelle zur Morgenmesse.

„Ja, das war es, wenige Tage nach Allerheiligen", beendete Sissy ihre Erzählung. Irene Paumgarten hatte ihr aufmerksam zugehört. Sie und die Kaiserin verband neben der Erinnerung an die Tage ihrer Kindheit in Possenhofen das gemeinsame Interesse an den geheimnisvollen Phänomenen des Spiritismus, das in diesen Tagen übrigens weltweit verbreitet war.

Irene war selbst sensitiv, sie war ein „Schreibmedium". Wenn sie sich mit einem Blatt Papier an einen Tisch setzte und in Trance fiel, dann war es, als führten unsichtbare Kräfte ihre Hand. Sie schrieb Zeile um Zeile und wußte nachher nichts davon. Man konnte dem Geist, der sich ihrer Hand bediente, auch Fragen stellen, und sie brachte die Antwort zu Papier. Die Schrift nahm dabei Züge an, die mit der normalen Handschrift Irene Paumgartens nicht die geringste Ähnlichkeit hatten.

Sie und Sissy hatten mehrmals solche Seancen veranstaltet. Franzl wollte von solchem „spiritistischen Humbug" nichts hören, in seinem realen Denken glaubte er an einen Schwindel; doch Sissy kannte ihre Freundin zu gut, um so etwas anzunehmen.

„Kann's denn die Weiße Dame wirklich geben?" fragte sie. „Ich denke, du verstehst mehr von solchen Dingen als ich. Franzl hat natürlich auch von der Geschichte gehört und sich geärgert. Das sei alles dummes, abergläubisches Geschwätz, meint er. Und er ärgert sich auch über Ida Ferenczy, wenn sie ihre merkwürdigen Ahnungen und warnenden Empfindungen hat."

„Hatte die Ferenczy denn auch solche ‚warnenden Empfindungen', als die Weiße Dame erschien?" fragte Irene.

„Aber gar nicht... Trotzdem glaubt sie daran. Nur beim Herbstrennen in der Freudenau, da saß in unserer Nähe ein junges Mädchen, rechts unterhalb unserer

Loge, ich erinnere mich noch genau an ihren auffälligen Hut. Später erfuhren wir, wer sie ist: die Tochter einer levantinischen Adelsfamilie, schwer reich, aber von geringer gesellschaftlicher Bedeutung. Allerdings waren wir sogar bei einem Onkel der Kleinen einmal eingeladen; er hat ein Gut in Pardubitz und herrliche Pferde dort. Ich glaube sogar, daß es eines seiner Pferde war, das an diesem Nachmittag ein Rennen gewann."

„Und dieses Mädchen hat..."

„...fast einen Schock bei Ida ausgelöst. Ich denke mir, daß sie halt sehr empfindlich ist für Sympathie und Antipathie, und die herausgeputzte Kleine war ihr halt nicht sympathisch. Ich fand weder Positives noch Negatives an ihr; mir sind eigentlich nur ihre Augen aufgefallen, als sie sich einmal umwandte. Und die waren wirklich schön..."

An diesem Nachmittag war es zu Sissys Leidwesen leider nicht möglich, aus dem Jenseits Aufklärung über die Bedeutung des unheimlichen Erscheinens der Weißen Dame zu erhalten, das nun allerdings schon acht Wochen zurücklag. Acht Wochen, in denen sich eigentlich nur Gutes zugetragen hatte. Marie-Valerie und Franz Salvator durften sich jetzt offen zueinander bekennen, Herr von Warsberg hatte den Auftrag erhalten, den Bau des Achilleions in die Wege zu leiten, und Rudi hatte seiner Mama zu Weihnachten sogar einen Band Heine-Briefe geschenkt, was ihr große Freude machte.

Franzl bemerkte öfters, hierbei zeige sich, was man von der Weißen Dame zu halten habe – nämlich nichts. Sie sei bloß als Kinderschreck bei der Erziehung kleiner Erzherzöge und Erzherzoginnen in Verwendung.

Doch auch Ida von Ferenczy wollte sie selbst vor kurzem gesehen haben – zwar nicht auf dem Dachfirst, sondern auf einer Wendeltreppe, die hinab in die unter der Burgkapelle gelegenen Räumlichkeiten der Hofküche führte. Sie sei auf der schlecht beleuchteten Treppe vor ihr gestanden, vor einem hellen Nebelgebilde in Menschengestalt. Vor Schreck sei Ida stehengeblieben; doch im selben Moment sei das Gespenst auch schon wieder verschwunden gewesen.

„Sie hatte Angst auf der Treppe", erklärte Franz Joseph den Vorgang. „Einem ängstlichen Gemüt kann da unten auch allerhand erscheinen..."

Ida hatte freilich auch ein nicht zu erklärendes Unheilsempfinden beim Anblick des Mädchens beim Rennen gehabt; dieses Mädchen war von mehreren jungen Männern umschwärmt gewesen. Es trug den Spitznamen „Turfengel", wie Ida später erfuhr. Seltsamerweise stellte sich heraus, daß es sich um eine Nichte der Baltazzis handelte; auch bei deren Anblick hatte Ida ähnlich empfunden, wenn auch nicht so unmittelbar und stark. Und dies alles ohne erkennbaren Grund; denn den Baltazzis war nichts nachzusagen oder vorzuwerfen, außer daß sie allesamt offenbar Pferdenarren waren, wofür Sissy vollstes Verständnis hatte.

Das junge Mädchen, von dem in München die Rede war, besuchte am Abend des 27. Jänner 1889 den Empfang in der Deutschen Botschaft, die nur wenige Minuten von dem Mietpalais entfernt lag, in dem sie mit ihren Angehörigen wohnte.

Prinz Reuss gab diesen Empfang anläßlich des Geburtstagsfestes des Deutschen Kaisers Wilhelm II. Das österreichische Kaiserhaus sollte zu dieser Festlichkeit geschlossen erscheinen, doch Sissy hatte Kopfweh vorgeschützt und sich entschuldigen lassen. Hingegen erschienen der Kaiser und das Kronprinzenpaar. Der Empfang war für halb zehn Uhr abends angesetzt. Rudolf und Stephanie kamen schon kurz nach zehn, Franz Joseph eine Viertelstunde später. Sie begrüßten einander mit betonter Herzlichkeit. Danach kam der übliche Cercle an der Seite des Hausherrn und seiner Gattin.

Wäre Sissy zu dem Empfang gekommen, hätte sie auch Marie Vetsera, den „Turfengel", unter den Gästen gesehen. Sie erschien in Begleitung ihrer Mutter, der Baronin Helene Vetsera, die inzwischen verwitwet war. Marie, die sich nach der unter den jungen Leuten üblichen Mode ‚Mary' nannte, trug ein duftiges blaues Ballkleid mit gelbem Besatz und sah wundervoll aus. Rudi wandte kein Auge von ihr. Und beim Cercle passierte etwas Merkwürdiges: Mary machte vor der an Rudolfs Seite stehenden Kronprinzessin nicht den üblichen Hofknicks. Sie blieb vielmehr aufrecht stehen und schaute Stephanie herausfordernd an, bis ihre Mutter sie schmerzhaft am Handgelenk faßte und zu Boden zwang.

Die Szene hatte nur wenige Augenblicke gedauert und war von vielen nicht bemerkt worden. Der Kronprinz lächelte. Stephanie verzog hochmütig den Mund, als wolle sie die hübsche Kleine einfach übersehen.

Sie wußte von dieser neuesten Affäre ihres Gemahls und auch, wer den Kontakt zwischen ihrem Gatten und dem hübschen Turfengel hergestellt hatte: das war niemand anders als die Nichte Sissys, die Gräfin Marie Larisch-Wallersee gewesen.

Baronin Helene ahnte hingegen offenbar nichts. Erstens ließ sie Mary aus Gründen der Schicklichkeit nie ohne die Begleitung einer „Promeneuse" ausgehen – so nannte man Gesellschafterinnen, die eigens zum Zweck der Begleitung engagiert wurden. Und zweitens hatte Mary schon eine „glänzende Partie" in Aussicht, die ihr zugleich mit einem sorglosen Leben den gesellschaftlichen Aufstieg garantierte. Weshalb sollte sie diese Chance durch ein unsinniges Verhältnis mit dem verheirateten Kronprinzen aufs Spiel setzen?

Freilich hatte Baronin Helene – es war noch keine zehn Jahre her – ihrerseits heftig für den eben großjährig gewordenen, hübschen Kronprinzen geschwärmt, und ihre Sympathie hatte sich offenbar auf ihre Tochter übertragen.

An jenem Abend in der Deutschen Botschaft, bei jenem Blickeduell zwischen Stephanie und Mary, beabsichtigte diese wahrscheinlich, sich zu ihrer Liebe zu bekennen; für Stephanie war es ein beleidigender Affront, dem sie mit gespielter Gleichgültigkeit und Kälte begegnete.

Der Kaiser verabschiedete sich vom Prinzen Reuss und seinen Gästen um dreiviertel zwölf. Um viertel eins gingen die letzten Gäste.

Der Kronprinz suchte in der Hofburg sein Junggesellenappartement auf, wo er jetzt von Stephanie getrennt wieder arbeitete und wohnte. Moritz Szeps von der „Neuen Freien Presse" wartete bereits dort auf ihn. Die Türen schlossen sich hinter den beiden; die Diener hörten erregte Stimmen, konnten aber kein Wort verstehen.

Es war etwas im Gang, man wußte jedoch nichts Genaueres, und die Stimmung, in der sich der Kronprinz befand, schien nichts Gutes zu verkünden. Von seiner Frau hatte er sich schon beim Betreten des Hauses getrennt; Stephanie lag mit offenen Augen in ihrem Bett und schluchzte in ihre Kissen, das Taschentuch vor den Mund gepreßt, damit niemand sie hören konnte.

Drunten im Burghof hielt der Deutschmeister Peppi Wondruska wieder vor seinem Postenhäuschen Wache und wartete sehnsüchtig auf seine Ablösung. Denn das Wetter war in dieser Jännernacht noch schlimmer als damals zu Allerheiligen, als die Weiße Dame erschienen war.

Sie war seither nicht wiedergekommen, doch er hatte sie nicht vergessen, ja er träumte manchmal sogar von ihr.

„Das bedeutet nichts Gutes für Habsburg und Österreich", pflegte er dann zu sich selbst zu sagen...

8. Mayerling

Solange sie lebte, würde Sissy diese Tage nie mehr vergessen. Es waren die schmerzlichsten ihres Lebens. Doch es war nicht nur ein persönliches Drama, es war eine Tragödie für das ganze Reich.

Der Kronprinz hatte vor einigen Jahren aus Jagdleidenschaft beschlossen, in einem von ihm besonders geschätzten Revier im Wienerwald ein eigenes Jagdschloß zu bauen. Deshalb nahm er mit dem Abt des Stiftes Heiligenkreuz Verhandlungen auf. Man einigte sich schließlich auf den Kauf der dem Stift gehörigen Meierei Mayerling.

Der Kronprinz ließ die Meierei zu einem Jagdschloß umbauen. Er mußte sich allerdings verpflichten, nicht nur das Stift, sondern auch dessen ständige Kunden in Alland und Baden weiterhin mit Milch zu beliefern. Ställe, Kühe und Meiereipersonal gab es also nach wie vor, und alles unterstand der Aufsicht des Schloßwarts Zwerger. Der Meiereibetrieb störte den Kronprinzen weiter nicht, denn er wohnte ja nicht in Mayerling, sondern benutzte das Objekt lediglich als Stützpunkt für sich und seine Jagdgesellschaften sowie als Übernachtungsmöglichkeit, wenn so eine Jagd zwei oder drei Tage dauern sollte.

Seit einiger Zeit verwendete er das Schloß allerdings auch für Zusammenkünfte mit Leuten, mit denen er in der Stadt nicht gern gesehen werden wollte. Teils handelte es sich um Begegnungen politischer, teils aber auch privater Natur. Er hatte eine Freundin, die Tänzerin Mitzi Kaspar, da seine Ehe mit Stephanie immer schlechter wurde. Und eines Tages lud er nach Mayerling auch den hübschen „Turfengel" ein.

Es war der Traum vieler Mädchen, einmal vom Kronprinzen in sein Jagdschloß eingeladen zu werden. Doch für die Baronesse war es keine einfache Sache, von daheim wegzukommen, ohne Verdacht zu erregen. Schließlich konnte sie ja zu dem Rendezvous nicht ihre Promeneuse mitnehmen, und auch ihre Eltern, ja niemand in der Stadt durfte erfahren, daß sie sich mit dem Kronprinzen, einem verheirateten Mann und Vater einer Tochter, treffen wollte. Doch diese Heimlichkeit machte die Angelegenheit für ein Mädchen im Alter Marys nur noch reizvoller und spannender.

Sie war zwar so gut wie verlobt und konnte es sich nicht leisten, sich zu kompromittieren und eine gesicherte Zukunft im Hafen der Ehe mit einem angesehenen und wohlhabenden jungen Adeligen wegen eines solchen Abenteuers zu riskieren. Doch die Verlockung war zu groß, und so machte sie sich heimlich auf und davon, zum Kronprinzen Österreichs, der ihr versichert hatte, daß er sich in sie verliebt hätte...

Die einzige Person, die das unbesonnene Paar ins Vertrauen ziehen, und von der es Hilfe erwarten konnte, war die Gräfin Larisch, die Nichte der Kaiserin. Die Gräfin verstand sich sowohl mit ihrem Cousin Rudolf als auch mit der Baronin Helene Vetsera, Marys Mutter gut, in deren Haus sie aus und ein ging.

Am Sonntag dem 27. Jänner 1889 kutschierte der Kronprinz durch die Hauptallee des Praters in Richtung Lusthaus. Ein in Zivil gekleideter Beamter des Sicherheitsdienstes beobachtete, wie er unterwegs anhielt und ein Gespräch mit einer Dame führte. Der Beamte erkannte die Gräfin Larisch. Danach kehrte Rudolf in die Hofburg zurück.

Am Abend gab der Deutsche Botschafter, Prinz Reuß, einen Empfang anläßlich des Geburtstages von Kaiser Wilhelm II. Die Baronesse mußte zu diesem Zeitpunkt schon durch die Gräfin benachrichtigt und über die getroffenen Maßnahmen informiert worden sein. Triumph leuchtete aus ihren Augen, als sie beim Cercle den Hofknicks vor Kronprinzessin Stephanie verweigern wollte.

Rudolf hatte für Dienstag und Mittwoch eine Jagdgesellschaft nach Mayerling eingeladen. Den Montag wollte er mit Mary allein verbringen und sie am Dienstag früh, wenn alle zur Jagd aufgebrochen waren, durch Bratfisch ungesehen nach Wien zurückbringen lassen.

Am Dienstagabend sollte Rudolf übrigens selbst wieder in Wien sein und an einem Festdiner in der Hofburg teilnehmen. Dieser Dienstag war nämlich ein besonderer Festtag für Wien: Auch im Reichsrat – dem Parlament – wurde eine Feier veranstaltet.

„Nun haben die Wiener ihr erstes Elektrizitätswerk", sagte der Kaiser an diesem Morgen zu Sissy. „Und heute Abend flammen in unserer Stadt die ersten elektrischen Lichter auf. Nach und nach werden die Gaslaternen verschwinden. Und einen Brand wie den des Ringtheaters, bei dem so viele Menschen starben, wird es nicht mehr geben können!"

Bei diesem schrecklichen Theaterbrand war übrigens auch ein Bruder Marys umgekommen.

Doch zurück zum Montag: Mary war an diesem Tag von dem kleinen Einkaufsbummel, den sie gemeinsam mit der Gräfin unternommen hatte, nicht heimgekehrt.

„Liebe Mutti, wenn du dies liest, bin ich in der Donau!'

Diesen Zettel wollte die Gräfin Larisch in der Kutsche an Stelle von Mary vorgefunden haben, als sie aus einem Geschäft zurückkam und wieder einsteigen wollte. Mary hätte auf sie warten sollen, sie war aber verschwunden.

Ganz aufgeregt erschien die Larisch mit dem Zettel

im Palais Vetsera und berichtete der entsetzten Baronin, daß sie Mary nicht angetroffen habe.

„Wir müssen sofort zur Polizei!" rief Marys Mutter.

Der Polizeipräsident, Baron Kraus, fand bei dieser Vorsprache das Benehmen der Gräfin höchst sonderbar. Diese wußte ja, daß keine wirkliche Selbstmordabsicht vorlag, sondern der von Mary geschriebene Zettel bloß ein Ablenkungsmanöver sein sollte, und Mary mit gespielter Reue bald wieder daheim auftauchen wollte. Tatsächlich erhielt der Baron auch bald danach von der Larisch eine schriftliche Information: Es wäre unnötig, dem Verschwinden der Baronesse nachzugehen, da dies „nicht gewünscht werde..."

Mary war auf dem Kohlmarkt in den dort wartenden Fiaker von Bratfisch umgestiegen und in einem Einkehrgasthof außerhalb der Stadt mit Rudolf zusammengetroffen. Gemeinsam fuhren sie dann nach Mayerling.

Sie verbrachten einen wunderschönen Tag. Rings um das Schloß waren die Tannenwälder tief verschneit, im offenen Kamin knisterten die Holzscheite, und Bratfisch spielte auf der Zither und sang dazu.

Der Kronprinz hatte sich gegen Mittag von seiner Frau und seiner Tochter verabschiedet und versprochen, am Dienstag Abend zum Festdiner wieder da zu sein. Mittwoch früh wollte er dann wieder nach Mayerling zur Jagd. Man wußte also, wo er war. Doch Marys Familie hatte keine Ahnung, wo sich das Mädchen befand, und geriet in Anbetracht der angekündigten Selbstmordabsicht in Panik.

Dienstag abend hatte Rudolf seinen Jagdgast, den Grafen Hoyos, zum Tischgenossen. Zu diesem sagte er, er wäre wegen seines Schnupfens nicht nach Wien gefahren. Der Graf hatte keine Ahnung, daß auch Mary Vetsera im Schloß war; sie blieb in ihrem Zimmer.

Inzwischen hatte Marys Mutter in deren Zimmer ein Geschenk des Kronprinzen an ihre Tochter entdeckt. Damit eilte sie nochmals zum Polizeipräsidenten und brachte ihren fürchterlichen Verdacht vor. Bei der Feier im Reichsrat am Dienstag abend äußerte sich der Polizeipräsident schon sarkastisch zu dem Ministerpräsidenten Graf Taaffe über das Verschwinden der „kleinen Vetsera". Er habe der Baronin erklärt, die Polizei habe keine Befugnis, kaiserlichen Privatbesitz zu durchschnüffeln; und er erfuhr gleich darauf, daß die verzweifelte Mutter auch bei Taaffe vorgesprochen habe. Der Ministerpräsident aber hatte die unliebsame Bittstellerin einfach „vor die Tür gesetzt."

In ihrem Bemühen, den Verbleib ihrer Tochter zu klären, rannte die Baronin also gegen Mauern. Sie ahnte zwar, daß diese mit Rudolf zusammen war, doch hatte sie keine Ahnung, wo die beiden sich aufhielten. Am Dienstag sagte Rudolf wegen seines Schnupfens, wie er angab, seine Teilnahme an der Jagd ab. Er wollte sich Mary widmen und jede Minute ihres schönen Beisammenseins nutzen. Die Stunde der Trennung würde ja früh genug kommen, wenn Bratfisch sie nach Wien zurückbringen mußte. Von diesen drei glücklichen Tagen sollte nie jemand etwas erfahren. Und die Wahrheit wäre niemals ans Licht gekommen, wenn nicht...

Es traf Sissy wie ein Schlag aus heiterem Himmel, und selbst der so beherrschte Franzl verlor für kurze Zeit seine Fassung.

Es war Mittwoch, der 30. Jänner, gegen zehn Uhr vormittags. Sissy befand sich gerade beim Griechischunterricht. Herr Thermojannis und sie lasen gemeinsam Homer. Stephanie hatte gerade ihren Gesangsunterricht, und Franz Joseph arbeitete in seinem Arbeitszimmer in der Reichskanzlei, als ein Fiaker in sausender Fahrt in den Burghof einfuhr, und einer der Jagdgäste des Kronprinzen, Graf Hoyos, die Treppe zu den Kaiserappartements hinaufhastete.

Bald darauf unterbrach Ida Ferenczy Herrn Thermojannis und meldete den Grafen bei Sissy an.

„Er soll warten, bis wir fertig sind", meinte Sissy ahnungslos und ungehalten. Doch Ida, blaß und zitternd, meinte:

„Oh nein, Majestät, auch der Baron ist draußen!"

„Wie, Nopcsa auch? Was wollen denn die beiden?"

„Sie haben sehr schlechte Nachrichten aus Mayerling, Majestät..."

„Von Rudolf?"

Ida nickte. Sie brachte kein Wort mehr über die Lippen.

„Der Baron soll hereinkommen", sagte Sissy beklommen. „Doktor, bitte lassen Sie uns jetzt allein."

Thermojannis verbeugte sich und ging verwirrt hinaus, während Ida Ferenczy dem Obersthofmeister erlaubte einzutreten.

„Was ist mit Rudolf?" fragte Sissy bang.

„Majestät, ich wage es kaum zu berichten..."

„Nun reden Sie doch schon! Was ist mit ihm? Etwa ein Jagdunfall?! Ist er tot?!"

„Ja, Majestät. Aber es war kein Jagdunfall Und er starb auch nicht allein..."

Wenig später unterbrach die Obersthofmeisterin der Kronprinzessin deren Gesangsstunde mit der Aufforderung, zum Kaiser zu kommen; es beträfe den Kronprinzen.

Stephanie durchzuckte in diesem Augenblick eine schlimme Ahnung. „Ist er tot?" fragte auch sie. „Das habe ich kommen sehen..."

Graf Hoyos hatte unterdessen beim Generaladjutanten des Kaisers, Graf Paar, vorgesprochen. An diesen hatte er sich zu allererst mit seiner schrecklichen Nachricht gewandt. Paar meinte, Sissy sollte den Kaiser über den Tod seines Sohnes informieren.

Und Sissy hatte, kaum ihrer Worte mächtig, diese Aufgabe mit Mühe erfüllt. Doch was wirklich in Mayerling geschehen war, wußten zunächst weder sie noch der Kaiser. Hoyos hatte nur mitteilen können, daß in Rudolfs Zimmer auch noch die Baronesse Vetsera tot aufgefunden worden sei. So hatte Sissy angenommen, die Baronesse habe die Aussichtslosigkeit ihrer Liebe zum Kaisersohn erkannt und diesen und sich selbst vergiftet.

Dann erschien Stephanie. Sie erblickte die verzweifelte Sissy, die schluchzende Marie-Valerie und den niedergeschmetterten Kaiser. Eine Menge von Fragen prasselten auf Stephanie nieder, nachdem ihr Schwiegervater ihre Ahnung bestätigt hatte.

Sie erzählte von verdächtigen Personen in Rudolfs Umgebung, von seinen nächtlichen Ausflügen, von denen er oft spät heimkam, und der inneren Unruhe Rudolfs in den letzten Wochen. Von all dem hatte Sissy keine Ahnung gehabt, und auch Franz Joseph zeigte sich überrascht.

Inzwischen hatte sich Kathi ahnungslos im Zimmer Idas eingefunden, die der Kaiserin ihr Kommen meldete. Kathi war ganz fassungslos, als sie erfuhr, was sich zugetragen hatte, und versuchte den Kaiser und die Kaiserin zu trösten, doch dies war ein hoffnungsloses Unterfangen.

Inzwischen war Stephanie schluchzend und im Inneren zutiefst verletzt in ihre Räume zurückgekehrt; denn sie hatte den Eindruck, als gäben Rudis Eltern ihr die Schuld an seinem Tod.

Doch nun erschien auch noch die seit dem Verschwinden ihrer Tochter ruhelose Baronin Vetsera bei Ida Ferenczy und verlangte, die Kaiserin zu sprechen.

„Nur sie kann mir mein Kind wiedergeben, es ist bei ihrem Sohn, dem Kronprinzen!" rief sie, und schließlich wußte sich Ida nicht mehr anders zu helfen, als daß sie tatsächlich die Kaiserin holte.

Sissy sah eine völlig verzweifelte Frau vor sich, die keine Ahnung hatte, daß ihr Kind nicht mehr lebte. Sissy selbst rang noch nach Fassung, aber es gelang ihr, beherrscht zu erscheinen.

„Sie verlangen Unmögliches von mir, Baronin", brachte sie mit Mühe hervor. „Sie und ich, wir sind beide Mütter, die ihre Kinder in der vergangenen Nacht verloren haben. Ich kann Ihnen Ihre Tochter nicht wiedergeben – sie lebt nicht mehr…"

Entsetzt und ungläubig starrte die Baronin die Kaiserin an.

„Aber Majestät – das ist doch unmöglich – sie kann doch nicht…"

„Mein Mann hat eine Kommission ins Jagdschloß entsandt, die alles untersuchen und aufklären wird", erklärte Sissy. „Bis dahin müssen wir uns gedulden. Im Augenblick weiß ich nicht mehr als Sie."

Tatsächlich war der Leibarzt der Kaiserlichen Familie, Dr. Widerhofer, zusammen mit mehreren Untersuchungsbeamten und Kriminalisten bereits nach Mayerling unterwegs. Die Umgebung des Jagdschlosses wurde hermetisch abgeriegelt, damit keine unbefugten Personen Spuren verwischen konnten.

Die Wiener lasen an diesem Morgen in ihren Zeitungen, daß der Kronprinz einem Herzschlag erlegen sei. Tatsächlich wies aber sein Kopf ebenso wie der von Mary eine tödliche Schußwunde auf.

Kammerdiener Loschek sagte aus, er habe zunächst versucht, den Kronprinzen aufzuwecken; als Rudolf auf sein Klopfen nicht reagiert habe, sei er ins Gästehaus hinübergelaufen und habe Rudolfs Jagdgäste, den Grafen Hoyos und den Prinzen Coburg, verständigt. Danach habe er mit einer Hacke die Tür zu Rudolfs Zimmer aufgebrochen und die beiden Toten gefunden.

Hoyos war mit Bratfischs Fiaker, der Mary Vetsera nach Wien zurück bringen hätte sollen, nach Baden gefahren und hatte dort den Schnellzug nach Wien aufgehalten, um den Kaiser so schnell wie möglich zu verständigen.

Noch während die Kommission an der Arbeit war, begannen die Berichterstatter in- und ausländischer Zeitungen, Mayerling förmlich zu belagern. Sie durchforschten die Umgebung des Schlosses und befragten die Bewohner des kleinen Ortes. Das war für sie die Jahrhundertsensation: Der Kronprinz der Monarchie war tot. Aber auf welche Weise war er ums Leben gekommen?

In Alland erzählte ein Kaufmann einem Münchner Journalisten, daß der Milchfuhrmann aus Mayerling kommend schon um sechs Uhr früh berichtet habe, in Mayerling sei in der Nacht geschossen worden, und es gäbe Tote. Dagegen sagte der Kammerdiener Loschek, der im Zimmer neben Rudolf schlief, aus, er habe mit diesem um sieben Uhr früh zuletzt gesprochen. Andere Leute wiederum glaubten, im tiefen Schnee vor dem Fenster des Kronprinzen Spuren einer Leiter und mehrerer Männerstiefel erkennen zu können.

Die Kommission stellte schließlich Selbstmord fest. Und um dem Kronprinzen ein christliches Begräbnis zu sichern, ergänzte Dr. Widerhofer sein Protokoll in dem Sinne, daß geistige Verwirrung angenommen werden könne.

Während all dies geschah, warteten in der Hofburg Sissy und Franzl voll Bangen und Sorgen auf Informationen aus Mayerling. Und in der Salesianergasse, im Palais Vetsera, war Marys Mutter außer sich vor Verzweiflung.

Denn sie hatte den Befehl erhalten, über die Anwesenheit ihrer Tochter in Mayerling zu schweigen. Zu groß wäre die öffentliche Demütigung für Stephanie gewesen, zu groß auch der Skandal, hätte die Allgemeinheit erfahren, daß der Kronprinz in jener Nacht des 30. Jänner – wenn auch in Geistesverwirrung – zuerst das Mädchen und dann sich selbst erschossen habe.

Die Leiche Marys mußte also verschwinden. Man hatte sie inzwischen aus Rudolfs Zimmer fortgeschafft und in einer Wäschekammer versteckt. In der nun folgenden Nacht wurden die Brüder Baltazzi, die mit einem Fiaker kamen, ins Haus eingelassen. Sie kleideten ihre tote Nichte an und schleppten sie zum Fiaker, wo sie sie zwischen sich setzten. Wer durch das Wagenfenster blickte, konnte meinen, daß sie noch lebe und bloß schliefe.

9. Das unheimliche Rätsel

Eiskalter Schneeregen fegte über das Land und prasselte gegen die Scheiben der Kutsche. Schnaubend zogen die Pferde das unheimliche Gefährt über vereiste Straßen und durch sturmgepeitschte Tannenwälder bis zum Stift Heiligenkreuz, wo die Brüder Baltazzi Einlaß und ein Begräbnis für ihre Nichte forderten.

Ihre Familie war – nach all den langen Bemühungen um Anerkennung – nach diesem Ereignis für die Wiener Gesellschaft gestorben. Und in der Tat erhielt die unglückliche Baronin auch bald darauf die Weisung, das Land zu verlassen. Das war hart genug, ja vielleicht sogar grausam. Und außerdem war es ungeschickt, denn die Baronin veröffentlichte natürlich im Ausland eine Rechtfertigungsschrift, in der sie ihre Schuldlosigkeit darlegte.

Auch die Gräfin Larisch mußte Österreich verlassen. Als nämlich Sissy von der Rolle erfuhr, welche ihre Nichte in der Affäre gespielt hatte, war sie darüber fast noch mehr aufgebracht als der Kaiser.

Dabei kristallisierte sich immer mehr heraus, daß Mary ein Opfer ihrer hoffnungslosen Liebe geworden war und das Pech gehabt hatte, gerade an diesem Wochenanfang Gast des Kronprinzen gewesen zu sein.

Daß der Kronprinz an diesen Tagen in Mayerling jagen wollte, war schon vier Wochen vorher vielen bekannt. Nur vom Besuch Mary Vetseras wußte niemand außer dem Kronprinzen, der Gräfin Larisch, dem Fiaker Bratfisch und dem Kammerdiener. Und es war sicher, daß das Arrangement dieses Besuches erst kurzfristig, vielleicht einen Tag vor Marys Besuch, getroffen wurde.

Während man das Mädchen in einem einfachen Holzsarg auf dem HeiligenkreuzerFriedhof in eine Erdgrube versenkte, sammelten sich auf dem Wiener Heldenplatz tausende Menschen. Sie drückten damit ihre Teilnahme an der tiefen Trauer der kaiserlichen Familie aus und warteten auf Neuigkeiten...

Denn die Meldungen der Zeitungen waren ziemlich verworren. Ausländische Blätter, deren Berichterstatter Indiskretionen aus der Umgebung des Jagdschlosses veröffentlichten, wurden beschlagnahmt, doch oft nicht früh genug, so daß schließlich die Stadt von Gerüchten und einander widersprechenden Vermutungen kochte und brodelte. War der Kronprinz das Opfer eines politischen Attentats, privater Rache, oder beging er Selbstmord aus einer krankhaften Veranlagung heraus, die ein Erbe seiner Wittelsbachschen Vorfahren war?

Die Mutmaßungen hinsichtlich der an Wahnsinn erkrankten Angehörigen ihrer Verwandtschaft trafen

Sissy mit aller Härte, glaubte sie doch in diesen Tagen tatsächlich, ihren Verstand zu verlieren.

Sie fand nur Halt an ihrem Mann. Der Kaiser, schmerzgebeugt und in der Hoffnung auf seinen Thronerben durch das Schicksal betrogen, suchte und fand Trost in seiner unermüdlichen Arbeit. Nicht eine Audienz wurde abgesagt, kein Ministervortrag verschoben, kein einziger Akt blieb unerledigt. Die Attachés ausländischer Botschaften, die in diesen Tagen mit der Hofburg Kontakt hatten, schrieben bewundernde Berichte über diese Haltung des österreichischen Kaisers an ihre Regierungen. Und auch Sissy, die sich sagte, daß es ihre Aufgabe wäre, Franzl zu trösten, erkannte, daß er es war, der ihr Trost und Hilfe gab. Das Leid führte sie noch enger zusammen.

Bei Nacht hatte man Rudolfs Leiche aus Mayerling gebracht und in seinem Schlafzimmer aufgebahrt. Die für den 5. Februar angesetzte Beisetzung in der Kapuzinergruft glaubte Sissy nicht überstehen zu können. Sie blieb in der Hauskapelle und betete für ihren Sohn, während sich der Trauerzug um vier Uhr nachmittags durch die Innenstadt bewegte. Der Platz vor der Burg konnte die Menschenmenge nicht fassen, die dieses makabre Schauspiel erleben wollte.

Auch Rudolfs Schwiegereltern, das belgische Königspaar, waren gekommen, und in ihrer Mitte ging die unglückliche Stephanie. Franz Joseph hielt sich stramm und aufrecht angesichts dieses schweren Schicksalsschlages.

Während der Beisetzung selbst verlor er nur für wenige Augenblicke seine Haltung. Er wünschte sich weit fort, an der Seite seiner Frau auf einem anderen Stern zu sein.

Sissy hatte inzwischen von Doktor Widerhofer erfahren, daß ihr Sohn unheilbar krank gewesen war; nach dem damaligen Stand der medizinischen Wissenschaft hätte er nicht mehr gesund werden können. Dies war vielleicht ein Grund für seinen Selbstmord, falls es überhaupt einer war. Aus den Abschiedsbriefen, die man in Mayerling vorfand, ging überhaupt nichts hervor, außer der Feststellung, daß er „nicht gerne" stürbe. An seinen Vater hatte er übrigens keine Zeile hinterlassen. Vielleicht, weil es zwischen den beiden in den letzten Tagen zu immer ernsteren Meinungsverschiedenheiten bezüglich der Ungarnpolitik gekommen war?

Vier Tage nach Rudis Beisetzung glaubte Sissy die Ungewißheit nicht länger ertragen zu können. Sie war empört über das Verhalten Montenuovos, der sich offenbar bester Laune erfreute und dies ungeniert zu erkennen gab.

Es war fast Mitternacht, und Sissy lag schon im Bett. Sie konnte nicht einschlafen. Plötzlich faßte sie einen Entschluß. Sie erhob sich und kleidete sich an, ohne ihre Kammerfrauen zu wecken. Als sie den Korridor vor ihrer Zimmerflucht betrat, und der Gardesoldat, der hier Wache hielt, präsentierte, legte sie warnend den Finger an den Mund und schlich sich über den Teppich, der ihre Schritte dämpfte, auf Zehenspitzen davon.

Sie verließ die Hofburg durch eine kleine Seitenpforte. Es war stockdunkel auf der Straße, und es herrschte Schneetreiben. Die Laternen leuchteten kaum fünf Schritte weit. Sissy hielt Ausschau nach einem Fiaker und hatte Glück.

„Zum Neuen Markt", verlangte sie.

Dort war die Kapuzingergruft, und die Habsburger ruhten seit vielen Generationen in den dunklen unterirdischen Klostergewölben: sechshundert Jahre österreichischer Geschichte.

Der Fiaker erkannte die bis zur Unkenntlichkeit verschleierte Dame nicht. Er blies eine Rauchwolke aus seiner Zigarre und fragte: „Wollen S' was lesen? – Da fallen S' um..."

Er zog unter seinem Sitz ein Münchner Zeitungsblatt hervor, das er vor der Beschlagnahme hatte retten können. Eine dicke Schlagzeile sprang Sissy entgegen.

DER KRONPRINZ SCHOSS AUF DEN VATER

Bei einer Jagd in den Wäldern des Grafen Traun ereignete sich ein Jagdunfall, der vertuscht wurde, nun aber in Zusammenhang mit dem geheimnisvollen Tod des österreichischen Kronprinzen zu Spekulationen führt...

Weiter kam Sissy nicht. Der Fiaker erklärte, das Blatt nicht verkaufen zu können, er ließe es aber seine Fahrgäste gegen einen kleinen „Fahraufschlag" lesen. Sissy wußte nicht, daß er einer von vielen war, die sich auf diese Weise in jenen Tagen eine Nebeneinnahme verschafften. Und stellte noch dazu fest, daß sie gar kein Geld bei sich hatte; ratlos starrte sie den Mann auf dem Kutschbock an.

„Was ist?" fragte der barsch. „Können S' vielleicht net zahlen? Na, dann gehn S' halt zu Fuß, weit ist's eh net!"

Er schnalzte mit der Peitsche und verschwand samt seinem Gefährt im Schneetreiben.

Sissy bezahlte nie selbst. Ida oder Marie Festetics beglichen gewöhnlich die Rechnungen bei Einkäufen. Daher hatte sie diesmal auch nicht daran gedacht, Geld mitzunehmen. Der Fußmarsch durch nächtliche Straßen bis zur Kapuzinergruft erschien ihr endlos. Durchnäßt kam sie schließlich an, läutete den Pater Guardian heraus, streifte den Schleier vom Gesicht und gab sich zu erkennen.

„Ich möchte zu meinem Sohn", verlangte sie leise.

In der Gruft brannten düstere Fackeln. Vor Rudis Sarg lagen verwelkende Kränze. Auf Sissys Wunsch ließ sie der Pater allein. Sissy sank in die Knie. Nichts war zu hören als das Knistern der schwelenden Fackeln.

Sissy faltete die Hände. „Rudi", rief sie halblaut, „wenn du mich hören kannst, gib Antwort – was ist geschehen? Diese Ungewißheit ertrage ich nicht!"

Doch es blieb totenstill in der Gruft. Und Sissy begann, halblaut für ihren toten Sohn zu beten.

Sie war leichenblaß, als sie der Pater Guardian wieder auf die Straße ließ. Er sah ihr nach, bis ihre Silhouette im Schneetreiben verschwand. Dann schloß er das Tor.

Ihn fröstelte.

Ende

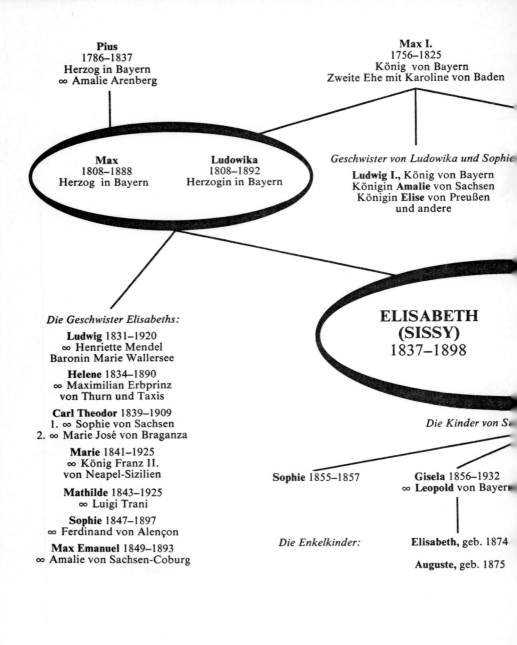

Franz II. (I.)
1768–1835
Kaiser von Österreich
Zweite Ehe: M. Therese von Bourbon-Neapel

Sophie
1805–1872
Erzherzogin

Franz Karl
1802–1878
Erzherzog von Österreich

Ferdinand I.
1793–1875
Kaiser von Österreich

Marie Luise
1791–1847
∞ Napoleon I.

FRANZ JOSEPH I.
1830–1916
Kaiser von Österreich

Maximilian
1832–1867
Kaiser von Mexiko

Karl Ludwig
1833–1886
Erzherzog von Österreich
Zweite Ehe: Maria Annunziata
von Bourbon-Neapel

Franz Ferdinand
1863–1914
Thronfolger
∞ Sophie Gräfin Chotek

Franz Joseph:

Rudolf 1858–1889
Stephanie von Belgien

Marie Valerie 1868–1924
∞ Erzherzog Franz Salvator

...sabeth (Erzsi), geb. 1883

Elisabeth (Ella), geb. 1892

Franz Carl, geb. 1893

Hubert, geb. 1894

Hedwig, geb. 1896

Theodor, geb. 1899

Gertrud, geb. 1900

Marie, geb. 1901

Klemens, geb. 1904

Mathilde, geb. 1906

Leseprobe zu „Sissy – Im Schloß der Träume"

Die Stadt war voller Gerüchte. Die Zeitungen erschienen schwarz umrandet und brachten Extraausgaben; ausländische Blätter wurden konfisziert, doch einige hundert Exemplare entgingen fast stets dem Zugriff der Polizei und wurden heimlich weitergereicht oder für gutes Geld verliehen.

Der geheimnisvolle Tod des Kronprinzen Rudolf erregte die Gemüter. War er einem Jagdunfall oder einem Herzschlag zum Opfer gefallen? So hatte es zumindest in den ersten Zeitungsmeldungen geheißen. War es ein Giftmord? – Loschek, der Kammerdiener des Kronprinzen, der die Leiche zuerst entdeckt hatte, gab an, Zyankali könnte in einem auf dem Nachttisch stehenden Gläschen gewesen sein. Hatte sich der Kronprinz erschossen, oder war er, wie manche Leute behaupteten, welche die Leiche mit umwickeltem Schädel gesehen hatten, mit einer Sektflasche erschlagen worden?

War es eine Liebestragödie oder ein politischer Mord, verübt durch ein ausländisches Killerkommando? Was wußte, was verschwieg der Hof? Denn daß eine Menge vertuscht wurde, ging schon aus der einen Tatsache hervor, die allmählich durchsickerte: Außer ihm war in Mayerling auch noch ein junges Mädchen, die Baronesse Mary Vetsera, ums Leben gekommen! Bei Nacht und Nebel hatte man die Tote aus dem Schloß geschafft und in aller Eile auf dem Friedhof von Heiligenkreuz bestattet…

Und dann erzählte ein Fiaker allen, die es hören wollten, er hätte Nächte nach dem Begräbnis des Kronprinzen eine Dame zur Kapuzinergruft fahren sollen, die ganz sicherlich vornehmer Herkunft gewesen sei. Sie habe aber kein Geld bei sich gehabt, und deshalb habe er „die Fuhre" nicht übernommen. Zu spät erst sei ihm die Erkenntnis gekommen, daß diese Dame niemand anderer als die Kaiserin gewesen sei...

Und tatsächlich war dies Sissy gewesen. Der Tod ihres Sohnes, der einst das Reich regieren sollte, hatte sie und Franz Joseph wie ein Keulenschlag getroffen. Sissy schloß sich in ihren Gemächern ein und wollte niemanden sehen und sprechen. Sie quälte sich tagelang mit Selbstvorwürfen und glaubte auch, aus den Blicken ihrer Schwiegertochter Stephanie Vorwürfe zu erkennen. Und auch Rudolfs Schwiegereltern, der König und die Königin von Belgien, waren offenbar der Meinung, Rudolfs Tod wäre zu verhindern gewesen, wenn...

Wenn was?!

Die Hofburg glich einem brodelnden Hexenkessel. Das Pressebüro wurde von in- und ausländischen Journalisten förmlich belagert. Rund um das hermetisch abgeriegelte Jagdschloß Mayerling, in dem noch immer eine Kommission die Vorgänge um den Tod des Kronprinzen zu klären suchte, machten sie Jagd auf alle und jeden, von dem sie vermuteten, daß er mehr gehört oder gesehen habe, als den offiziellen Verlautbarungen zu entnehmen war.

Der einzige, der in diesen schrecklichen Tagen seine Haltung bewahrte, war der Kaiser. Er ging wie immer seiner Arbeit nach, wenn auch mit gefurchter Stirn und düsterer Miene.

Draußen in Heiligenkreuz bedeckte der unentwegt fallende Schnee mit großen, weißen Flocken das frische Grab eines noch nicht achtzehnjährigen Mädchens, dessen Mutter man befohlen hatte zu schweigen und das Land zu verlassen...

„Schweigen, schweigen! Alle sollen schweigen... als ob Rudis Tod dadurch aus der Welt zu schaffen wäre!"

So lehnte sich Sissy eines Abends auf; sie hielt diesen Zustand nicht länger aus. Sie verließ ihre Gemächer und lief in das Arbeitszimmer des Kaisers. Es war schon fast zehn. Der Kaiser saß noch immer an seinem Schreibtisch und studierte einen Akt. Als er Sissy durch die Tapetentür eintreten sah, blickte er sie verweisend an.

„Was willst du?"

„Mit dir reden, Franz. So geht das nicht weiter... Ich will endlich wissen, was wirklich in Mayerling geschehen ist. Wie er starb!"

„Du hast doch einen Abschiedsbrief von Rudolf erhalten. Mir schrieb er keinen", sagte er schroff und blickte wieder auf seine Papiere, als wolle er damit das Gespräch beenden.

Doch Sissy ließ sich nicht abweisen. Sie trat an den Tisch heran und legte ihre schmale Hand auf seine Akte. Als er aufsah, blickte er in ihr erregtes Gesicht.

„Ich habe ein Recht darauf, alles zu wissen", erklärte sie. „Man verheimlicht mir etwas. Und nicht nur ich, ganz Österreich, die ganze Welt wird belogen, ich fühle das... Es war nicht die kleine Vetsera, um derentwillen er starb, und sie – sie kannte ihn ja noch kaum!"

Der Kaiser wirkte plötzlich müde. Er stützte seine Stirn gegen die Rechte und blickte Sissy nicht an.

„Mein armer Engel", kam es von seinen Lippen, „erinnere dich, wie oft ich Rudi zur Vorsicht gemahnt habe! Bist du es nun, die ich warnen muß? Die Wahrheit ist zu gefährlich…"

Was weiter geschieht, lesen Sie in unserem nächsten Band

SISSY – IM SCHLOSS DER TRÄUME.

INHALTSVERZEICHNIS

1. Teil

1. Die fremde Dame 7
2. Ein Kaisertreffen 17
3. Der Stolz der Monarchie 28
4. Ein Familiendiner in der Hofburger 39
5. Eine Begegnung 46
6. Herzenssachen 57
7. Eine überraschende Wendung 68
8. Ein Künstlerporträt 75
9. Die Schriften des Kronprinzen 84

2. Teil

1. Hofball 97
2. Eine Überraschung 106
3. Steinerne Träume 116
4. Die Flucht nach Neuschwanstein 125
5. Der unglückliche König 135
6. In der Götterburg 144
7. Die Geister von Versailles 154
8. Das Drama von Schloß Berg 165
9. Die letzte Rose 173

3. Teil

1. Wiener Tratschereien 183
2. Zwei Königinnen 192
3. Es spukt auf Sinaia 202
4. Ein Fest für ganz Österreich 210
5. Das Traumschloß 221
6. Ein Lebensabschnitt 231
7. Die weiße Dame 241
8. Mayerling 251
9. Das unheimliche Rätsel 262

Lieferbare Titel:

Ein Mädchen wird Kaiserin
Ein Herz und eine Krone
Aus dem Tagebuch einer Kaiserin
Im Schloß der Träume
Ein Walzer in Schönbrunn
Schwarzer Diamant der Krone
Krone und Rebellen
Und ewig bleibt die Liebe
Csardas und Zigeunergeigen
Was bleibt, ist Erinnerung

Marieluise von Ingenheim

Wie viele Angehörige von Adelsgeschlechtern kann auch die Autorin unserer Sissy-Bücher, Marieluise von Ingenheim (ihr voller Name lautet übrigens Maria Luise Alexandra Carolina Irene Antonia Barbara von Ingenheim-Schützensteig) auf eine lange Reihe von Vorfahren intereuropäischer Herkunft blicken. So kämpften ihre Vorfahren väterlich-mütterlicherseits (die burgundische Linie) als Ritter im Heer der Johanna von Orleans und wurden geadelt. Die Nachkommen dieses Grafengeschlechts emigrierten während der Französischen Revolution nach Österreich, weil sie sich um die Rettung der Königin Marie Antoinette – eine Tochter der Kaiserin Maria Theresia — bemüht hatten und daher in Gefahr waren, guillotiniert zu werden. Die direkte, väterliche Linie ist altösterreichisch. Ein Schützensteig lebte lange am sächsischen Königshof in Dresden. Ein anderer heiratete eine Grafentochter aus ukrainischem Altadel und gelangte so an den Zarenhof in St. Petersburg. Während der russischen Revolution erreichte das Paar auf abenteuerlichen Wegen Österreich.

Die Autorin ist die Enkelin dieses Paares. Sie lebt auf einem Landsitz in der Nähe Wiens; das historische Mobilar dieses Hauses erinnert an den Glanz vergangener Jahrhunderte. Ihre Bibliothek, deren älteste Folianten bis ins Jahr 1600 zurückreichen, gibt Aufschluß über vergangene Persönlichkeiten und Ereignisse. Vor allem aber ist es die in ihrer Familie lebendig gebliebene mündliche Überlieferung und die weltweiten persönlichen Kontakte, die ihren unerschöpflichen Schatz an Background-Wissen ausmachen.

Die Leser der „Sissy"-Bände sowie anderer Werke Marieluise von Ingenheims halten mit diesem Buch eine kleine Kostprobe davon in der Hand. Eine Kostprobe, die – so hofft der Verlag – noch manches hochinteressante Werk aus ihrer Feder, die so erfolgreich ist und ihr so viele begeisterte Leser brachte, erwarten läßt.

Wenn sie nicht an ihrer Schreibmaschine sitzt, findet Marieluise Ingenheim oft bei einsamen Waldspaziergängen mit ihrem Schäferhund Entspannung und schöpft Kraft für neue Geschichten, die sie an kommende Generationen weitergibt.

Aus dem Krönungsprotokoll

(Budapest, 8. Juni 1867)

Seine Majestät erhob sich nun mit der Krone auf dem Haupt und begab sich, begleitet von den beiden assistierenden Bischöfen, dem k. ung. Obersthofmeister und Oberstkämmerer, dann von dem ung. Gardekapitän zu dem vor dem Hochaltar sitzenden Fürstprimas. Dahin begab sich auch Ihre Majestät, die Kaiserin, nachdem Höchstderselben vorher von Ihrem Obersthofmeister die Hauskrone abgenommen und dem Schatzmeister übergeben wurde. Dieser übernahm ihn auf einem reich mit Goldstoff verzierten Polster und stellte ihn auf ein Tischchen, worauf ihre Majestät von Ihrem Obersthofmeister an der Hand geführt und von beiden assistierenden Bischöfen begleitet wurde. Die Obersthofmeisterin trug die Schleppe, zwei Palastdamen folgten nach.

Ihre Majestät kniete auf der untersten Stufe nieder und küßte das vom Fürstprimas vorgehaltene Kreuz. Nunmehr salbte der Fürstprimas zweimal am rechten Arm und einmal zwischen den Schultern mit einem vom Hofceremoniär dargereichten Öl. Nach der Abtrocknung kniete Ihre Majestät auf der obersten Stufe nieder. Ministerpräsident Graf Andrassy nahm sodann die königliche Krone vom Polster und überreichte sie dem Fürstprimas, welcher sie unter Beihilfe desselben auf die rechte Schulter hielt und sogleich wieder zurücknahm. Der Ministerpräsident trug sie sodann zum Thron und setzte sie unter Beihilfe des Obersthofmeisters Seiner Majestät aufs Haupt. Der Fürstprimas stimmte nun das Tedeum an, worauf unter dem Geläute der Glocken die Salve gegeben wurde.

(Gekürzt aus dem Original in einer Bibliophilen Privatsammlung.)

Die „Krönung auf die Schulter" war ein kirchlicher Akt ohne staatsrechtliche Folgen; es ging dadurch keine Regierungsgewalt auf die Kaiserin und Königin über, sie wurde nur ihrem Gatten gesellschaftlich ranggleich gestellt. Anders ist das Verfahren bei zur Regierung bestimmten Herrscherinnen, wie etwa Maria Theresia, die aufgrund der Pragmatischen Sanktion infolge des Mangels an einem männlichen Thronerben zur Regentschaft gelangte. Ihr wurden aufgrund dessen auch alle Herrschaftstitel verliehen.